있는 그대로의 나를 사랑하라
치유
YOU CAN HEAL
YOUR LIFE

있는 그대로의 나를 사랑하라 | 치유

초판 1쇄 발행 | 2007년 6월 15일
개정판 1쇄 발행 | 2012년 6월 5일
개정판 13쇄 발행 | 2021년 9월 10일

지은이 | 루이스 L. 헤이
옮긴이 | 박정길
펴낸이 | 양동현
펴낸곳 | 도서출판 나들목

출판등록 | 제6-483호
주소 | 서울 성북구 동소문동4가 124-2번지
대표전화 | 02) 927-2345 팩시밀리 | 02) 927-3199
이메일 | nadeulmok@nadeulmok.co.kr

ISBN 978-89-90517-74-6 / 03840

YOU CAN HEAL YOUR LIFE
by Louise L. Hay
Copyright ⓒ 1991, 2004 Louise L. Hay
Original English Language Publication 1991 by Hay House, Inc.,
California, USA.
Korean translation rights arranged with Hay House, Inc., USA
and Academybook Publishing Inc, Korea through Interlicense Ltd, and PLS Agency Seoul.
Korean Edition Published by Nadeulmok Publishing
A Academybook Publishing Inc, Imprint.

이 책의 한국어판 저작권은 PLS를 통한 저작권자와의 독점 계약으로 도서출판 나들목에 있습니다.
신저작권법에 의하여 저작권 보호를 받는 서적이므로 무단 전재와 복제를 금합니다.

www.iacademybook.com

있는 그대로의 나를 사랑하라

치유

YOU CAN HEAL
YOUR LIFE

나들목

헌사

이 책을 통해
당신이 가치 있는 존재임을 깨닫고
자신의 있는 모습 그대로를 사랑하게 되기를
진심으로 바랍니다.

감사의 말

나에게 많은 것을 가르쳐 주고 이 책을 쓸 수 있도록 격려해 준 학생들과 고객들에게 감사한다. 그리고 책과 오디오와 비디오를 통해 세상 사람들의 정신과, 감정과, 육체를 치유해 주고 싶은 나의 바람을 이룰 수 있게 지원해 준 헤이 하우스의 직원들, 나를 지지해 주고 영감을 주는 독자들, 내 강연을 들어 주신 여러분께도 감사한다. 무엇보다 나를 아무 조건 없이 사랑해 주고 웃음과 즐거움을 주는 전 세계의 친구들이 있어 행복하다.

차례

008   옮긴이의 글
010   서문

1부   들어가는 글

014   사랑하는 독자들에게
016   나의 인생 철학
019   제1장   나의 믿음

2부   루이스와의 시간

035   제2장   무엇이 문제인가?
051   제3장   그것은 어디에서 오는가?
061   제4장   그것이 진실일까?
070   제5장   지금 무엇을 하고 있는가?
078   제6장   변화에 대한 거부
096   제7장   변화하는 방법
111   제8장   새로운 틀 세우기
124   제9장   일상생활

3부 생각을 실행하기

139	제10장	관계
146	제11장	일
151	제12장	성공
155	제13장	부유함
168	제14장	몸
196	제15장	병과 목록

4부 결론

242	제16장	나의 이야기
256		후기

옮긴이의 글

어디 가서 말도 못하고, 자신의 문제가 무엇인지도 잘 모르고, 갈수록 깊은 수렁으로 빠지는 듯한 인생을 사는 것 같은 느낌이 드는 분들께 이 책을 드립니다.

"자신에게 사랑한다고 말하고, 자신을 있는 그대로 바라보자"

루이스 L. 헤이(Louise L. Hay)의 《있는 그대로의 나를 사랑하라 — 치유》(원제 : You Can Heal Your Life)를 접하면서 《네 안에 잠든 거인을 깨워라》의 앤서니 라빈스(Anthony Robbins)가 생각났다. 두 사람 모두 자신의 불우한 환경을 스스로 극복하고, 자신들이 원하는 결과를 성취한 사람들이다. 현재 미국을 중심으로 전 세계적으로 자신들의 경험과 노하우를 책과 강연을 통해서 전파하고 있는 입지적인 인물들이다.

국내에 앤서니 라빈스를 소개할 때가 엊그제 같은데, 지금은 그의 책을 모르는 사람이 거의 없다. 그만큼 그의 경험과 메시지가 강력하고 이 시대에 필요했다고 할 수 있다. 지금 루이스 L. 헤이의 책을 내면서 드는 생각이 몇 년 전 앤서니 라빈스를 소개할 때와 비슷하다는 것을 말하지 않을 수 없다.

"왜 아직도 우리는 루이스 헤이에 대해 잘 모르는 것일까?" 루이스 헤이를 알면 알수록, 그녀의 책을 읽으면 읽을수록 이런 생각은 더욱더 강해졌다. 좀 더 일찍 루이스 헤이를 알고, 그녀의 노하우를 알고 실천했다면 한 사람이라도 더 자신의 과거 상처를 스스로 치유하고, 보다 더 많은 사람들이 자신이 원하는 인생을 살지 않았을까 하는 생각이 든다. 그만큼 루이스 헤이의 책과 메시지 그리고 노하우는 쉽고(Easy), 강력(Powerful)하다.

루이스 헤이는 이 책을 통해서 자신이 비참한 인생을 살다가 어떻게 최고의 삶을 영위할 수 있었는지 자신이 걸어온 길을 솔직하게 보여준다. 어떻게 자신과 타인을 용서하고 사랑할 수 있을지 그 방법들을 아주 쉬운 방법으로 제시하여 독자들이 생활 속에 바로 적용할 수 있도록 해 준다. 그동안 너무도 많은 책들이 학문적인 내용만을 강조하여 실생활에 적용하기에는 어려웠고, 최근의 많은 책들은 내용이나 형식적인 면에서 너무 단순하여 아쉬움이 있었다. 그런데 이 책은, 독자들이 스스로 전문가처럼 자신을 발견하고 치유할 수 있도록 폭넓고 깊은 내용을 다루면서도, 그것을 이해하고 적용하는 데는 매우 쉽고 강력한 방법을 제시한다. 그녀에게 감탄할 수밖에 없는 이유는, 어떻게 보면 가장 어렵고 불가능할 것 같은 내면의 상처들을 너무나 쉬운 방법으로 우리가 실천할 수 있도록 안내한다는 것이다. 그만큼 루이스 헤이는 체험을 이론으로 정화시킨 인물 중의 한 사람이라고 할 수 있다.

　루이스 헤이는 개인들이 갖고 있는 문제가 무엇이고, 그 문제가 어디에서 왔으며, 그 문제가 과연 진실인지에 대해 독자들이 스스로 판단할 수 있도록 도와준다. 그리고 원하는 미래를 위해 어떻게 할 것인지에 대해 즐겁게 그려 볼 수 있도록 하며, 변화에 저항하는 자신을 다루는 방법을 아주 친절하게 제시해 준다. 이 책을 만난 독자들은 행운이라고 생각한다. 여러분들은 이 책을 읽으면서 자신이 '마치 루이스 헤이와 일 대 일 코칭을 받는 느낌'을 가지게 될 것이다.

　성공과 변화 그리고 자신의 멋진 인생을 살고 싶어 하는 분들께, 그동안 최선을 다했지만 잠시 주춤하며 자신과 타인에게 원망의 화살을 던졌고 던지려고 했던 분들께, 새로운 방법의 하나로 루이스 L. 헤이의 《있는 그대로의 나를 사랑하라―치유》를 소개한다. 루이스 헤이와의 일 대 일 만남으로 여러분들은 자신을 더욱더 사랑하고, 자신이 원하는 인생을 사는 데 한두 발짝 더 앞으로 나갈 것이다.

2007년 6월의 어느 하루
NLP 전략연구소에서
박정길

서문

만일 내가 무인도에 책 한 권만 갖고 갈 수 있다면, 아마도 루이스 L. 헤이의 《있는 그대로의 나를 사랑하라-치유》를 들고 갈 것이다. 이 책은 훌륭한 스승의 가르침이며, 한 위대한 여성이 들려 주는 개인적이고도 강력한 이야기이다.

루이스는 이 책에서 자신을 성숙하게 만든 삶의 여정을 간략하게 설명한다. 나는 그녀의 이야기에 공감했고 감탄했다. 자신의 인생 경험을 너무 짧게 다룬 것 같아 안타깝지만, 어쩌면 다른 책에서 그녀의 인생에 관한 이야기를 좀 더 들을 수 있을지도 모른다.

여러분이 인생에 대해서 알아야 할 모든 것은 이 책 속에 들어 있다. 인생에서 얻을 수 있는 교훈과, 자신의 인생을 바로잡기 위해 해야 할 일까지 다양하다. 특히 이 책에는 병의 원인이 되는 정신 유형에 대한 참고 자료가 수록되어 있는데 정말 독특하고 매우 정확한 정보다. 무인도에 갇힌 사람이 바닷물에 떠내려온 병 안에 든 이 책의 원고를 발견한다면, 그 사람은 무인도에서도 인생에서 성공하는 법을 배울 수 있을 것이다.

무인도에 있든 있지 않든지 간에, '우연히'라도 루이스 헤이에 대해서 알게 된다면 당신은 걱정할 것이 없다. 루이스의 책을 읽고 치유 테이프를 듣거나 그녀의 강연회에 찾아간다면, 분명 이 험난한 세상을 헤쳐갈 수 있는 힘이 생길 것이다.

나는 에이즈 환자를 돕는 일을 하다가 루이스를 만나게 되었고, 그녀의 치유 훈련에 동참하게 되었다.

내가 담당했던 에이즈 환자들은 루이스가 제작한 테이프 《에이즈에 관한 긍정적인 고찰 A Positive Approach to AIDS》을 처음 듣자마자 그 메시지를 받아들였다. 그중에서 많은 사람들이 치유 의식 중에 이 테이프를 매일 듣고 있다. 앤드류라는 남자는 나에게 이렇게 말했다. "자기 전에 루이스의 테이프를 듣고, 일어나자마자 루이스의 테이프를 듣지요!"

내가 아끼는 에이즈 환자들이 루이스의 메시지를 접한 후에 평화로워지고 자신과 다른 사람을 더 많이 사랑하고 용서하는 것을 보면서, 루이스에 대한 나의 사랑과 존경은 점점 커졌다. 사람들이 정확한 배움의 과정을 경험할 수 있게 한 데 대한 존경심도 함께 말이다.

나는 인생을 살면서 훌륭한 선생님을 많이 만났다. 그중에는 성인(聖人)도 있었고, 신(神)도 있었다. 그러나 루이스는 설거지를 함께 하면서 대화를 나눌 수 있는 훌륭한 선생님이다. 그녀는 타인의 말을 들을 수 있는 엄청난 능력을 가졌으며, 아무런 조건 없이 사랑을 베푸는 사람이기 때문이다(내가 아는 분 가운데 맛이 매우 뛰어난 감자 샐러드를 만들면서 다른 사람과 대화를 나눌 수 있는, 루이스에 비견할 정도로 훌륭한 선생님이 한 분 더 있다). 루이스는 실제로 예를 들어서 가르치며 그런 지침대로 살아간다.

여러분이 이 책을 접하는 과정에 이렇게 글을 남기게 되어 영광이다. 여러분은 이 책을 읽을 자격이 있고, 이 책 또한 여러분이 읽을 만한 가치가 있다!

데이브 브라운(Dave Braun)

자기 계발 전문 상담가

1부

사랑하는 독자들에게

이 책을 쓴 이유는 내가 주로 강연회에서 전달하는 내용을 독자 여러분과 함께 나누고 싶었기 때문이다. 예전에 나는 《당신의 몸을 치유하라 Heal Your Body》라는 책에서 몸에 이상 징후를 일으키는 정신적 유형에 대해서 썼고, 그 책에 실린 연구 결과로 널리 인정을 받았다.

그 뒤로, 나는 나의 지식을 더 나누어 주기를 바라는 독자들의 요청이 담긴 편지를 계속해서 받았다. 그래서 나의 고객과 강연회에 참가한 분들의 부탁으로 이 책을 쓰게 되었다.

이 책은 내가 고객과 일 대 일로 만날 때나 강연회에서 청중을 대할 때와 같은 방식으로 쓰여졌다. 만약 여러분이 이 책에 나와 있는 대로 한다면 아마도 이 책을 다 읽어 갈 즈음에는 여러분의 인생이 바뀌어 있을 것이다. 그러니 처음엔 일단 이 책을 끝까지 한 번 읽고, 그 다음에 천천히 다시 한 번 읽어 주었으면 한다. 두 번째 읽을 때는 책에 나와 있는 훈련법을 그대로 실천해야 한다. 무엇보다도 훈련에 필요한 시간을 확보하는 것이 중요하다.

가능하다면 친구나 가족 중의 한 명과 책에 나와 있는 훈련을 같이 하는 것이 좋다.

이 책의 각 장은 확신을 주는 문장으로 시작한다. 그 내용을 여러분의 삶의 영역에서 활용하는 것이 좋을 것이다. 각 장마다 2,3일의 시간을 들여 꼼꼼히 읽고 생각해 보자. 각 장의 첫머리에 있는 확신의 말을 끊임없이 말하고 써 보기를 바란다. 그리고 각 장의 마무리는 처방으로 끝을 맺는다. 이와 같은 구성은 기존의 의식을 바꾸기 위한 긍정적인 생각의 흐름에 따른 것이다. 각 장의 마지막에 있는 처방 부분을 날마다 반복해서 읽기를 바란다.

이 책은 나의 이야기로 끝을 맺는다. 나의 이야기를 통해서 여러분은 출신에 상관없이 누구든지 자신의 인생을 바꿀 수 있다는 것을 알게 될 것이다.

여러분이 이 책에 나와 있는 대로 생각하고 행동할 때 나도 여러분의 곁에서 함께 여러분을 응원하고 있다는 것을 기억해 주기를 바란다.

루이스 L. 헤이

나의 인생 철학

우리는 저마다 우리 자신의 모든 경험에 책임이 있다.
우리가 하는 모든 생각들이 우리의 미래를 만들어 낸다.
진정한 힘은 항상 바로 이 순간에 있다.
모든 사람이 자기 혐오와 죄의식에 사로잡혀서 고통을 겪는다.
모든 사람이 마음속에 지니고 있는 생각은 '나는 그 정도로
잘나지 않았어.'이다.
그것은 단지 생각일 뿐이며, 생각은 바뀔 수 있는 것이다.
우리 몸에 발생하는 질병들은 우리가 만든 것이다.
분노와 비판 그리고 죄책감은 가장 해로운 패턴이다.
화를 풀면 암도 고칠 수 있다.
우리는 과거에서 벗어나서 나에게 잘못한 모든 사람을 용서해야 한다.
우리는 우리 자신을 사랑하는 법을 배울 준비가 되어 있어야 한다.
자신의 있는 모습 그대로를 받아들이는 것이야말로 바람직한
변화의 시초이다.
우리가 우리 자신을 정말로 사랑할 때, 우리의 인생은 잘 풀리게 된다.

내가 살아가는 끝없는 삶의 한가운데에서,
모든 것은 완벽하고, 온전하며, 완전하다.
그러나 인생은 항상 변한다.
시작도 끝도 없으며,
끊임없는 반복만 있을 뿐이다.
인생은 결코 멈춰 있지 않으며,
매 순간이 새롭다.
나는 나를 만드는 힘을 갖고 있으며.
이 힘은 내가 처하게 될 상황을 만들어 갈 힘을 내게 주었다.
나는 내가 원하는 대로 이 힘을 조종할 수 있으며,
이 힘을 가졌다는 사실에 기뻐한다.
인생의 매 순간은 새로운 시작점이며,
지금 이 순간은 지금 여기에 서 있는 나의 새로운 시작점이다.
나의 세상에서는 모든 일이 순조롭다.

"　우리가 하는
　　생각과 말이
　　우리의 미래를 만든다."

제 1 장
나의 믿음

"지혜와 깨달음에 이르는 길은 언제나 활짝 열려 있다."

인생은 매우 단순해서 우리는 주는 대로 받는다

우리는 자신이 생각하는 대로 변해 간다. 나는 우리 모두가 자신의 인생에서 일어나는 모든 일에 책임이 있다고 생각한다. 그 일이 좋은 것이든 나쁜 것이든 상관없이. 우리가 하는 모든 생각이 미래를 만든다. 우리는 자신의 생각과 느낌에 따라 행동하며, 그러한 생각과 말이 우리의 경험을 만들게 된다.

또한 우리는 일을 벌이면서 상황을 만들게 된다. 그러다가 좌절하면 다른 사람을 탓하면서 자신에게 있는 힘을 없애 버리곤 한다. 그 어떤 사람도, 어떤 장소도, 그 어떤 것도 우리에게 영향력을 행사할 수 없다. 머릿속에서 생각을 하는 것은 바로 우리 자신이기 때문이다. 머릿속에서 생각이 정리되고 균형이 잡힐 때 우리의 인생도 조화롭고 평화로워진다.

다음의 말 중에서 어느 쪽이 더 당신과 가까운가?

"모두 나를 잡아먹지 못해 안달이야."

"사람들은 항상 나에게 도움을 줘."

이 두 가지 믿음은 각각 다른 경험으로 이어질 것이다. 인생과 자기 자신에 대해서 우리가 갖고 있는 믿음은 그대로 현실이 된다.

우주는 우리의 생각과 믿음을 전적으로 지지한다

다시 설명하자면, 잠재의식은 자신이 믿는 바를 따른다. 즉 자기 자신과 인생에 대해서 믿는 그대로 이루어진다는 뜻이다. 자기 자신과 인생에 대한 생각은 현실이 된다. 그리고 생각은 우리가 스스로 결정할 수 있으며, 무한하다.

이제 다시 이 말을 보자. 왜 "모두 나를 잡아먹지 못해 안달이야."라고 하기보다 "사람들은 항상 나에게 도움을 줘."라고 믿어야 하는지 이해될 것이다.

우주의 힘은 결코 우리를 판단하거나 비판하지 않는다

우주의 힘은 우리가 자신에게 부여하는 가치대로 우리를 받아들인다. 나라는 존재 자체가 나의 생각을 그대로 반영한다. 만일 내가 인생이 외롭고 아무도 나를 사랑해 주지 않는다고 생각한다면 실제로 내 삶이 그렇게 될 것이다.

반대로, '사랑은 어느 곳에나 있어. 나는 사랑을 주고, 또 사랑을 받고 있어.'라고 생각한다면, 그리고 그 생각을 꼭 붙잡고 여러 번 되뇌면 내 삶은 정말 그렇게 될 것이다. 나를 사랑하는 사람들이 생기고, 날마다 나를 더 사랑해 주며, 나도 다른 사람들에게 사랑의 감정을 쉽게 표현하게 될 것이다.

우리 대부분은 어리석은 자화상과 정형화된 삶의 틀을 갖고 있다

 이 말은 우리를 비난하려고 하는 말이 아니다. 우리 모두는 매 순간 최선을 다하고 있다. 만일 우리가 좀 더 알았다면, 좀 더 이해력이 높았다면 우리는 지금과는 다르게 살아가고 있을 것이다. 지금 자신의 모습에 실망하지 말라. 당신이 이 책을 발견하고 나에 대해서 알게 된 것만으로도 이미 당신의 인생이 새롭고 바람직하게 변할 준비가 된 것이다. 이 사실을 인정하라.

 "남자는 우는 게 아니야!", "여자들은 돈을 다룰 줄 몰라!"
 이 밖에도 우리는 얼마나 많은 고정관념에 사로잡혀 있는가.

우리는 아주 어릴 때 주위에 있는 어른들의 반응을 통해 자신과 인생에 대해 어떻게 느껴야 하는지를 학습한다

 우리는 이렇게 자기 자신과 세상을 바라보는 법을 배운다. 만약 지금 당신이 매우 불행하고, 겁먹고, 죄책감을 느끼고 화를 잘 내는 사람과 함께 살고 있다면, 당신은 당신 자신과 당신이 속한 세상에 대해서 부정적인 것만 배울 것이다.

 "나는 일을 제대로 하는 법이 없어.", "다 내 잘못이야.", "나는 화가 나면 정말이지 눈에 보이는 게 없어."
 이렇게 믿으면 인생에 좌절만 가득할 것이다.

우리는 어른이 되어서, 자신이 어릴 때 경험한 대로 집안 분위기를 만들어 가는 경향이 있다

이런 경향이 꼭 좋거나 나쁘거나, 혹은 옳거나 그른 것은 아니다. 단지 우리가 '집'에 대해 갖고 있는 생각을 나타내 줄 뿐이다. 사람들과의 관계에서도 우리는 가정에서 어머니와 아버지와 맺었던 관계를 되풀이하는 경향이 있다. 당신의 연인이나 직장 상사가 당신의 어머니나 아버지와 '똑같다'고 느껴진 적이 얼마나 많았는지 생각해 보라.

또한 우리는 부모가 우리를 대했던 방식으로 우리 자신을 대한다. 부모와 똑같은 방법으로 자신을 꾸짖고 벌을 주기도 한다. 그럴 때면 마치 부모가 우리를 야단칠 때의 음성이 들리는 듯하다. 어릴 때 부모에게서 사랑을 듬뿍 받은 사람은 역시 같은 방식으로 자신을 사랑하고 격려한다.

"너는 제대로 하는 일이 하나도 없어."
"다 네 잘못이야."
당신은 얼마나 자주 이런 말을 자신에게 해 왔는가?

"너는 정말 멋져."
"난 너를 사랑해."
이런 말을 얼마나 자주 자신에게 하는가?

하지만 그것은 부모 탓이 아니다

우리 모두는 희생자의 희생자이다. 부모 또한 희생자라고 할 수 있다. 부모들은 사랑하는 법을 가르쳐 주지 못했을 것이다. 당신 어머니나 아버지가 자신을 사랑하는 법을 몰랐는데 어떻게 당신에게 자신을 사랑하라고 가르칠 수 있었겠는가. 그들은 자신들이 어릴 때 배운 대로 최선을 다해서 자녀에게 그대로 했을 뿐이다. 당신이 부모님을 더 잘 이해하고 싶다면 부모님의 어린 시절에 대해 이야기를 들어 보라. 이해심을 가지고 그들의 이야기를 듣다 보면 당신의 두려움과 정형화된 인생관이 어디에서 비롯되었는지 알 수 있을 것이다. '당신에게 그런 행동을 한 사람들' 역시 지금의 당신과 마찬가지로 두려웠을 것이다.

우리 스스로가 부모님을 선택한다

우리는 스스로 특정한 시간과 공간을 정해서 이 지구라는 행성에 태어났다. 우리는 우리를 영적으로 육체적으로 성숙시켜 줄 특별한 교훈을 얻기 위해 이곳에 온 것이다. 그 과정에서 우리는 먼저 성별·피부색·출신 국가를 선택한 다음, 이 인생에서 우리를 이끌어 줄 특정한 부모를 찾았다. 그러다가 어른이 되면 부모님에게 손가락질을 하면서 "당신들이 나를 이렇게 만들었어요." 하고 비난을 한다. 그러나 사실은, 우리가 그들을 부모로 선택한 것이다. 우리의 단점과 어려움을 극복하는 법을 배우기에 완벽한 모델이었기 때문이다.

우리는 아주 어렸을 때부터 가치관을 세우기 시작한다. 그러다가 우리의 믿음에 맞는 경험을 하면서 인생을 살아간다. 같은 경험을 얼마나 많이 반복해 왔는지 자신의 인생을 돌아보라. 내 생각에, 당신이 같은 경험을 반복한 이유는 그 경험이 당신의 가치관에 부합했기 때문인 듯하다. 우리가 얼마나 오랫동안 문제를 갖고 있었는지가 중요한 게 아니라, 얼마나 큰 문제인지, 그 문제가 얼마만큼 인생을 위협하는지가 중요한 것이다.

진정한 힘은 항상 현재에 있다

지금 이 순간까지 당신이 경험한 일들은 당신이 과거에 지니고 있던 생각과 믿음이 만들어 낸 결과이다. 당신이 어제, 지난주에, 지난달에, 만약 나이가 많다면 10, 20, 30, 40년 전에 했던 생각과 말에 따라 이 모든 경험이 생겨난 것이다.

그러나 그 모든 경험은 과거의 일로 이미 끝난 일이다. 지금 이 순간 중요한 것은 바로 지금 당신이 갖고 있는 생각과 믿음, 지금 하고 있는 말이다. 지금의 생각과 말이 당신의 미래를 만든다. 당신의 힘은 바로 현재에 있는 것이고, 내일, 다음주, 다음달, 다음해의 경험을 만들어 낸다.

지금 당신이 하는 생각을 떠올려 보라. 그 생각은 부정적인가, 긍정적인가? 지금 이 생각이 당신의 미래를 만들기를 바라는가? 이 사실을 잘 알아두라.

지금까지 우리가 다루어 온 것은 생각뿐이다. 그리고 그것은 얼마든지 바꿀 수 있다

문제가 무엇이든지 간에, 우리의 경험은 생각이 겉으로 드러난 결과에 불과하다. 심지어 자기 혐오조차도 알고 보면 자기 자신에 대해 갖고 있는 스스로의 생각을 혐오하는 것이다. 당신이 '나는 나쁜 사람이야.'라고 생각한다고 치자. 이 생각은 미움이라는 하나의 감정을 낳고 당신은 그 감정에 빠져 고생하게 된다. 그러나 당신이 이런 생각을 하지 않는다면 거기에서 비롯되는 감정도 생기지 않을 것이다. 그리고 생각은 바뀌게 마련이다. 생각을 바꿔라. 그러면 부정적인 감정이 사라질 것이다.

이는 단지 우리의 생각이 어디에서 오는지를 보여 주기 위해서다. 그렇다고 이 정보를 고통에 빠져 지내기 위한 변명거리로 여겨서는 안 된다. 과거는 더 이상 우리에게 영향력을 행사하지 못한다. 우리가 얼마나 오랫동안 부정적인 사고방식에 젖어 있었는지는 중요하지 않다. 힘은 현재에 있다. 얼마나 기쁜 일인가! 우리는 바로 지금 이 순간 자유롭게 시작할 수 있다!

생각은 선택할 수 있는 것이다

우리는 생각을 선택하는 것처럼 보이지 않기 위해 습관적으로 같은 생각을 반복한다. 그러나 우리는 분명히 선택을 한다. 따라서 특정한 생각을 하지 않을 수도 있다. 당신이 얼마나 자주 자신에 대한 긍정적인 생각을 물리쳤는지 생각해 보라. 마찬가지로 당신은 자신에 대한 부정적인 생각도 물리칠 수 있다.

내가 아는 사람들 모두가 어느 정도의 자기 혐오와 죄책감으로 고통을 겪고 있는 것 같다. 자기 혐오와 죄책감이 심할수록 인생은 엉망이 된다. 자기 혐오와 죄책감이 없을수록 인생은 잘 흘러간다.

모든 사람들이 내면 깊숙이 가지고 있는 생각. "나는 부족해! 그 정도로 뛰어나지 않아!"

이 말 외에도 "나는 내가 해야 하는 양만큼 하지도 않아."라거나, "나는 그럴 자격이 없어."라고 말하기도 한다. 당신도 이런 말을 자주 하는가? 입 밖으로 내어 말하든, 속에만 담아 두든 간에, '나는 부족하고 그다지 뛰어나지 않다'고 생각하는가? 하지만 누구에게 부족하다는 것인가? 누구의 기준에 비추어 볼 때 뛰어나지 않다는 것인가?

이런 생각이 내면에 아주 강하게 자리잡고 있다면, 어떻게 사랑이 넘치는 즐겁고 건강한 삶을 꾸려 갈 수가 있겠는가? 이런 생각을 갖고 있다고 해도 당신의 잠재의식 속에는 반대로 믿고 싶은 마음이 숨어 있을 것이다. 하지만 이 마음을 지키기란 결코 쉽지 않을 것이다. 왜냐하면 항상 우리 인생에서 뜻대로 되지 않는 일이 생기게 마련이기 때문이다.

분노, 비난, 죄책감, 두려움…… 이것이 병을 불러일으킨다

이 네 가지 감정은 살아가면서 우리 몸에 중대한 문제를 일으킨다. 이 감정은 다른 사람에게 비난의 화살을 돌리고 자신의 행동에 대한 책임을 회피할 때 생긴다. 만일 우리 모두가 인생에서 벌어지는 일에 책임을 진다면 세상에는 비난받을 사람이 없을 것이다. '바깥'으로 표출되는 행동은 단지 우리의 내면을 비추는 거울일 뿐이다. 나는 다른 사람의 잘못된 행실을 감싸려는 게 아니라, 우리를 부당하게 대하는 사람을 끌어당기는 것이 바로 우리의 생각이라는 사실을 밝히고 있는 것이다.

만약 당신이 "모두가 나를 이러니저러니 비판하고, 나를 챙겨주지도 않고, 마치 나를 발수건처럼 여기고 함부로 대해."라고 말한다면, 그것이 당신의 사고 패턴이다. 당신 안에 있는 어떤 생각이 그렇게 행동하는 사람들을 끌어당기는 것이다. 당신이 더 이상 그러한 생각을 하지 않으면 그들은 당신을 떠나 다른 사람에게로 가서 당신에게 그랬던 것처럼 똑같이 할 것이다. 당신은 너 이상 그들을 끌어당기지 않을 것이다.

당신의 사고방식은 신체적으로도 영향을 준다. 오랫동안 화를 품고 있으면 차츰 이 감정이 몸을 갉아먹어서 우리가 '암'이라고 부르는 병이 생기게 된다. 습관처럼 비판하면 몸에 관절염이 생긴다. 죄책감은 항상 누군가를 괴롭히고, 괴로움은 몸을 아프게 한다. (몸이 여기저기 많이 아픈 환자가 찾아오면, 나는 그 사람이 죄책감에 많이 시달리고 있다는 사실을 안다.) 두려움과, 두려움에서 비롯된 긴장감은 대머리와 궤양을 일으키고 발을 아프게 하기도 한다.

용서하고 화를 풀면 암도 치료할 수 있다. 이 말이 너무 단순하게 느껴지는가? 하지만 나는 이 말이 실제로 이루어지는 경우를 많이 보았고 체험했다.

우리는 과거에 대한 태도를 바꿀 수 있다

과거는 지나간 일이다. 이제 와서 과거를 바꿀 수는 없다. 하지만 과거에 대한 생각을 바꿀 수는 있다. 아주 오래 전에 누군가가 나에게 상처를 주었다고 해서 지금 이 순간 자기 자신을 괴롭히는 것은 얼마나 어이없는 일인가.

나는 화를 잘 내는 성격을 가진 사람들에게 다음과 같이 말한다. "지금 화를 푸는 게 상대적으로 쉬워요. 수술대에 앉아서, 아니면 죽기 직전에 화를 푸는 것은 어렵기도 하거니와 공포스러울 테니까요."

공포심을 느낀다면 치유 과정에 집중하기가 매우 어렵다. 우선 두려움을 없애기 위해 충분한 시간을 들여야 한다.

만약 우리 자신이 무기력한 희생자이고 치유 과정 자체가 가망이 없다고 생각하면, 온 우주가 우리의 생각을 지지하고, 우리는 더 망가져 갈 것이다. 이런 어처구니없고 시대에 뒤떨어진 부정적인 생각과 믿음을 버리는 것이 필수적이다. 이런 생각은 우리에게 전혀 도움이 되지 않는다. 심지어 신에 대한 개념도 우리에게 긍정적이어야지 부정적이어서는 안 된다.

과거에서 벗어나기 위해 용서해야 한다

우리는 과거를 놓아버리고 자기 자신을 포함한 모든 이들을 용서해야 한다. 용서하는 법을 모를 수도 있고, 용서하기 싫을 수도 있다. 그러나 우리가 용서한다고 말하는 순간 치유 과정이 시작되는 것이 사실이다. 과거를 놓아버리고 모든 이들을 용서하는 행위는 우리 자신의 치유를 위해서 꼭 필요하다.

"내가 바라는 대로 해 주지 않은 걸 용서할게. 나는 널 용서했으니 이제 널 놓아줄게."

이렇게 말하면 우리 자신이 속박에서 벗어나 자유로워진다.

모든 질병은 용서하지 않으려는 마음에서 비롯된다

아플 때마다, 우리의 마음을 들여다보고 우리가 용서해야 할 사람이 누구인지 찾아볼 필요가 있다.

《기적의 과정 Course in Miracles》이라는 책에는 '모든 병은 용서하지 않으려는 상태에서 비롯된다'라는 구절과, '아플 때마다 주위를 살펴보고 용서해야 할 사람이 누구인지 찾아볼 필요가 있다'라는 구절이 있다.

나는 여기에 좀더 덧붙여서 당신이 가장 용서하기 힘든 사람이야말로 당신이 제일 마음에서 내려놓아야 할 사람이라고 말하고 싶다. 용서한다는 것은 포기하고 내려놓는 것이다. 그 사람의 행동을 감싸 주라는 것이 아니다. 단지 그 모든 것을 마음에서 내려놓으라는 것이다. 우리는 용서하는 법을 알 필요가 없다. 단지 기꺼이 용서하기만 하면 되는 것이다. 용서하는 법은 우주가 알아서 할 일이다.

우리는 자신의 고통은 잘 이해한다. 그러나 우리가 가장 용서해야 할 사람에게도 고통이 있다는 사실을 이해하는 것은 얼마나 어려운가. 우리는 그들이 그때 자신이 가진 모든 지식과 이해력을 총동원해서 최선을 다하고 있었다는 것을 알 필요가 있다.

사람들이 문제를 갖고 나를 만나러 오면, 나는 그 문제가 무엇인지 — 건강이 좋지 않아서인지, 돈이 없어서인지, 인간관계가 원만하지 않아서인지, 창의력이 부족해서인지 — 신경 쓰지 않는다. 내가 여태껏 다루어 온 문제는 오직 자신을 사랑하는 것이다.

나는 우리가 있는 그대로의 자신을 사랑하고 인정할 때 인생의 모든 일이 술술 풀린다는 것을 안다. 그것은 마치 작은 기적이 사방팔방에 있는 것과 같다. 건강이 좋아지고, 돈을 더 많이 벌게 되고, 인간관계도 더욱 성공적이게 되며, 우리 자신을 더 잘 표현하기 시작한다. 이 모든 일이 마치 노력도 하지 않았는데 그냥 일어나는 것처럼 보인다.

자신을 사랑하고 인정하기, 안정감 느끼기, 신뢰하고 받아들이기는 당신의 머릿속에 새로운 조직을 만들어 내고, 당신의 인생에서 더욱 사랑이 넘치는 관계를 만들어 낼 것이다. 새로운 직업과, 더 좋은 삶의 터전이 생기고, 심지어 몸무게가 정상으로 돌아올 수도 있다. 자신과 자신의 몸을 사랑하는 사람이라면 절대 자신이나 남을 학대하지 않는다.

현재의 자신을 인정하고 받아들여야만 우리의 인생이 긍정적으로 변할 수 있다.

자신을 사랑하려면 먼저 자신을 비난하는 것을 멈춰야 한다. 비난은 우리를 부정적인 방식 속에 가둬서 변화를 방해한다. 자신을 이해하고 존중해야만 이 방식에서 벗어날 수 있다. 기억하라. 당신은 수년간 자신을 비판해 왔지만 아무런 효과가 없었다. 자신을 인정하고 받아들여라. 놀라운 일이 일어날 것이다.

내가 살아가는 끝없는 삶의 가운데에서,

모든 것은 완벽하고, 온전하며, 완전하다.

나는 매일 매 순간 내 안에 흐르는,

나 자신보다 훨씬 위대한 힘의 존재를 믿는다.

나는 내면의 지혜에 마음을 열고,

우주에는 단 하나의 지혜만이 존재한다는 것을 안다.

그 하나의 지혜는 모든 의문에 답을 주고,

해법을 가져다주며, 치유해 주고, 새로운 것을 창조한다.

내가 알아야 할 모든 것이 나에게 이미 주어져 있다는 것을 알기에,

내가 필요로 하는 모든 것이 제때에, 적절한 곳에, 순서에 맞게 나에게 다가올 것을 알기에,

나는 이 힘과 지혜를 믿는다.

나의 세상에서는 모든 일이 순조롭다.

2부

" 사랑은
　　모든 것을
　　　치유할 수 있다."

제 2 장
무엇이 문제인가?

"내면을 들여다보는 일은 안전하다."

몸 상태가 엉망이다

아프고, 피가 나고, 쑤시고, 욱신거리고, 비틀어지고, 숨이 헐떡이고, 절름거리고, 데이고, 늙고, 눈이 침침하고, 귀가 잘 들리지 않고, 신체의 기능이 계속 떨어진다. 이 밖에도 더 있을 수 있지만 내가 이미 들어 본 것일 것이다.

인간관계가 엉망이다

나를 힘들게 하고, 멀리 떨어져 있고, 나에게 바라는 것이 너무 많고, 나를 지지해 주지 않고, 항상 나를 비판하고, 사랑해 주지 않고, 혼자 내버려 두지 않고, 항상 나를 불러내고, 내가 참견하면 싫어하고, 나를 무시하고, 내 말은 절대로 듣지 않는다 등등. 이 밖에도 더 있을 수 있지만 모두 들어 본 것일 것이다.

재정이 엉망이다

돈이 없고, 잘생기지도 않고, 충분했던 적도 없고, 들어오는 돈보다 나가는 돈이 더 많고, 각종 청구서 대금 지불하기도 힘들고, 손가락 사이로 빠져 나간다 등등. 이 밖에도 더 있을 수 있지만, 물론 모두 내가 이미 들어 본 것일 것이다.

인생이 엉망이다

내가 바라는 대로 되는 일이 하나도 없다. 다른 사람을 기쁘게 해 줄 수 없다. 내가 뭘 하고 싶은 건지도 잘 모르겠다. 이런 것을 생각할 시간이 충분하지 않았다. 내가 바라는 것은 항상 무시당했다. 나는 단지 그들을 기쁘게 하기 위해 이 일을 하고 있는 것이다. 나는 발수건에 불과하다. 내가 뭘 하고 싶어 하는지 아무도 신경 쓰지 않는다. 나는 재능도 없고 제대로 하는 일도 없다. 내가 하는 일이라고는 꾸물거리는 것이 전부다. 나에겐 그 어떤 것도 소용이 없다. 이 밖에도 더 있을 수 있지만, 모두 내가 이미 들어 본 것일 것이다.

새로운 고객을 만나서 인생이 어떠냐고 물으면 보통 위의 대답 가운데 하나를 얻는다. 때로는 하나가 아닐 때도 있다. 고객들은 자신이 문제를 잘 알고 있다고 생각한다. 그러나 내가 보기에 이런 불평은 그들 내면의 사고방식이 겉으로 드러난 것에 불과하다. 내면의 사고방식 밑바닥에는 겉으로 드러나는 모든 결과의 근원인 보다 기본적인 사고방식이 자리잡고 있다.

나는 다음과 같은 기본적인 질문을 하고 상대의 대답을 듣는다.

당신 인생에 어떤 일들이 일어나고 있나요?

건강이 어떠세요?

직업이 무엇인가요?

직업에 만족하시나요?

재정 상태가 어떠세요?

애정 문제는 어떤가요?

가장 최근의 관계는 어떻게 끝났나요?

그 전의 관계는 어떻게 끝이 났나요?

어린 시절 이야기를 간단하게 해 주세요.

나는 상대의 자세와 얼굴의 움직임을 유심히 관찰하지만 정말로 신경을 쓰는 건 그들의 말이다. 말과 생각이 미래의 경험을 만들어 내기 때문이다. 그들의 말을 들으면 왜 그들이 이런 문제를 갖게 되었는지를 쉽게 알 수 있다. 우리의 말은 내면의 생각을 드러낸다. 때때로 사람들이 하는 말과 경험이 일치하지 않을 때도 있다. 그러면 나는 그들이 실제로 경험을 하지 않았거나, 아니면 나에게 거짓말을 하고 있다고 생각한다. 둘 중 어느 경우든지 우리에게는 출발점이 된다.

훈련 : 나는 ~해야 한다

그 다음에 내가 하는 일은 그들에게 종이와 펜을 주고 종이 제일 윗부분에 다음과 같이 쓰게 하는 것이다.

나는 ~ 해야 한다

그들은 이 말을 이용해서 대여섯 개의 문장을 완성해야 한다. 문장을 만드는 것을 힘겨워하는 사람도 있지만 쓸 말이 너무 많아서 멈추기 힘든 사람도 있다.

그리고나서 나는 그들에게 한 번에 한 문장씩 읽어 보라고 시킨다. "나는 ~해야 한다."라고 말할 때마다 "왜죠?" 하고 묻는다.

그중에서 흥미로운 대답 몇 가지를 적어 보았다.

엄마가 나에게 ~해야 한다고 말했기 때문에요.
그렇게 하지 않으면 이상하거든요.
완벽해지려고요.
글쎄요. 다들 그렇게 하지 않나요?
제가 너무 게으르고, 키가 너무 작고, 키가 너무 크고, 너무 뚱뚱하고, 너무 말랐고, 너무 멍청하고, 너무 못생겼고, 아무짝에도 쓸모가 없기 때문이지요.

이들 대답에서 나는 그들이 어떤 생각에 사로잡혀 있는지, 스스로가 느끼는 한계가 무엇인지를 알 수 있었다. 대답을 듣고 아무런 말도 하지 않고 '나는 ~해야 한다'라는 단어에 대해서 말한다.

당신도 알다시피, ~해야 한다라는 단어는 매우 강력한 파괴력을 가진 말 가운데 하나다. 우리가 이 말을 할 때마다, 우리는 실제로 '잘못' 말하고 있는 것이다. 왜냐하면 이 말은 이미 잘못했든지, 지금 잘못하고 있든지, 앞으로 잘못할 것이든지 간에 어쨌든 우리가 잘못했다는 뜻이기 때문이다. 우리가 인생을 사는 데 있어서 잘못을 저지를 이유는 없다. 오히려 우리는 선택의 자유를 더 가질 필요가 있다. 나는 ~해야 한다는 말을 영원히 없애 버리고 싶다. 차라리 '~할 수 있다'는 말로 바꾸고 싶다. '~할 수 있다'는 말은 우리에게 선택권을 주며, 우리가 틀렸다는 뜻은 가지고 있지 않다.

그 다음에 나는 그들에게 한 번에 한 문장씩 다시 읽어 보라고 한다. 다만, 이번에는 '내가 정말로 원한다면 나는 ~할 수 있다'는 말로 바뀌서 읽는다. 이러면 같은 주제를 새로운 각도로 볼 수 있다.

그들이 문장을 읽으면 나는 부드럽게 묻는다. "왜 그렇게 하지 않았어요?" 그러면 아까와는 판이하게 다른 대답을 듣게 된다.

그러고 싶지 않아서요.
두려워서요.
방법을 몰라서요.
제가 부족해서요.
등등.

이런 대답을 하면서 우리는 애초에 하고 싶지 않았던 일로 인해 수년 간에 걸쳐 자신을 하찮게 여겼다는 사실을 알게 된다. 아니면 자신이 원하지도 않은 일을 하지 않았다는 사실 때문에 자신을 비판해 왔다는 것을 알게 된다. 그 일은 바로 다른 사람이 '너는 ~해야 해'라고 말했던 일이다. 이 사실을 깨달으면 '~해야 한다'라는 문장에서 그 일을 지워 버릴 수 있다. 얼마나 다행한 일인가.

자신이 바라지도 않으면서 단지 부모님이 "치과의사나 교사가 '되어야 해.'"라고 말했기 때문에 수년 간 그렇게 되기 위해 노력했던 사람들의 경우를 보자. 또, "누구처럼 똑똑해지고 돈을 많이 벌고 더 창의력이 풍부'해야 한다.'"는 말을 들을 때마다 우리는 얼마나 열등감을 느꼈던가!

'~해야 한다'라는 목록에서 무엇을 지워 버릴 수 있을까?

이 문장을 다 살펴볼 즈음이면 사람들은 이미 자신의 인생을 새롭고 다른 방법으로 보기 시작한다. 그들은 '~해야 한다' 목록에 적혀 있는 내용 대부분이 자신이 원하지 않았지만 단지 다른 사람을 기쁘게 하기 위해 억지로 했던 일이라는 것을 깨닫는다. 대부분의 경우 자신이 부족하다고 느끼고 이 사실에 두려움을 느꼈기 때문에 남이 시키는 대로 따랐던 것이다.

이제 문제는 달라지기 시작했다. 단지 다른 사람의 기준에 미치지 못한다는 이유로 우리가 '잘못했다'고 느끼는 상황에서 벗어나는 과정에 접어들었다.

그런 뒤에 나는 그들에게 1장에 있는 나의 인생 철학을 설명한다. 나는 삶이 실제로는 매우 단순하다고 믿는다. 우리가 주는 대로 돌려받는 것이다. 우주는 우리가 선택한 모든 생각과 믿음을 절대적으로 지지한다. 자신이 매우 초라하고 보잘 것 없을 때, 우리는 주위에 있는 어른들의 반응을 보고 우리 자신과 인생에 대해 어떻게 느껴야 하는지를 학습하게 된다. 우리가 지닌 생각은 우리가 자라면서 경험으로 재탄생한다. 우리는 단지 생각의 방식만 다루면 되고, 힘은 항상 현재에 있는 것이다. 지금 이 순간 변화가 시작될 수 있다.

자신을 사랑하기

계속해서 나는 겉으로 드러난 문제가 무엇이든 간에, 내가 사람들과 다루는 것은 단 한 가지, 바로 '자신을 사랑하기'라고 설명한다. 사랑은 기적의 약이다. 자신을 사랑하면 인생에 기적이 일어난다.

나는 허영심과 거만함에 대해서 말하고 있는 게 아니다. 그것은 사랑이 아니라 단지 두려움일 뿐이다. 사랑이란 자신을 존중하고 우리의 몸과 마음에서 일어나는 기적에 감사하는 태도이다.

'사랑'은 내 마음 가득히 감사함이 넘쳐흐르는 것이다. 사랑은 어느 방향으로든 갈 수 있다. 나는 다음과 같은 곳에서 사랑을 느낀다.

인생의 과정 그 자체
살아 있다는 기쁨
내가 보는 온갖 아름다움
다른 사람
지식
사고 과정
우리의 몸과 몸이 작용하는 법
동물, 새, 물고기
온갖 형태의 식물
우주와 우주가 작용하는 법

이 목록에 어떤 것을 더 추가할 수 있을까?

우리가 자신을 사랑하지 않는 경우를 살펴보자.

끊임없이 자신을 비판하고 꾸짖는다.
음식과 술, 약물로 몸을 함부로 대한다.
자신이 사랑받을 가치가 없는 존재라고 생각한다.
자신이 베푼 서비스의 대가를 요구하지 못한다.
몸에 질병과 고통을 만든다.
나에게 도움 되는 일도 꾸물거리면서 뒤로 미룬다.
혼란과 무질서 속에서 살고 있다.
빚을 만들고 큰 짐이 되게 한다.
나를 하찮게 여기는 연인을 만난다.

당신은 어디에 해당하는가?

우리가 어떤 형태로든 자신의 장점을 부인하는 것, 그것 역시 우리를 사랑하지 않는 행위이다. 예전에 상담했던 한 고객이 생각난다. 그녀는 안경을 썼는데 어느 날 우리는 어린 시절의 두려움에 관해서 이야기를 나누었다. 다음날 아침, 그녀는 콘택트렌즈를 끼느라 애를 먹었다. 낑낑대며 주위를 둘러보던 그녀는 렌즈 없이도 사물이 뚜렷하게 보인다는 사실을 발견했다.

그런데 그녀는 하루 종일 "믿을 수가 없어. 도무지 믿을 수가 없어."라고 중얼거렸고, 결국 다음날부터 다시 콘택트렌즈를 끼어야 했다. 우리의 잠재의식은 유머 감각이 없다. 그녀는 자신이 시력이 좋다는 사실을 믿으려 하지 않았다.

자신을 가치 없는 존재로 인식하는 것 역시 자신을 사랑하지 않는 행위이다.

탐(Tom)은 뛰어난 예술가였다. 부유한 고객들은 탐에게 자신의 집 벽을 꾸며달라고 부탁했다. 그런데 어찌된 영문인지 탐은 항상 청구서 대금을 지불할 돈조차 부족했다. 그는 벽을 꾸며 주는 대가로 어마어마한 돈을 요구할 능력이 있었다. 사실 그가 액수를 부르기만 하면 되는 것이었다. 돈이 많은 사람들은 자신이 받은 서비스에 기꺼이 돈을 지불한다. 돈이 서비스에 가치를 부여하는 것이다. 더 많은 예를 살펴보자.

동료가 피곤해하고 짜증을 내면 자신이 무엇을 잘못했는지 생각하게 된다.
그는 한두 번 데이트를 하더니 전화도 하지 않는다. 이럴 때 자신이 무언가를 잘못했다고 생각한다.
결혼이 파경에 이르면, 자신이 실패자라고 생각한다.
월급 인상을 요구하기 두려워한다.
몸매가 패션 잡지에 나오는 모델과 많이 달라서 열등감을 느낀다.
자신이 '부족하고 능력이 없다'며 '임무를 떠맡지' 않으려 한다.
다른 사람과 가까워지는 것을 두려워한다.
잘못될까 봐 선뜻 결정을 내리지 못한다.

당신이 자존감 부족으로 인해 보이는 행동에는 어떤 것이 있는가?

완벽한 아기들

당신이 조그만 아기였을 때 얼마나 완벽했는지를 생각해 보라. 사실 아기들은 완벽해지려고 하지 않아도 이미 완벽하다. 아기들도 마치 그 사실을 알고 행동하는 것처럼 보인다. 자신이 우주의 중심이라는 사실을 알고 있으며, 원하는 것을 주저하지 않고 요구한다. 아기들은 자유롭게 감정을 표출하기 때문에 아기가 화가 나면 대번에 알 수 있다. 사실, 온 동네가 다 안다. 아기의 미소가 온 방을 가득 채우면 아기가 기분이 좋다는 것을 알 수 있다. 아기는 사랑 그 자체다.

조그만 아기들은 사랑을 받지 못하면 죽을지도 모른다. 일단 나이가 들면, 사람들은 사랑이 없이도 살아가는 법을 배운다. 그러나 아기들은 사랑이 없이는 살 수 없다. 아기들은 또한 자기 몸을 사랑한다. 심지어 자신의 배설물도 좋아한다. 아기들은 정말 용감하다.

당신도 아기일 때는 그랬다. 우리 모두 그랬다. 그러다가 어른들의 말을 듣고 두려워하는 법을 배웠고, 자신이 위대한 존재라는 사실을 부정하기 시작했다.

나를 찾아온 고객이 자신이 얼마나 형편없고, 사랑할 수 없는 존재인지를 역설하면 나는 절대 그 말을 믿지 않는다. 내가 하는 일은 그들을 어린 시절로 되돌려 놓는 것이다. 자신을 사랑하는 법을 제대로 알고 있었던 그때로 말이다.

훈련 : 거울

그 다음에 나는 고객들에게 조그만 거울을 들고 자신의 눈을 들여다본 다음, 자신의 이름을 말하고 "나는 너를 있는 모습 그대로 사랑하고 받아들인다."라고 말하게 한다.

많은 사람들이 이대로 하기 힘들어한다. 즐거워하기는커녕 소리를 지르거나 눈물을 흘리고 화를 내기도 한다. 자신을 깎아내리면서 이 훈련을 절대로 할 수 없다고 버티는 사람도 있다. 한 남자는 거울을 집어던지고 도망가려고 했다. 그 남자가 거울을 보고 자신과의 대화를 시도하기까지는 여러 달이 걸렸다.

수년 간 나는 거울에 비친 자신에게 비판만 해 왔다. 거울을 보고 눈썹을 뽑으면서 얼굴을 찌푸리던 예전의 내 모습을 생각하면 웃음이 난다. 내 눈을 들여다볼 때마다 깜짝 놀라기도 했다.

이 간단한 훈련은 효과가 크다. 한 시간도 지나기 전에 문제의 본질을 마주하게 된다. 우리가 겉으로 드러난 문제만 해결하려 한다면 끝이 없을 것이다. 마침내 모든 문제를 '해결했다'고 생각하는 순간 또 다른 문제가 생길 것이다.

'문제'는 사실 별 문제가 아니다

외모에 자신이 없는 여성이 있었다. 특히나 고르지 못한 치아가 고민거리였다. 결코 만족하지 못한 채 여러 치과를 전전했다. 그녀는 성형외과에 가서 코 수술도 했는데 결과가 좋지 않았다. 그녀가 찾아간 성형외과 의사들은 모두 자신이 못생겼다는 그녀의 믿음을 확고하게 만들었다. 그러나 정작 문제는, 외모가 아니라 자신에게 문제가 있다고 믿는 그녀 자신이었다.

입 냄새가 심한 한 여성이 있었다. 입 냄새 때문에 그녀 곁에 있는 것은 무척 힘들었다. 그녀는 목사가 되기 위해 신학을 공부하고 있었으며 신앙심이 깊고 행실이 발랐다. 그러나 누군가가 자신의 자리를 노리고 있다는 생각이 들면 속으로 화와 질투심이 치밀어 올랐다. 그럴 때면 화와 질투심이 고약한 입 냄새로 표출되었다. 사실 아무도 그녀의 자리를 노리고 있지 않았다. 그녀의 자리를 노리는 것은 그 누구도 아닌 바로 그녀 자신이었다.

엄마 손에 이끌려 나를 찾아온 15세의 소년이 있었다. 그는 악성 육아종증을 앓고 있었고, 3개월밖에 살 수 없는 시한부 인생이었다. 소년의 어머니가 히스테리컬한 것이 이해가 되었다. 그런데 어머니와 달리 소년은 너무도 밝고 영리했으며, 살고 싶다는 의지가 강했다. 그는 내가 시키는 대로 자신의 사고방식과 말하는 법을 바꾸고 싶어 했다. 소년의 부모는 별거 중이었는데 서로 만나기만 하면 싸웠다. 그래서 소년에게는 안정된 가정 분위기가 결여되어 있었다.

소년은 간절히 배우가 되고 싶어 했다. 삶의 기쁨보다는 부와 명예를 좇으려는 열망이 더 강했다. 부와 명예가 없으면 자신은 가치 없는 존재일 뿐이라고 생각했다. 나는 그에게 자신의 모습을 있는 그대로 인정하고 받아들이라고 했다. 그리고 그는 점차 건강해졌다. 지금 그는 어른이 되어서 정기적으로 브로드웨이에서 공연을 한다. 자신의 모습을 그대로 받아들이고 살아가는 기쁨을 경험하자 연기자로서 배역을 따 낼 수 있었다.

과체중도 우리가 바로잡으려고 많은 에너지를 낭비하는 문제 가운데 하나다. 그러나 과체중 역시 우리가 생각하는 것만큼 심각한 문제는 아니다. 사람들은 수년에 걸쳐서 지방을 없애려고 애를 쓰지만 여전히 과체중이다. 과체중도 내부의 문제가 겉으로 드러난 양상에 불과하다. 내가 보기에 속으로 두렵고 보호 받을 필요가 있는 사람이 과체중이 되는 것 같다. 두렵거나, 안정감이 없거나, '나는 부족하고 자격이 없다'고 느끼면 자신을 보호하기 위해 체중을 불리게 된다.

뚱뚱하다고 자신을 깎아내리고, 음식을 먹을 때마다 죄책감을 느끼고, 몸무게가 늘 때마다 신경을 곤두세우는 행동은 시간 낭비일 뿐이다. 20년이 지난 뒤에도 이 행동은 여전히 변함이 없을 것이다. 정작 중요한 문제는 다루지도 않았기 때문이다. 우리가 해 온 모든 행동은 우리를 더욱 겁먹고 불안정하게 만들 뿐이다. 그래서 우리는 자신을 보호하기 위해 더 많이 체중을 늘리게 된다.

그래서 나는 체중이나 다이어트에 초점을 맞추지 않는다. 다이어트는 효과가 없다. 효과가 있는 것은 정신적 다이어트뿐이다. 부정적인 생각에 대한 다이어트 말이다. 나는 고객들에게 "다른 일을 우선 처리한 다음에 부정적인 생각을 다이어트에 집중하세요."라고 말한다.

사람들은 자주 나에게, 자신이 너무 뚱뚱해서, 아니면 — 한 소녀의 말을 빌리자면 — '몸이 너무 둥글둥글해서' 자신을 사랑할 수 없다고 한다. 나는 그들에게 자신을 사랑하지 않아서 뚱뚱해진 거라고 말한다. 우리가 자신을 사랑하고 받아들이면 놀랍게도 체중이 줄기 시작한다.

때때로 내가 삶의 방식을 바꾸는 것이 간단하다고 말하면 고객들은 화를 낸다. 자신의 문제를 이해하지 못한다고 느끼기 때문이다. 한 여성은 "나는 논문 쓰는 게 너무 힘들어서 도움을 받으려고 당신을 찾아왔지 자신을 사랑하는 법을 배우러 온 게 아니에요." 하고 몹시 화를 냈다. 내가 볼 때 논문을 포함해서 그녀의 인생에서 일어나는 모든 문제의 근원은 자기 증오의 감정이었다. 자신이 보잘 것 없다고 느끼는 이상 그녀는 결코 어떤 일에서도 성공할 수 없었다.

그녀는 내 말을 이해하지 못하고 울면서 떠났다. 1년 뒤에 그녀는 여러 가지 문제를 더 많이 안고 나를 다시 찾아왔다. 어떤 사람은 변화를 받아들일 준비가 되지 않았다. 그렇다고 그들이 잘못된 것은 아니다. 우리는 자신에게 맞는 때와 장소에서, 자신에게 어울리는 방식으로 변화하기 시작한다. 나도 40대에 접어들어서야 변화하기 시작했다.

진짜 문제

여기에 방금 막 거울을 통해 자신의 눈을 들여다보고 실망하는 고객이 있다. 나는 웃으며 말한다. "좋아요. 이제 '진짜 문제'를 살펴봅시다. 이제 당신의 삶을 가로막고 있는 진짜 심각한 문제를 치울 수 있어요." 나는 자신을 사랑하는 문제에 관해서 이야기를 계속한다. 어떤 일로도 자신을 비판하지 않는 것, 이것이 자신을 사랑하는 것의 시작이다.

나는 고객들에게 자신을 비난하는지를 묻고 얼굴 표정을 살펴본다. 그들의 반응을 통해 많은 것을 알 수 있다.

물론이죠.
항상 그러는걸요.
예전만큼 많이 하진 않아요.
나 자신을 비판하지 않고 어떻게 달라질 수 있죠?
다른 사람도 다 그러지 않나요?

제일 마지막 말에 대해서 나는 "우리는 지금 다른 사람에 대해 말하고 있는 것이 아니에요. 우리는 당신에 대해서 말하고 있습니다. 왜 자신을 비난하나요? 무얼 잘못했는데요?"라고 되묻는다.

그들이 말을 하는 동안 나는 목록을 작성한다. 그들이 말하는 것을 보면 대부분 '~해야 한다'의 목록과 일치한다. 자신이 너무 키가 크고, 작고, 뚱뚱하고, 말랐고, 멍청하고, 늙었고, 어리고, 못생겼다고 느낀다(최고의 미남미녀조차 이렇게 말하는 경우가 많다). 아니면 자신이 너무 늦었거나, 빠르거나, 게으르다고 생각한다. 그들이 항상 '너무'라고 말하는 것을 눈여겨보라. 결국 그들이 하고 싶은 말은 "나는 너무 부족하고 자격이 없어요."이다.

만세! 만세! 드디어 우리는 중요한 문제를 발견했다. 사람들은 '자신이 부족하고 자격이 없다'고 생각하도록 배웠기 때문에 자신을 비난한다. 이 사실을 깨닫고 나면 고객들은 항상 놀란다. 이제 우리는 신체 문제, 대인 관계 문제, 재정 문제, 창의성 부족을 두고 자신을 괴롭히지 않아도 된다. 대신 모든 에너지를 '자신을 사랑하지 않는 문제'를 해결하는 데 쏟으면 된다.

내가 살아가는 끝없는 삶의 가운데에서,
모든 것은 완벽하고, 온전하며, 완전하다.
신이 항상 나를 이끌어 주고 보호한다.
나는 자신의 내면을 들여다보며 불안해하지 않는다.
나는 과거를 돌아보며 불안해하지 않는다.
인생을 바라보는 관점을 넓히면서도 불안해하지 않는다.
나는 내가 생각하는 것보다 훨씬 위대하다 — 과거, 현재 그리고 미래에도.
이제 나는 내가 지닌 모든 문제를 넘어서기로 결심한다.
나는 가치 있고 위대한 존재임을 깨달았기 때문이다.
나는 자신을 사랑하는 법을 배울 준비가 되어 있다.
나의 세상에서는 모든 일이 순조롭다.

제 3 장
그것은 어디에서 오는가?

"과거는 나를 지배하지 못한다."

많은 단계를 거치면서 '문제라고 생각했던 것'에서 벗어났다. 이제 우리는 진짜 문제를 다룰 때가 되었다. 우리는 자신이 부족하고 자격이 없다고 생각하며 자신을 사랑하지 않는다. 이것이 모든 인생 문제의 근원이다. 그렇다면 이 부정적인 생각은 어디에서 왔는지를 살펴보자.

아기였을 때 우리는 자신과 인생 그 자체가 완벽하다는 것을 잘 알고 있었다. 그런데 어쩌다가 자신이 가치 없다고 느끼며 자신을 사랑하지 않는 문제 있는 어른이 된 것일까? 자신을 사랑하는 사람만이 다른 사람을 더 많이 사랑할 수 있다.

작은 꽃봉오리가 아름다운 장미꽃이 되는 과정을 생각해 보라. 꽃이 활짝 피어서 마지막 꽃잎이 떨어지기까지 장미는 항상 아름답고, 완벽하고, 변한다. 우리도 마찬가지다. 우리는 항상 완벽하고, 아름다우며,

그러면서도 끊임없이 변한다. 우리는 자신이 지닌 이해력과 지식으로 최선을 다해서 살고 있다. 이해력과 지식이 넓어질수록 우리의 행동도 달라진다.

정신적인 대청소

이제 과거로 시선을 돌려서 우리가 가진 생각이 어디에서 비롯된 것인지를 살펴보자. 어떤 사람에게는 이 과정이 매우 고통스러울 수 있다. 그러나 고통스러워할 필요는 없다. 그냥 청소를 하기 전에 상황을 잠시 살펴보는 것뿐이다.

방을 깨끗이 청소하려면 우선 방 안에 있는 물건을 치우고 잘 살펴봐야 한다. 당신이 아끼는 물건이 있으면 정성스럽게 먼지를 털고 다듬어서 예쁘게 보이도록 할 것이다. 어딘가 망가져서 고칠 물건이 있으면 메모지를 붙여 표시해 놓을 것이다. 쓸모없어진 물건을 버려야 할 것이다. 오래된 신문이나 잡지, 더러운 일회용 접시 등은 쓰레기통에 버리면 된다. 방을 청소하면서 화를 낼 필요는 없다.

우리의 내면을 청소하는 과정도 이와 같다. 버려야 할 것이 있다고 화를 낼 필요는 없는 것이다. 먹고 남은 음식을 버리듯 가벼운 마음으로 버리면 된다. 어제 먹고 남은 음식을 뒤져서 오늘 먹을 수는 없지 않은가? 마찬가지로 오래된 상처를 들쑤셔서 내일의 경험을 만들 필요는 없다.

당신의 마음에 들지 않는 생각이 있다면, 버려라! 한번 품은 생각을 영원히 간직해야 한다는 법은 없다.

이제 부정적인 생각과 그 생각이 어디에서 비롯되었는지를 살펴보자.

부정적인 생각 : "나는 부족하고 자격이 없어."

어디에서 왔을까 : 항상 "너는 왜 이렇게 멍청하니?"라고 말하던 아버지.

한 고객은 성공해서 아버지가 자랑스러워하는 아들이 되고 싶었다고 했다. 그러나 그는 정체를 알 수 없는 죄책감에 시달렸으며 화가 났다. 그래서 실패에 실패를 거듭했다. 그가 사업에 실패할 때마다 아버지가 빚을 갚아 주었다. 결국에는 그와 아버지 둘 다 망하고 말았다. 그는 자신이 실패할 때마다 아버지가 갚아 주는 방식을 통해서 아버지에게 복수를 한 것이다. 물론 그는 실패자였다.

부정적인 생각 : 자기애(自己愛)가 없다.

어디에서 왔을까 : 아버지에게 인정받기 위해 애쓰던 어린 시절.

그녀는 아버지처럼은 되지 말아야지 하고 생각했다. 아버지와는 의견이 일치하는 법이 없었고, 그래서 매일 싸웠다. 아버지에게서 인정받고 싶었지만 돌아오는 것은 항상 혹독한 비판뿐이었다. 그녀의 몸 어느 한곳 아프지 않은 데가 없었고, 아버지 또한 몸이 아팠다. 그녀는 화가 신체적 고통을 일으킨다는 사실과, 아버지의 병 또한 분노 때문이라는 사실을 깨닫지 못했다.

부정적인 생각 : 인생은 위험하다.

어디에서 왔을까 : 겁이 많은 아버지.

한 고객은 인생이란 가혹하고 두려운 것이라고 생각했다. 그녀는 잘 웃지 않았으며, 어쩌다 웃더라도 '나쁜' 일이 일어날까 봐 두려워했다. 그녀는 어릴 때 항상 이런 충고를 들으며 자랐다. "웃지 마. '그들'이

널 잡아갈 거야."

부정적인 생각 : 나는 부족하고 자격이 없어.
어디에서 왔을까 : 무시당하고 버림받은 경험.

그는 말을 잘하지 못했다. 말없이 조용히 있는 게 일상이 되었다. 그는 술과 마약에 빠져들었고, 자신을 형편없는 사람이라고 생각했다. 나는 그가 매우 어릴 때 어머니를 잃고 이모의 손에서 자랐다는 사실을 알게 되었다. 이모는 명령할 때 외에는 말을 거의 하지 않았다. 그는 날마다 조용히 혼자서 밥을 먹고 방에 틀어박혀 조용히 지냈다. 그에게는 말을 거의 하지 않는 애인이 있었는데 두 사람은 대부분의 시간을 말없이 지냈다. 그러다가 애인이 죽고, 그는 다시 혼자가 되었다.

훈련 : 부정적인 메시지

다음에 할 훈련은 큰 종이에 당신의 부모님이 당신에게 했던 부정적인 말을 모두 다 적어 보는 것이다. 당신이 들었던 부정적인 메시지에는 어떤 것이 있는가? 시간을 갖고 기억나는 것을 모두 적어 보라. 보통 30분 정도 걸린다.

부모님이 돈에 대해서는 뭐라고 했는가? 당신의 신체에 대해 부모님이 뭐라고 했는가? 부모님이 사랑과 대인 관계에 대해서는 뭐라고 했는가? 당신의 창의력에 대해서는 뭐라고 했는가? 그들이 당신에게 했던 부정적인 말은 무엇이었는가?

가능하다면, 당신이 적은 목록을 객관적으로 보면서 자신에게 다음과 같이 말하라. "부정적인 생각이 여기에서 왔구나."

이제, 다른 종이를 꺼내서 어릴 때 들었던 부정적인 메시지를 모두 적어 보자.

친척들에게서 ....
선생님에게서 ....
친구들에게서 ....
다른 사람들에게서 ....
교회에서 ....

충분한 시간을 갖고 모두 적어 보라. 적으면서 어떤 감정이 느껴지는지 살펴보라.

당신이 두 장의 종이에 적은 내용은 모조리 당신의 의식에서 사라져야 할 것들이다. 두 장에 적힌 메시지는 당신이 '부족하고 자격이 없다'고 느꼈던 바로 그 내용이다.

어릴 때의 자신을 돌아보기

만약 우리가 세 살짜리 남자아이를 방에 앉혀 놓고 소리를 지르기 시작했다고 가정해 보자. 멍청하고, 제대로 하는 일이 하나도 없고, 이것은 이렇게 해야 하고 저것은 저렇게 하면 안 된다고 하면서, 아이가 어질러 놓은 것을 보여 주면서 몇 대 때리기까지 한다면, 아이는 방구석에 처박혀 울고 있을 것이다. 아이는 이런 반응만을 보일 것이고, 우리는 이 아이가 가진 가능성을 제대로 볼 수 없을 것이다.

반대로, 똑같은 아이를 데려다가 아끼고 사랑하며, 잘생겼고, 똑똑하다고 말하면서 아이가 하는 모든 일을 칭찬해 주고, 배우면서 실수하는 것은 괜찮으며, 어떤 일이 있어도 우리는 네 편이라고 말한다면 틀림없이 이 아이가 가진 가능성에 놀라게 될 것이다!

우리 모두는 내면에 세 살짜리 어린아이를 데리고 있다. 우리는 대부분 이 내면의 아이에게 소리를 지른다. 그러면서 왜 우리 인생이 잘 풀리지 않는지를 고민한다.

만약 항상 우리를 비난하는 친구가 있다면 그 친구 옆에 있고 싶겠는가? 아마도 우리는 어릴 때 비난하는 말을 많이 들었을 것이다. 하지만 그건 모두 오래 전 일이다. 이제는 당신이 선택할 수 있다. 만약 당신이 어릴 때 들었던 그대로 자신을 비판한다면 그때보다 더 슬플 것이다.

여기 우리 앞에, 어릴 때 들었던 부정적인 메시지가 적힌 목록이 있다. 이 가운데 당신이 자신에 대해 갖고 있는 생각과 일치하는 내용이 있는가? 대부분이 당신의 생각과 같은가? 아마 그럴 것이다.

우리의 인생 대본은 우리가 어릴 때 들은 메시지에서 비롯된다. 우리 모두는 착한 어린이라서 '다른 사람들'이 말해 주는 대로 받아들인다. 사실 사는 내내 부모님을 원망하면서 마치 우리가 죄 없는 희생양인 것처럼 생각하면 편할 것이다. 하지만 그렇게 살면 재미가 없을 것이고, 우리의 문제가 해결되지도 않을 것이다.

가족에게 비난의 화살을 돌리기

비난하기만 하면 문제에서 빠져나올 수 없다. 다른 사람을 비난하면 내가 가진 힘이 다른 사람에게 넘어간다. 상황을 이해해야만 문제에서 벗어나 자신의 미래를 통제할 수 있다.

과거는 바꿀 수 없다. 미래는 현재 우리의 생각에 의해 만들어진다.

우리는 부모님이 우리를 키우면서 자신의 지식과 이해력을 바탕으로 최선을 다했다는 사실을 인정해야 한다. 다른 사람을 비난할 때마다 우리는 자신에 대한 책임감을 던져 버린다.

우리에게 잔인한 말과 행동을 한 사람들도 우리만큼이나 두렵고 무력감을 느꼈을 것이다. 그들은 배운 대로 했을 뿐이다.

당신은 부모님의 어린 시절, 특히 열 살 이전에 대해서 얼마나 알고 있는가? 가능하다면 부모님께 직접 여쭤 보라. 부모님의 어린 시절을 알면 왜 그들이 당신에게 그렇게 했는지 이해하기 쉬워진다. 이해하고 나면 부모님에 대한 연민이 생길 것이다.

만약 직접 물어볼 수 없다면, 부모님의 어린 시절이 어떠했기에 그런 어른이 되었는지를 상상해 보라.

부모님의 어린 시절을 알게 되면 당신이 자유로워질 것이다. 부모님을 자유롭게 하기 전에는 당신이 자유로워질 수 없다. 부모님을 용서하지 않고는 자신을 용서할 수 없다. 만약 당신이 부모님이 완벽하기를 바란다면 당신 자신에게도 완벽함을 요구할 것이다. 그렇다면 당신은 평생 비참한 기분이 들 것이다.

부모님 선택하기

나는 우리가 부모를 선택한다는 이론을 믿는다. 우리가 배우는 교훈은 부모님의 '약점'과 일치하는 것처럼 보이기 때문이다.

우리 모두는 끝없는 여행을 하고 있다. 영적으로 성숙해지기 위해 특별한 교훈을 얻으려고 지구라는 별에 여행을 온 것이다. 우리는 성별과 피부색, 국적을 선택한 다음 우리의 방식을 비춰 줄 '거울'이 될 부모를 선택한 것이다.

우리가 지구에 온 것은 학교에 가는 것과 같다. 만약 미용사가 되고 싶으면 미용 학교에 가면 된다. 기술자가 되고 싶으면 기술 학교에 가면 된다. 변호사가 되고 싶으면 법대에 가면 된다. 당신이 고른 부모님은 당신이 배우기로 선택한 부분에 관한 '전문가'이다.

자라면서 우리는 부모에게 비난의 화살을 돌리면서 "이게 다 부모 때문이야!"라고 말한다. 그러나 그들은 우리가 선택한 것이다.

다른 사람이 하는 말에 귀 기울이기

어릴 때에는 오빠나 형, 언니나 누나가 신과 같다. 그들은 기분이 나쁠 때면 아마도 이런 말로 화를 표출했을 것이다.

"네가 한 짓 부모님께 이를 거야.(죄책감이 들게 하면서)"
"넌 어려서 안 돼."
"넌 멍청해서 우리랑 같이 못 놀아."

학교 선생님도 우리에게 많은 영향을 미친다. 5학년 때, 한 선생님이 나에게 무용수가 되기에는 키가 너무 크다고 했다. 나는 그 말을 믿고 무용수가 되려는 꿈을 접었다.

시험과 성적은 단지 주어진 시간에 습득한 지식의 양을 보여 줄 뿐이라는 사실을 아는가? 어렸을 때 당신은 시험 성적으로 자신의 가치를 매기지 않았는가?

어린 시절 친구는 인생에 대한 잘못된 정보를 우리와 함께 나누었다. 학교에서 다른 아이들이 괴롭히면 평생 상처가 남는다. 어렸을 때 내 성은 루니(Lunney : 미치광이라는 뜻의 영어 단어 '루니looney'와 발음이 같다)였다. 아이들은 나를 '미치광이'라고 놀렸다.

이웃도 우리에게 영향을 준다. 그들이 하는 말뿐만 아니라, "이웃들이 보면 뭐라고 생각하겠니?"라는 말을 듣기 때문이다.

당신이 어렸을 때 영향력을 미친 다른 사람들에 대해서도 생각해 보자. 물론 잡지나 텔레비전 광고도 우리에게 강력한 영향을 미친다. 많은 상품의 광고를 통해 그 상품이 없으면 우리가 부족하다고 느끼게 만든다.

✤ ✤ ✤

우리 모두는 예전에 경험했던 한계를 뛰어넘기 위해 이 자리에 있다. 다른 사람들이 뭐라고 하든지 간에 자신이 위대하고 신성한 존재라는 것을 깨닫기 위해 이 자리에 있다. 당신은 당신이 극복해야 할 부정적인 생각을 갖고 있고, 나는 내가 극복해야 할 부정적인 생각을 갖고 있다.

내가 살아가는 끝없는 삶의 가운데에서,

모든 것은 완벽하고, 온전하며, 완전하다.

과거는 나에게 아무런 영향력을 미치지 못한다.

나는 이제 변화하는 법을 배울 준비가 되었기 때문이다.

과거는 지금 내가 서 있는 위치에 오기 위해 거쳤던 과정일 뿐이다.

나는 지금 내가 서 있는 곳에서 나의 마음의 집을 청소하기 원한다.

어디에서부터 시작하든 상관이 없다는 것을 알기에,

가장 작고 치우기 쉬운 방부터 청소를 시작한다.

나는 곧 그 결과를 본다.

이 특별한 경험은 한 번뿐이라는 것을 알기에,

이 모험의 과정에 있다는 사실이 기쁘다.

나는 자유로워진다.

나의 세상에서는 모든 일이 순조롭다.

제 4 장
그것이 진실일까?

"생각이 미래의 경험을 만든다."

"그거 진짜야?"라는 질문에는 "응"과 "아니"라는 두 가지 대답이 있다. 당신이 진실이라고 믿으면 진실이 된다. 당신이 진실이 아니라고 믿으면 그것은 진실이 아니다. 유리잔의 물은 당신이 보기에 따라 반이나 남았을 수도 있고, 반밖에 남지 않았을 수도 있다. 우리가 선택할 수 있는 생각에는 수십 억 가지가 있다.

대부분의 사람은 자신의 부모가 하던 대로 생각하려고 한다. 그러나 우리는 계속 이래서는 안 된다. 한 가지 방식으로만 생각해야 된다는 법은 어디에도 없다.

내가 믿기로 선택하면 나에게는 진실이 된다. 당신이 믿기로 선택하면 당신에게 진실이 된다. 우리의 생각은 서로 다를 수 있다. 인생과 경험도 서로 다르다.

당신의 생각을 검토해 보라

우리가 믿는 것은 우리에게 진실이 된다. 갑자기 재정적인 문제가 생기면, 우리는 돈을 편안하게 다뤄서는 안 될 것처럼 느끼며 빚이나 재정적인 부담에 대해 생각하게 된다. 좋은 일은 절대로 연속해서 일어나지 않는다고 믿는다면, 인생이 당신을 속이기만 하는 것처럼 생각되어 "나는 절대로 성공할 수 없어."라고 말하게 될 것이다.

대인 관계에서 성공적이지 않으면, 당신은 "아무도 나를 사랑해 주지 않아."라거나, "나는 사랑받을 수 있는 사람이 아닌가 봐."라고 믿을지도 모른다. 아마도 당신은 어머니가 그랬던 것처럼 사람들이 당신을 지배하려 들까 봐 두렵고, "사람들은 나에게 상처만 줘."라고 생각할지도 모른다.

당신이 건강이 좋지 않으면, 아마도 당신은 "우리 가족은 몸이 약한가 봐."라거나 나쁜 날씨를 탓할지도 모른다. 어쩌면 "나는 자주 아플 팔자인가 봐."라고 할지도 모른다.

아니면 당신은 다른 생각을 할 수도 있다. 대부분의 사람들처럼 당신도 자신이 무슨 생각을 하는지 깨닫지 못할 수도 있다. 사람들은 쿠키의 표면이 익어 가는 과정을 지켜보듯이 겉으로 드러난 상황만 바라본다. 누군가가 당신의 경험과 그 속에 숨어 있는 생각을 연결해 보여 주기 전까지 당신은 인생의 희생양인 채로 남아 있다.

문제	믿음
재징 문제	나는 돈을 가질 자격이 없나 봐.
친구가 없다	아무도 나를 사랑하지 않아.
일 문제	나는 능력이 없어.
항상 남 좋은 일만 한다	나에겐 기회가 오지 않아.

문제가 무엇이든 간에, 모두 사고 패턴에서 비롯되는 것이고, 사고 패턴은 바꿀 수 있다!

우리가 씨름하는 모든 인생 문제가 생각에서 비롯된다는 말은 사실일 수도 있고, 사실인 것처럼 보일 수도 있다. 아무리 복잡한 문제라도 사고방식에서 비롯된 결과일 뿐이다.

어떤 생각이 문제를 만들어 내는지를 모른다면, 이 책을 제대로 선택한 것이다. 이 책은 그런 당신을 돕기 위해 만들어졌다.

당신의 인생 문제를 살펴보고 스스로에게 물어보라. "내가 어떤 생각을 했기에 이런 일이 벌어졌지?" 조용히 앉아서 질문해 보면 당신의 내면에 있는 지혜가 그 대답을 보여 줄 것이다.

단지 어릴 때 배웠던 믿음일 뿐

우리가 가진 생각 중에는 긍정적이고 도움이 되는 것도 있다. 예를 들어 '길을 건너기 전에 양쪽을 다 살펴라.'와 같은 생각은 인생에 도움이 된다.

처음에는 도움이 되지만 우리가 나이가 들면서 쓸모없어지는 생각도 있다. "낯선 사람을 믿지 마라."라는 말은 어린이에게는 좋은 충고지만, 어른이 되어서까지 그대로 믿는다면 외톨이가 되어 외로워하게 될 것이다.

왜 우리는 조용히 앉아서 "그게 정말일까?"라고 스스로에게 물어보지 않는 것일까? 예를 들어, 왜 나는 "그건 네가 배우기 힘든 거야."와 같은 말을 믿는 걸까?

차라리 "지금 이 말이 나에게 맞는 말일까?", "도대체 그 생각이 어디에서 비롯된 걸까?", "1학년 때 선생님이 했던 말을 내가 아직까지 믿고 있는 건가?", "그 생각을 버리는 게 더 낫지 않을까?"라고 물어보는 것이 더 낫다.

"남자는 우는 게 아니야."라는 말은 남자들이 감정을 표출하지 못하게 하고, "여자는 나무를 타면 안 돼."라는 말은 여성들이 활발해지지 못하게 한다.

어렸을 때, 세상은 두려운 곳이라고 배웠다면 우리는 이 말을 사실로 받아들일 것이다. "낯선 사람을 신뢰하지 마라.", "사람들이 너를 속일 거야." 같은 말도 마찬가지다.

반대로, 우리가 어렸을 때 세상은 안전한 곳이라고 배웠다면 우리는 이 말을 사실로 받아들일 것이다. 우리는 사랑이 모든 곳에 있고, 사람들은 친절하고, 필요한 것이 있으면 반드시 얻게 된다고 쉽게 믿는다.

어렸을 때 "다 내 잘못이야."라고 말하도록 배웠다면, 항상 주위에서 일어나는 일에 대해서 죄책감을 느낄 것이다. 그래서 당신은 항상 "미안해."라고 말하게 될지도 모른다.

만약 당신이 어렸을 때 '난 중요하지 않아.'라고 믿도록 배웠다면, 항상 무슨 일에서든지 맨 마지막에 서 있을 것이다. 그래서 나는 어렸을 때 항상 먹을 것을 얻지 못했다(16장을 참조하라). 때때로 당신은 사람들이 당신을 신경 쓰지 않아 마치 투명인간이 된 것처럼 느낄 것이다.

혹시 어린 시절에 '아무도 나를 사랑하지 않아.'라고 믿도록 배웠는가? 그렇다면 당신은 틀림없이 지금 외로울 것이다. 사람들과 친해진다고 해도 금방 관계가 끝날 것이다.

가정에서 '충분치 않아'라고 믿도록 배웠는가? 그렇다면 당신은 틀림없이 찬장이 비어 있다고 느끼거나 항상 빚에 쪼들리고 있을 것이다.

제대로 되는 일이 없으며, 상황은 항상 더 나빠질 뿐이라고 믿는 가정에서 자란 고객이 한 명 있었다. 그는 테니스를 치는 것이 큰 낙이었는데 어느 날 무릎을 다쳤다. 아는 의사를 모두 찾아다녔지만 상태는 더 나빠졌다. 결국 테니스를 영영 칠 수 없게 되었다.

또 다른 고객은 아버지가 목사였다. 그래서 그는 어릴 때 항상 남을 먼저 챙겨 주도록 배웠다. 지금 그는 자신의 고객에게 최고의 거래를 성사시켜 주면서도 자신은 빚에 허덕인다. 그는 아직도 자신보다 남을 먼저 챙겨야 한다고 생각한다.

당신이 믿으면 그것이 사실이다

우리는 "내가 원래 그래." 또는 "그게 원래 그런 거잖아."라는 말을 자주 한다. 이 말의 진짜 뜻은 우리가 생각하기에는 그렇다는 뜻이다. 그런데 우리가 믿는 것은 대부분 다른 사람의 의견이 우리의 신념 체계로 들어온 것이다. 우리가 갖고 있는 생각도 알고 보면 이렇게 해서 생긴 것이 많다.

많은 사람들이 그러하듯이, 당신도 아침에 일어나서 비가 오는 것을 보면 "날씨가 왜 이리 엉망이야?"라고 말하는가?

날씨가 엉망인 게 아니다. 그냥 비가 올 뿐이다. 우리가 알맞은 옷을 입고 기분을 바꾸면 비 오는 날에도 기분 좋게 지낼 수 있다. 비가 오는 날을 엉망이라고 생각하면 비가 올 때마다 기분이 가라앉을 것이다. 그래서 그날의 흐름에 몸을 맡기기보다는 하루 종일 짜증만 낼 것이다.

인생을 즐기며 살고 싶으면 즐거운 생각을 해야 한다. 성공한 인생을 살고 싶다면 성공하는 생각을 해야 한다. 사랑하며 살고 싶으면 사랑하는 생각을 해야 한다. 우리가 마음속으로 생각하거나 입으로 소리 내어 말하면 그대로 이루어진다.

매 순간이 새로운 시작이다

앞에서도 말했지만, 힘은 항상 현재에 있다. 당신의 상황은 항상 변한다. 그래서 바로 지금, 여기, 우리의 머릿속에서 변화가 일어나는 것이다! 부정적인 생각과 어긋난 대인 관계, 재정 문제, 자기 혐오의 감정을 얼마 동안 갖고 있었는가는 중요하지 않다. 우리는 오늘 당장 변화를 시작할 수 있다!

당신이 가진 문제는 더 이상 당신을 괴롭히지 않는다. 문제가 생긴 근본 원인을 알고 나면 더 이상 문제는 아무런 의미가 없다. 당신은 문제에서 벗어날 수 있다.

당신의 머릿속에서 생각할 수 있는 사람은 오직 당신뿐이다!

과거에 당신이 가졌던 생각과 믿음이 당신을 지금 이 순간까지 이끌었다. 지금 당신이 믿고 생각하고 말하기로 선택한 것들이 다음 순간과 다음날과 다음해를 만든다. 바로 당신이 말이다!

내가 당신에게 수년 간의 경험에서 우러나온 멋진 조언을 해 주겠다. 당신은 내 충고를 거절하고 계속해서 옛 생각을 지키면서 모든 문제를 떠안고 살아도 된다. 변화할지, 변화하지 않을지는 당신이 선택하는 것이다.

당신이 바로 당신 세상의 힘이다! 당신이 선택한 생각대로 이루어진다!

지금 이 순간이 새로운 변화의 시작이다. 매 순간이 새로운 시작이다. 지금 이 순간, 바로 여기에서 당신에게 새로운 시작이 주어진다! 정말 기쁘지 않은가! 이 순간이 바로 힘의 순간이다! 이 순간 변화가 시작되는 것이다!

그것이 사실인가?

잠시 멈춰서 생각을 떠올려 보라. 지금 무슨 생각을 하고 있는가? 생각이 당신의 인생을 만들어 가는 것이 사실이라면, 지금 당신이 하는 생각이 현실이 되기를 바라는가? 만약 지금 당신이 하는 생각이 걱정이나 화, 상처, 복수, 두려움에 관한 것이라면 이 생각이 어떤 현실이 되어 당신에게 돌아올 것 같은가?

생각은 매우 빨리 지나가서 지금 하고 있는 생각을 떠올리기란 쉬운 일이 아니다. 그러나 우리가 하는 말을 자세히 들어 보면 생각을 알 수 있다. 만약 당신이 부정적인 말을 하고 있다면 당장 그 말을 멈추거나 말을 바꿔서 하라. "그만!"이라고 외쳐도 좋다.

고급스러운 호텔의 뷔페식당에서 줄 서 있는 모습을 상상해 보라. 음식 접시 대신 생각이 담긴 접시가 앞에 늘어서 있다. 당신은 그중에서 마음에 드는 생각을 고를 수 있다. 당신의 미래 경험을 만들어 줄 생각들을.

만일 당신이 문제와 고통을 만들어 내는 생각을 선택한다면 정말 어리석은 짓이다. 그것은 병이 날 음식을 고르는 것과 마찬가지다. 한두 번은 멋모르고 나쁜 음식을 고를 수도 있다. 그러나 어떤 음식이 몸에 해로운지를 알게 되면 그 음식 근처에는 얼씬도 하지 않을 것이다. 생각도 음식과 마찬가지다. 문제와 고통을 만들어 내는 해로운 생각에서 벗어나자.

나의 스승인 레이몬드 찰스 바커 박사(Dr. Raymond Charles Barker)는 이 말을 몇 번이나 반복해 말했다.

"문제가 생기면, 우리가 할 일은 아무것도 없다. 단지 우리가 알아야 할 사실이 있을 뿐이다."

생각이 미래를 만들어 낸다. 현재에 불만족스러운 일이 있으면, 머리를 써서 그 상황에서 벗어나야 한다. 바로 당장 이 변화를 시작할 수 있다.

나의 간절한 바람은 '생각의 효과'를 학교에서 가르쳤으면 하는 것이다. 학교에서 아이들에게 전쟁이 일어난 날짜 따위를 외우게 하는 게 무슨 소용이 있는가? 그것은 정신적인 낭비에 불과해 보인다. 대신에 마음의 작용이나 재정 관리법, 투자법, 좋은 부모 되기, 좋은 대인 관계 이루기, 자신감 기르기 등을 가르치면 훨씬 좋을 텐데 말이다.

만일 이런 과목을 어릴 때 학교에서 배우면 어떤 어른이 될 것 같은가? 어떤 결과가 나타날지 생각해 보라. 자신을 긍정적으로 생각하는 행복한 사람, 재정적으로 탄탄하고 현명하게 투자해서 경제를 발전시키는 사람이 될 것이다. 다들 대인 관계도 좋고, 부모 역할을 무리 없이 해 내며, 자신을 사랑할 줄 아는 아이들을 낳아 기를 것이다. 이 밖에도 모든 사람이 자신의 창의력을 가득 펼쳐 보일 것이다.

더 이상 낭비할 시간이 없다. 우리의 작업을 계속하자.

내가 살아가는 끝없는 삶의 가운데에서,

모든 것은 완벽하고, 온전하며, 완전하다.

나는 한계니 부족이니 하는 말을 떠나보낸다.

나는 이제 우주가 나를 바라보는 것처럼

완벽하고, 온전하고, 완전한 존재로 나를 바라보기 시작한다.

나에 대한 진실은

내가 완벽하고 온전하고 완전한 존재로 만들어졌다는 것이다.

이제 나는 이 사실을 바탕으로 내 삶을 살기 시작한다.

나는 나에게 맞는 시간과 장소에서, 내가 해야 할 일을 하고 있다.

나의 세상에서는 모든 일이 순조롭다.

제 5 장
지금 무엇을 하고 있는가?

"변화하겠다고 말하는 순간 변화가 시작된다."

바꾸기로 결심하라

많은 사람들은 인생이 엉망이 되었다고 느껴지면 두려워하며 포기해 버린다. 엉망이 된 인생뿐만 아니라 자신에게 화를 내기도 한다.

포기한다는 것은 '변화라는 건 불가능하고 가망 없는 일이야. 그런데 뭘 하러 변하려고 노력하겠어?'라거나, '그냥 이 상태로 있자. 최소한 이 고통에는 익숙해졌잖아. 싫지만 익숙한 게 더 낫지. 최소한 더 나빠지지는 않을 거야.'라고 결심하는 것이다.

습관적인 분노는 '저능아'라고 적힌 모자를 쓰고 교실 구석에 앉아 있는 것과 같다. 저능아 모자를 쓰고 구석에 앉아 있었던 적이 있는가? 무슨 일이 생기면, 당신은 화가 난다. 다른 일이 생기면, 또 화가 난다. 또 다른 일이 생기면, 또 화가 난다. 다시 다른 일이 생기면, 다시 한번 더 화가 난다. 그런데 화가 나는 것 이상의 일은 일어나지 않는다.

과연 이것이 좋은 일인가? 단지 화가 나는 현상은 시간 낭비이고 어리석은 반응일 뿐이다. 그리고 인생을 새롭고 다른 방식으로 보지 않으려는 고집일 뿐이다.

왜 그렇게 화가 나는 상황이 많은지 자신에게 물어보라.

이런 좌절하고 싶은 상황이 일어나는 이유는 무엇이라고 생각하는가? 왜 다른 사람들이 당신을 짜증나게 하는 것 같은가? 왜 당신은 화를 낼 수밖에 없다고 생각하는가?

당신이 표출하는 감정은 무조건 당신에게 되돌아온다. 화를 많이 표출할수록, 화가 날 만한 상황이 더 많이 발생한다. 마치 저능아 모자를 쓰고 구석에 가만히 앉아 있는 일처럼 말이다.

지금 이 글을 읽으면서도 화가 나는가? 잘된 일이다! 당신도 툭하면 화가 나는 성질을 바꾸고 싶을 테니 말이다.

'난 바뀔 거야'라고만 생각하면 된다

당신이 얼마나 고집이 센지를 알아보려면, '난 바뀔 거야'라고만 생각하면 된다. 우리 모두는 인생이 바뀌기를 원한다. 상황이 더 좋아지고 쉬워지기를 바란다. 그러나 우리 자신이 변할 수밖에 없는 상황에 놓이는 것은 굉장히 싫어한다. 우리 자신은 그대로 있고, 다른 사람이나 상황이 바뀌기를 바란다. 다른 사람과 상황을 변화시키려면 우선 우리의 내면이 변화해야 한다. 사고방식, 말하는 방식, 표현 방식을 바꾸어야 한다. 그래야만 우리 외부의 상황도 변할 것이다.

다음 단계를 보자. 우리는 이미 문제 자체와 문제의 원인에 대해서는 잘 알고 있다. 이제 변화를 결심할 시간이다.

나는 고집이 매우 센 편이다. 지금도 내가 가끔씩 인생에 변화를 주기로 결심할 때마다 이 고집이 생각이 변화하려는 것을 막는다. 나는 때때로 나만 옳다고 생각하고, 자신에게 화가 나고, 자신이 원하는 대로 끌려간다.

심리학을 연구한 지 수십 년이 되었지만 나는 여전히 이렇다. 이것도 내가 얻은 교훈이다. 하지만 요즘에는 내가 고집스러워질 때마다 중요한 변화의 시점이 왔음을 잘 안다. 인생을 바꾸려고 할 때, 무언가에서 벗어나려 할 때마다 나는 내면을 깊숙이 들여다본다.

옛 생각은 새로운 생각에게 자리를 내주어야 한다. 어떤 생각은 쉽게 없앨 수 있지만, 어떤 생각은 계란으로 바위를 치는 것처럼 없애기 어려울 수도 있다.

변화할 시기라고 말하면서도 낡은 생각에 지나치게 집착한다면, 이 생각이 나에게 그만큼 중요해서 놓아주기 힘들다는 뜻이다. 내가 여러분을 가르칠 수 있는 것은 이러한 사실들을 배웠기 때문이다.

내 생각에는, 행복한 가정에서 편하게 자란 사람보다 고통을 많이 겪어 본 사람이 좋은 선생님이 되는 것 같다. 그들은 많은 시련을 거쳐서 지금의 위치에 왔고, 자신의 경험을 바탕으로 다른 사람이 자유로워질 수 있게 도와줄 수 있다. 대부분의 좋은 선생님은 더 많은 것을 내려놓으려고, 한계의 껍질을 더 깊숙이 제거하려고 끊임없이 노력한다. 이 작업은 평생이 걸린다.

내가 낡은 생각을 놓아버리기 위해 하던 예전 방식과 요즘 방식의 차이점은 나 자신에게 더 이상 화를 내지 않아도 된다는 것이다. 나는 이제 더 이상 내면에 변화할 무언가가 남아 있다는 이유로 스스로를 형편없는 사람이라고 생각하지 않는다.

집을 청소하듯 생각을 청소하기

내가 하는 마음의 작업은 집을 청소하는 것과 같다. 마음의 방을 둘러보며 그 안에 있는 생각을 검사하는 것이다. 내가 좋아하는 생각은 광택이 날 정도로 잘 닦아서 더 쓸모 있게 만든다. 고쳐야 할 생각이 있으면 가능한 한 고쳐 본다. 지난 신문과 잡지나 옷처럼 더 이상 필요치 않은 것도 있다. 이런 것은 필요한 사람에게 주거나 쓰레기통에 버려서 영원히 치워 버린다.

이 과정에서 화를 내거나 내가 형편없는 사람이라고 느낄 필요는 없다.

훈련 : 나는 변화하고 싶다

"나는 변화하고 싶다."라고 말해 보자. 이 말을 자주 반복한다. "나는 변화하고 싶다. 나는 변화하고 싶다." 이렇게 말하면서 목을 만져 봐도 좋다. 목구멍은 변화가 일어나는 몸의 에너지 중심이다. 목을 만지면 당신이 변화하는 중이라는 사실을 알 수 있다.

삶에 변화가 일어나면 그 사실을 받아들여라. 당신이 변하고 싶지 않을 때가 바로 가장 변화할 필요가 클 때라는 사실을 알아두라. "나는 변화하고 싶다."

우주의 지혜는 항상 당신이 하는 생각과 말에 반응한다. 당신이 변화하고 싶다고 말하면 틀림없이 변화가 일어나기 시작한다.

변화하기 위한 방법

내가 제시하는 방법 말고도 변화하기 위한 방법은 다양하다. 이 책의 마지막 부분에 당신이 실행할 수 있는 방법의 목록을 실어 놓았다.

몇 개만 소개해 보겠다. 크게 나누면 영적인 접근법, 정신적인 접근법, 신체적인 접근법이 있다. 전체적인 치료에는 몸·정신·영혼이 다 포함된다. 한 부분에서 시작해도 결과적으로는 이 세 부분을 모두 다루게 된다. 정신적인 접근법으로 시작해서 상담과 치료를 받는 사람도 있고, 기도와 명상으로 영적인 부분을 먼저 다루는 사람도 있다.

집을 청소할 때, 어느 방부터 시작하는지는 중요하지 않다. 제일 먼저 청소하고 싶은 방부터 하면 된다. 마찬가지로 변화를 시작할 때도 마음에 드는 부분부터 바꿔 나가면 된다. 나머지 부분은 저절로 해결될 것이다.

패스트푸드를 즐겨먹던 사람들은 영적인 부분이 변화되기 시작하면서 영양에 관심을 가지기 시작한다. 친구에게 물어보거나 책을 찾아보고, 영양과 관련된 강의를 듣기도 한다. 그리고는 몸속으로 들어온 음식이 자신의 기분과 외모와 관계가 있다는 사실을 알게 된다. 변화하고 성장하려는 마음이 있으면 한 가지 변화가 다른 변화로 이어진다.

나는 고객에게 영양에 대한 충고는 거의 하지 않는다. 내가 아는 영양학적 지식이 모든 사람에게 해당되는 것은 아니기 때문이다. 대신 영양에 대한 지식이 필요한 고객에게는 내가 아는 전문가를 소개해 준다. 잘 모르는 분야는 그 분야의 전문가에게 물어봐야 한다.

영양에 관한 책은 심한 병을 앓았다가 자신만의 독특한 치료법으로 병을 치료한 사람이 쓴 경우가 많다. 그 사람들은 자신이 사용한 치료법을 다른 사람들에게도 알려 주기 위해 책을 쓴다. 하지만 그 치료법이 다른 사람들에게도 효과가 있다는 보장은 없다.

예를 들어, 자연식과 생식은 서로 완전히 다르다. 생식을 하는 사람들은 절대로 음식을 익히지 않고, 빵이나 곡물을 별로 먹지 않으며, 과일과 채소를 같이 먹지 않는다. 소금도 절대로 쓰지 않는다. 자연식을 하는 사람들은 대부분의 음식을 익혀 먹고, 과일과 채소를 같이 먹으며, 소금을 많이 사용한다. 이 두 식단 모두 효과가 있다. 자연식으로 병을 치료한 사람도 있고, 생식으로 병을 치료한 사람도 있다. 하지만 이 두 식단이 모든 사람에게 효과가 있는 것은 아니다.

나의 영양 철학은 매우 간단하다. 자라는 것이면 먹고, 자라지 않는 것은 먹지 않는다.

당신이 생각하는 것에 신경을 쓰듯, 당신이 먹는 것에도 신경을 써라. 이렇게 하면 몸에 신경을 쓰게 되고, 우리가 먹는 방법에 따라 몸이 보이는 반응도 잘 살펴볼 수 있다.

평생토록 부정적인 생각만 하다가 뒤늦게 정신적인 집을 청소하는 것은 평생 패스트푸드만 먹다가 뒤늦게 몸에 좋은 음식을 먹는 것과 같다. 둘 다 변화 과정이 힘들다. 당신이 몸에 좋은 음식을 먹기 시작하면 그동안 몸속에 축적된 노폐물이 빠져나오기 시작한다. 이때 하루 이틀은 마치 몸이 썩은 것처럼 느껴질 수 있다. 당신이 생각을 바꾸기로 결심하면 당분간은 상황이 더 나빠지는 것처럼 보일 수도 있다.

잠시 추수감사절 저녁이 어떻게 끝났는지를 회상해 보자. 음식을 다 먹고 나면 칠면조를 요리한 냄비를 씻어야 한다. 냄비는 온통 까맣게 타서 그을렸다. 그래서 일단 세제를 푼 따뜻한 물에 잠시 담가 놓아야 한다. 그 다음에 냄비를 문질러 씻기 시작한다. 그러면 싱크대에 온통 그을음이 번져서 엉망이 된다. 씻기 전보다 상황이 더 나빠 보인다. 하지만 계속 문지르면 냄비는 새것처럼 깨끗해진다.

생각을 청소하는 것은 그을린 냄비를 씻는 것과 같다. 새로운 생각에 담가 놓으면, 온갖 생각의 찌꺼기가 표면으로 떠오르는 것이 보인다. 하지만 새로운 생각을 계속하면 곧 낡은 생각이 모두 사라진다.

훈련 : 변화하기로 마음먹기

일단 변화하기로 마음먹었으면 우리에게 맞는 모든 방법을 동원해야 한다. 다음은 내가 사용하는 방법 가운데 하나다.

첫째 : 거울 속에 비친 자신의 모습을 보면서 "나는 변화하고 싶어."라고 말한다.

어떤 느낌이 드는지 살펴보라. 만약 당신이 망설이거나 변화를 거부한다면 왜 그런지 자문해 보라. 당신이 집착하는 낡은 생각은 무엇인가? 자신을 꾸짖지 말고, 사실을 그대로 받아들여라. 아마 그 낡은 생각 때문에 많은 문제가 생겼을 것이다. 그 생각은 어디에서 왔는지 알겠는가?

그 생각이 어디에서 왔는지를 알든 모르든, 이제는 그 생각을 버려야 한다. 다시 한번 거울 앞에 서서 자신의 눈을 깊이 들여다보고, 목을 만지면서 다음과 같이 크게 열 번을 말하라. "변화를 거부하는 마음을 모두 버릴 거야."

거울을 이용하는 방법은 매우 효과적이다. 우리가 어렸을 때, 우리의 눈을 똑바로 들여다보고 손가락질을 하며 부정적인 말을 했던 사람들이 있을 것이다. 그들에게서 부정적인 메시지를 받아들였기 때문에 어른이 되어 혼자 거울을 들여다볼 때도 자신에게 부정적인 말을 하는 것이다. 외모를 비판하거나 다른 이유를 들어 자신을 무시한다. 내가 생각하기에, 자신의 눈을 똑바로 들여다보며 긍정적인 말을 하는 것이 가장 빨리 좋은 결과를 내는 방법인 것 같다.

내가 살아가는 끝없는 삶의 가운데에서,

모든 것은 완벽하고, 온전하며, 완전하다.

나는 이제 조용히, 객관적으로 나의 낡은 생각을 바라보면서

변화하기로 마음먹는다.

나는 가르침을 받고 배운다.

나는 즐겁게 변화한다.

내려놓아야 할 낡은 생각을 발견할 때마다

마치 보물을 발견한 듯이 반응한다.

나는 자신이 매 순간 변하는 것을 보고 느낄 것이다.

이전의 생각은 더 이상 나를 지배하지 않는다.

나는 세상의 힘이다. 나는 자유로워진다.

나의 세상에서는 모든 일이 순조롭다.

제 6 장
변화에 대한 거부

"항상 변화하는 인생의 흐름에 몸을 맡긴다."

인식하는 것이 변화와 치유의 첫걸음이다

우리 안에 깊게 뿌리박힌 방식이 있다면, 그 상태에서 벗어나기 위해서 그것을 자각해야 한다. 변화 과정에 들어서면 그 상황에 대해 말하기 시작하고, 불평도 하면서 다른 사람은 어떻게 하는지 살펴볼 것이다. 유형이 의식의 표면으로 떠오르게 되면서 자주 마주치게 된다. 그래서 선생님이나 친구를 찾아가기도 하고, 수업을 하거나 강의를 듣기도 하고, 책을 찾아보기도 하면서 그 문제를 해결하려 할 것이다.

나의 경우는 회의가 있다는 친구의 말이 계기가 되었다. 친구는 가지 않았지만, 내 안의 무엇인가가 반응을 보여서 혼자 회의에 참석했다. 별로 대수롭지 않은 그 회의가 변화의 첫걸음이었다. 하지만 그때는 이 사실을 알지 못했다.

종종 우리는 첫 단계를 내딛으면서 그 방법이 어처구니없다고 생각한다. 너무 쉬워 보이거나 우리의 생각으로는 이해가 되지 않기 때문에 그대로 따라하고 싶지 않다. 거부감이 강해서 그 방법을 따라하는 생각만으로도 화가 나기도 한다.

하지만 이런 거부 반응이 우리의 치유 과정의 첫 단계라는 사실을 이해할 필요가 있다.

나는 사람들에게 그들이 보이는 거부 반응이 이미 치유 과정이 시작되었음을 보여 준다고 설명한다. 우리가 변화에 대해 생각하기 시작하는 그 순간 바로 치유 과정이 시작된다.

초조해하는 것 역시 또 다른 형태의 거부감이다. 그것은 배우고 변화하기 싫어하는 감정이다. 지금 당장 문제를 해결해야 한다고 스스로에게 강요하면, 그 문제를 통해 배울 수 있는 교훈을 놓칠 수 있다.

다른 방으로 가려면 일어나서 한 걸음씩 움직여 가면 된다. 의자에 가만히 앉아서 다른 방으로 가는 생각만 하고 있으면 아무 일도 일어나지 않는다. 마찬가지로 우리가 문제를 해결하고 싶어 하면서 문제 해결에 도움이 될 만한 행동을 전혀 하지 않는다면 아무 소용이 없다.

이제 문제 상황을 만들어 낸 것이 자신의 책임이라는 사실을 인정할 때가 왔다. 죄책감을 느끼거나 자신을 '형편없는 사람'으로 생각하라는 뜻이 아니다. 생각이 현실이 되는 것을 보면서 '내면의 힘'을 인정하라는 뜻이다. 과거에 우리는 자신도 모르게 이 힘을 우리가 원하지 않는 현실을 만들어 내는 데 사용했다. 물론 자신이 무슨 짓을 하고 있는지 모르는 채로. 이제, 우리가 지금 처해 있는 현실에 책임이 있다는 사실을 인정하고 이 힘을 우리에게 도움이 되도록 긍정적으로 사용하는 법을 배워야 한다.

내가 고객에게 해결책을 하나 제시하면 — 문제에 대한 새로운 접근법이나 관련된 사람을 용서하는 법 — 고객은 팔짱을 단단히 낀 채로 입을 꼭 다물고 버틴다. 우리가 해야 할 일을 정확히 지적하자 거부 반응이 일어난 것이다.

우리 모두는 배워야 할 것이 있다. 그러나 배움의 길은 쉽지 않다. 하지만 배우기 쉬운 것은 우리가 이미 알고 있는 것일 가능성이 많고, 쉬운 일에서 교훈을 얻기란 매우 힘들다.

인식을 통해 교훈을 배울 수 있다

만약 당신이 가장 하기 힘든 일을 떠올린 뒤 얼마나 그 일이 하기 싫은지를 생각해 본다면, 이미 당신이 배워야 할 가장 큰 교훈을 만난 것이다. 항복하고, 저항하고 싶은 마음을 포기하고, 배워야 할 것을 배우면 다음 단계로 보다 쉽게 갈 수 있다. 자신이 변화에 저항하도록 내버려 두지 말라. 다음의 두 단계로 해 볼 수 있다 : ① 저항하는 자신을 지켜본다. ② 계속 정신적으로 변화한다. 자신이 어떻게 저항하는지 잘 관찰해 보라. 그리고 무조건 다음 단계로 나아가라.

비언어적 저항 단서들

우리는 말이 아니라 행동으로 저항을 표출하기도 한다. 예를 들어

화제 바꾸기

방에서 나가기

화장실 가기

지각하기

아프기

다른 일을 하거나

바쁘게 일하거나

쓸데없는 일로 시간 낭비하면서 밍기적거리기

먼 곳을 응시하기

잡지 뒤적이기

집중하지 않기

먹고, 마시고, 담배 피우기

새로운 사람을 만나거나, 알고 지내던 사람과 관계를 끊어 버리기

차, 가전제품, 하수구 등을 고장 내기

제멋대로 추측하기

우리는 변화에 대한 거부감을 정당화하기 위해 다른 사람에 대해 자기 마음대로 섣부른 결론을 내리기도 한다.

어쨌든 아무 소용없을 거야.

우리 남편은 / 아내는 이해하지 못할 거야.

내 성격을 통째로 바꿔야 할 거야.

미친 사람이나 심리 치료를 받으러 가지.

그들이 내 문제를 어떻게 해결해 주겠어?

그들이 내 화를 어떻게 처리하겠어?

내 경우는 다른 사람과 달라.

다른 사람을 귀찮게 하기 싫어.

저절로 해결되겠지.

다른 사람은 이런 일을 겪지 않을 텐데.

믿음

우리는 자라면서 변화에 저항하려는 믿음을 가지게 된다. 이런 생각은 다음과 같다.

아직 안 됐어.
옳지 않은 일이야.
내가 그렇게 하면 안 되지.
그건 정신적으로 좋지 않아.
고귀한 영혼을 가진 사람은 화를 내지 않아.
남자는 / 여자는 그런 일 안 해.
우리 집에선 안 그래.
나는 사랑과는 거리가 멀어.
거리가 너무 멀어.
일이 너무 많아.
너무 비싸.
시간이 많이 걸릴 거야.
못 믿겠는걸.
나는 그런 사람이 아니야.

책임 떠넘기기

우리는 다른 사람에게 힘을 넘겨서 변화에 저항하는 자신에게 변명거리를 만들어 준다. 다음의 사례를 보자.

신이 그 일을 용납하지 않을 거야.
별이 허락할 때까지 기다리고 있어.

적절한 환경이 아닌걸.

내가 변하는 걸 다른 사람들이 좋아하지 않을 거야.

좋은 선생님 / 책 / 수업 / 도구가 없어.

의사가 하지 말라고 했어.

회사 일이 너무 바빠서 시간적 여유가 없어.

그들이 하라는 대로 하고 싶지 않아.

다 걔네 잘못이야.

그 사람들이 먼저 바뀌어야지.

~하기만 하면, 당장 한다.

너는 / 그 사람들은 이해하지 못해.

그들에게 상처 주기 싫어.

내가 자란 방식과 / 내 종교와 / 내 철학과 달라.

자아 개념

우리 자신에 대한 생각 자체가 변화에 저항하고 우리를 현재 상태에 가두려는 경우도 있다.

너무 나이가 많아.

너무 어려.

너무 뚱뚱해.

너무 말랐어.

너무 키가 작아.

너무 키가 커.

너무 게을러.

너무 강해.

너무 약해.

너무 멍청해.

너무 똑똑해.

너무 가난해.

너무 가치가 없어.

너무 어리석어.

너무 심각해.

너무 발전이 없어.

예를 들려면 끝이 없을 것이다.

미루기 기술

변화에 대한 저항감은 미루기 기술을 만들어 낸다. 우리가 잘하는 변명을 보자.

나중에 할래.

지금은 도저히 생각을 못하겠어.

지금은 시간이 없어.

일할 시간을 너무 많이 뺏길 것 같아.

좋은 생각이야. 나중에 한번 그대로 해 봐야겠네.

지금은 다른 일이 너무 많아.

내일 생각해 볼게.

~만 끝내고 할게.

여행에서 돌아오면 할게.

지금은 적당한 때가 아니야.

너무 늦었어.

너무 이른 것 아니야?

부정하기

변화에 대한 저항감은 변화의 필요성을 전면적으로 부인하기도 한다. 예를 들면 다음과 같다.

난 다 잘하고 있다고.

내가 할 수 있는 일은 아무것도 없어.

지난번에는 괜찮았는데.

바꾸면 뭐가 좋은데?

그냥 모른 척하면 저절로 없어질 거야.

두려움

저항감의 가장 큰 부분은 바로 두려움이다. 미지의 세상에 대한 두려움 말이다. 다음의 말을 잘 들어 보자.

난 아직 준비가 되지 않았어.

실패할 거야.

그들이 나를 받아 주지 않을 거야.

사람들이 뭐라고 생각하겠어?

남편에게 / 아내에게 말하기 두려워.

다칠지도 몰라.

내가 변해야 할지도 몰라.

돈이 들 텐데.

죽는 게 더 낫겠다.

이혼하는 게 더 나을 거야.

다른 사람들이 내 문제점을 아는 게 싫어.

내 감정을 드러내 보이기 싫어.

그것에 대해서 얘기하고 싶지 않아.

그럴 만한 힘이 없어.

결과가 어찌될지 어떻게 알아?

자유를 뺏길지도 몰라.

너무 어렵잖아.

지금은 돈이 없어.

허리를 다칠지도 몰라.

완벽하게 못할 거야.

친구를 잃을지도 몰라.

믿을 사람이 없어.

내 이미지가 손상될지도 몰라.

난 자격이 없어.

부족해.

이 밖에도 예는 얼마든지 많다. 이 가운데 당신이 하는 말이 있는가? 다음의 예를 보자.

한 고객이 찾아와서 고통이 너무 심하다고 호소했다. 그녀는 허리가 부러졌고, 세 번의 교통사고로 무릎을 다쳤다. 그런데도 그녀는 여전히 지각하고, 길을 잃어버리고, 교통지옥에 갇히곤 했다.

그녀는 담담하게 자신의 문제에 대해서 말했다. 하지만 내가 "잠시 제 말을 들어 보세요."라고 하자마자 불안해하기 시작하며 콘택트렌즈가 불편하다고 했다. 그리곤 다른 의자로 옮겨 앉더니 화장실에 가서 렌즈를 빼고 왔다. 상담을 하는 내내 그녀는 내 말에 집중하지 않았다.

이것도 저항의 일종이다. 그녀는 과거를 내려놓고 변화할 준비가 되어 있지 않았던 것이다. 나는 그녀의 여동생과 어머니도 허리가 두 번 부러졌다는 사실을 알게 되었다.

다른 고객은 길거리에서 공연을 하는 마임 배우로 연기 실력이 매우 뛰어났다. 그는 자신이 매우 영리해서 공공기관의 법망을 요리조리 잘 피한다고 허풍을 떨었다. 하지만 어느 것도 빠져나가지 못했다. 항상 돈이 없어서 월세가 밀렸으며, 전화가 끊긴 적도 있었다. 옷은 낡아서 촌스러웠으며 일자리도 어쩌다 있는 정도였다. 몸이 여기저기 아팠으며 애정생활은 전무했다.

그의 논리대로라면 좋은 일이 생기기 전까지는 남을 속여야만 했다. 하지만 그가 하는 행동이 인생에 좋은 결과를 가져올 리가 없었다. 그는 남을 속이는 행동부터 그만두어야만 했다.

그의 저항은 그가 옛 습관을 버릴 준비가 아직 안 되었다는 것을 잘 보여 주었다.

친구를 간섭하지 마라

너무 자주 우리는 자신의 변화를 생각하기보다는 친구 중의 누가 변화를 절실히 필요로 하는지를 생각한다. 이것도 또한 저항의 일종이다.

내가 상담을 시작한 지 얼마 되지 않았을 때 만난 한 고객은, 친구가 병원에 입원하기만 하면 나를 소개시켜 주려 했다. 그들에게 꽃을 보내는 대신 나를 보내서 그들의 병을 고쳐 주려 한 것이다. 그러면 나는 녹음기를 한손에 들고 병원으로 찾아갔는데 환자의 대부분은 내가 무슨 일을 하려는 건지 전혀 이해하지 못했다. 시간이 흐른 뒤에야 나는 직접 부탁하지 않은 사람에게 찾아가 상담을 해 줄 필요가 없다는 사실을 깨달았다.

가끔 친구가 선물로 상담료를 지불해서 줘서 찾아오는 사람들이 있다. 이 경우 대부분은 별 성과 없이 돌아가서 다시는 상담을 받으러 오지 않는다.

어떤 일에 성공하면, 우리는 자주 다른 사람과 그 경험을 함께 나누려 한다. 그러나 그 사람이 변화할 준비가 되어 있다는 보장이 없다. 모든 사람에게 변화하기 적당한 때와 장소가 있기 때문이다. 우리가 변화를 원할 때에도 그 과정이 쉽지 않지만, 원하지도 않는 사람을 변화시키려고 애쓰는 것도 무척 어려운 일이다. 심지어 우정을 깨트릴 수도 있다. 내가 고객에게 변화하도록 강요하는 이유는 그들이 나를 찾아왔기 때문이다. 나는 친구들의 일에 간섭하지 않는다.

거울의 효과

거울 속에 비친 자신의 모습을 들여다보면 우리가 느끼는 감정을 알 수 있다. 그래서 거울을 보면 우리가 성공적인 삶을 살기 위해서 바꾸어야 할 부분이 어디인지 명확히 알 수 있다.

나는 사람들에게 거울을 볼 때마다 눈을 똑바로 쳐다보고 긍정적인 말을 하라고 충고한다. 가장 좋은 방법은 거울을 보고 큰 소리로 말하는 것이다. 그러면 당장 자신이 저항하려는 것이 보인다. 일단 저항이 일어나는 것을 보면 다음 단계로 넘어가기가 더 쉽다. 이 책을 읽을 때도 거울을 지니고 있으면 좋다. 긍정적인 말을 할 때마다 어느 부분에서 당신이 저항을 하고 어느 부분에서 마음을 열고 변화하려 하는지 잘 살펴보라.

이제, 거울을 보며 자신에게 이렇게 말하라. "나는 변화하고 싶어."

그 다음 당신이 어떻게 느끼는지를 살펴라. 만약 망설이고, 저항하고, 변화하고 싶지 않다면 왜 그런지 자신에게 물어보라. 당신이 움켜쥐고 있는 낡은 생각은 무엇인가? 자신을 꾸짖지 마라. 그냥 가만히 어떤 생각이 표면에 떠오르는지를 지켜보라. 그때 떠오르는 생각이 바로 당신의 삶에 많은 문제를 일으킨 원인이다. 그 생각이 어디에서 비롯되었는지를 알 수 있겠는가?

당신이 내가 제시한 긍정적인 말을 할 때, 당장 효과가 없어 보일 수도 있다. "긍정적인 말을 해 봤자 아무 소용없어."라고 말하기 쉽다. 하지만 사실, 긍정적인 말이 효과가 없는 것이 아니라 우리가 거쳐야 할 단계가 하나 더 있을 뿐이다.

반복되는 유형은 우리가 무엇을 필요로 하는지를 보여 준다

우리가 가진 습관, 우리의 경험, 우리가 반복하는 유형, 이 모두가 우리 내면의 욕구를 담고 있다. 그 욕구는 우리가 가진 생각과 관련이 있다. 우리 안에 있는 무엇인가가 비만·망가진 인간관계·실패·담배·분노·가난·학대, 그 밖의 문제를 필요로 한다.

우리는 얼마나 자주 "다시는 그거 안 해!"라고 외치는가? 그렇게 말한 다음 우리는 케이크를 먹고, 담배를 피우고, 사랑하는 사람에게 상처 주는 말을 한다. 그리고서는 화가 나서 자신에게 "너는 의지력이 없고 자제할 줄도 몰라. 너는 의지박약이야."라고 퍼붓는다. 이 말은 우리가 이미 갖고 있는 죄책감을 가중시킬 뿐이다.

의지력과 자제심의 문제가 아니다

우리가 인생에서 내려놓으려고 하는 것들은 단지 겉으로 드러난 증상일 뿐이다. 원인을 모른 채 겉으로 드러난 증상만 치료하는 것은 아무런 의미가 없다. 의지력과 자제심에 관한 부분을 해결해도 모든 증상이 다시 드러나게 된다.

내면의 욕구를 내려놓자

나는 고객에게 다음과 같이 말한다. "당신 안에 있는 무엇인가가 이 상황을 요구하고 있어요. 한 단계만 되돌아가서 내면의 욕구를 내려놓는 작업을 합시다. 욕구가 사라지면 담배를 피우거나 과식하고 싶은 욕구가 사라질 거예요."

제일 먼저 사용할 긍정적인 어구는 "나는 저항하려는 욕구와 두통, 변비, 비만, 돈 문제를 비롯한 모든 문제에 대한 욕구를 내려놓을 거야."이다. "나는 저항하려는 욕구와……"라고 소리 내어 말해 보라. 이 말을 하면서 계속 저항한다면, 다른 긍정적인 어구도 당신에게 아무런 소용이 없다.

우리는 상처받지 않으려고 방어막을 친다. 엉킨 실을 풀어 본 경험이 있다면 마구잡이로 실을 당길수록 줄이 더 심하게 엉킨다는 것을 잘 알 것이다. 그럴 때는 조심스럽게 천천히 매듭을 하나씩 풀어야만

한다. 마음의 응어리를 풀 때에도 조심스럽고 참을성 있게 자신을 대해야 한다. 필요하다면 도움을 요청하라. 그 과정에서 무엇보다 중요한 것은 자신을 사랑해야 한다는 것이다. 낡은 생각과 방식을 버리려는 의지, 그것이 바로 성공의 열쇠이고 비법이다.

내가 '문제를 필요로 한다'고 할 때의 필요는 우리의 특정한 생각 방식이 특정한 경험의 결과를 '필요'로 한다는 뜻이다. 모든 외적인 결과는 내면의 사고방식의 자연스러운 표현 방식이다. 따라서 겉으로 드러난 결과와 증상만을 없애려 하는 것은 에너지 낭비에 불과하고 심지어 문제를 더 악화시킬 수도 있다.

'나는 가치가 없는 사람이야.'라는 생각이 꾸물거리게 만든다

만약 내가 '나는 가치가 없는 사람이야.'라고 생각한다면 내가 보이는 행동 가운데 하나는 꾸물거리는 것이다. 결국 꾸물거리는 것도 다음 단계로 나아가는 것을 막는 저항의 행위이다. 많은 사람이 자신이 꾸물거리는 것을 비난하는 데 엄청난 시간과 에너지를 들인다. 자신을 게으르다고 칭하며, 자신을 '형편없는 사람'이라고 느낀다.

다른 사람이 가진 것을 보며 화내기

주목받기를 좋아하는 한 고객이 있었다. 그는 사람들의 시선을 받기 위해서 늘 수업 시간에 지각을 했다. 그는 18남매의 막내로서 모든 일에서 맨 마지막이었다. 갖고 싶은 물건이 있어도 위의 형과 누나들이 먼저 가졌고, 그는 부러움에 찬 눈으로 한참을 기다려야 했다. 어른이 된 뒤에도 그는 누군가에게 좋은 일이 생기면 같이 기뻐하지 않는다. "나도 그런 좋은 일이 생겼으면." 또는 "왜 나에겐 그런 좋은 일이

안 생기지?" 하며 불평한다.

남의 행운에 화를 내는 그의 반응은 성장과 변화를 가로막았다.

자신의 가치를 알면 기회의 문이 열린다

79세 된 고객이 찾아왔다. 그녀는 노래를 가르치는 선생님으로, 제자 중에는 텔레비전 광고 모델도 있었다. 그녀도 텔레비전 광고 일을 하고 싶었지만 겁이 났다. 나는 그녀를 격려하며 이렇게 설명했다. "당신은 매우 개성이 강한 분이세요. 그냥 자신이 갖고 있는 것을 보여 주세요.", "재미삼아 해 보세요. 당신이 가진 개성을 찾고 있는 사람들이 있을 거예요. 가서 보여 주세요."

그녀는 광고 대행사의 캐스팅 담당자를 만나서 말했다. "보다시피 나는 노인이오. 하지만 광고 일을 하고 싶다오." 곧 그녀는 광고를 찍게 되었고, 그 뒤로 수많은 광고를 찍었다. 나는 종종 텔레비전과 잡지에서 그녀의 모습을 본다. 재미삼아 한다면 나이에 상관없이 언제라도 새로운 일을 시작할 수 있다.

자기 비난은 아무런 도움이 되지 않는다

자기 비난은 당신을 더 꾸물대며 게으름 피우게 만든다. 정신적인 에너지는 오직 낡은 생각을 버리고 새로운 사고방식을 세우는 데에만 쏟아야 한다. "나를 가치 없이 여기려 드는 욕구를 없애고 싶어. 나는 최고의 인생을 누릴 자격이 있어. 이제부터 그렇게 살겠어."라고 말하라.

"이 긍정의 말을 며칠 반복하면 나의 꾸물거리는 습관이 저절로 사라질 거야."

"내면에서부터 나를 인정하기 시작하면 나의 장점이 하나씩 드러날 거야."

이것은 인생에서 일어나는 다른 부정적인 방식에도 적용된다. 부정적인 생각으로 인해 자신을 깎아내리는 것은 시간과 에너지를 낭비하는 것이다. 이제 그만두자. 생각을 바꾸어라.

결국 우리가 다루는 것은 생각이고, 생각은 얼마든지 바꿀 수 있다.

상황을 바꾸고 싶다면, 말로 표현해야 한다.

"이런 상황을 만들어 낸 내 안의 생각을 버리고 싶어."

당신이 처한 문제나 고통에 대해서 생각할 때마다 이 말을 여러 번 되뇌어라. 이렇게 말하는 순간, 당신은 더 이상 운명의 희생자가 아니다. 당신은 더 이상 무기력하지 않다. 당신의 힘을 인정하고 이렇게 말하라. "내가 이 상황을 초래했다는 사실을 깨닫기 시작했어. 이제 내 힘을 되찾을 거야. 낡은 생각을 버릴 때가 됐어."

자기 비난

부정적인 생각에 사로잡힐 때마다 눈에 띄는 음식과 버터 한 파운드를 먹어 치우는 고객이 있다. 그렇게 먹고 난 다음날이면 뚱뚱한 자신의 몸을 보고 화를 낸다. 그녀는 어릴 때 저녁 식탁 주위를 돌아다니며 다른 식구가 남긴 음식과 버터를 모두 먹어치우곤 했다. 그러면 가족들은 웃으며 그녀의 행동을 귀여워했다. 그녀가 가족의 관심을 받는 것은 그때뿐이었다.

당신이 자신을 꾸짖으며 무시할 때, 즉 '자신을 완전히 짓밟을 때', 당신이 그렇게 잔인하게 대하는 상대방이 누구라고 생각되는가?

우리가 갖고 있는 생각은, 그것이 부정적이든 긍정적이든, 모두 우리가 태어나서부터 세 살 이전에 형성된 것이다. 이때 형성된 자아관과 인생관이 세 살 이후의 경험의 기초가 되었다. 우리가 아주 어릴 때 주위 사람들이 우리를 대한 방식 그대로 우리는 지금 자신을 대하고 있다. 당신이 꾸짖는 상대는 다름 아닌 당신 안에 있는 세 살짜리 꼬마 아이다.

겁이 많은 자신에게 화가 난다면 자신이 세 살짜리 꼬마라고 생각해 보라. 만약 당신 앞에 세 살짜리 꼬마가 두려움에 떨고 있다면 어떻게 하겠는가? 그 아이에게 화를 내겠는가? 아니면 손을 뻗어 아이를 달래며 진정시키려 하겠는가? 당신이 어릴 때 주위에 있던 어른들은 당신을 달래 주지 않았을지도 모른다. 그러나 이제 어른이 된 당신은 당신 안에 있는 어린아이를 달래 줄 수 있다. 만일 당신이 이 아이를 달래 줄 수 없다면 너무 안타까운 일이다.

과거는 이미 지난 일이다. 지금 당신은 당신이 원하는 대로 자신을 대할 자유가 있다. 겁에 질린 아이를 달래 주어야지 꾸짖어서는 안 된다. 자신을 꾸짖으면 두려움만 더 커진다. 내면의 아이가 불안하다고 느낄 때 많은 문제가 발생한다. 어릴 때의 경험을 떠올려 보라. 사람들이 당신을 무시하고 깎아내릴 때 어떤 기분이 들었는가? 지금 당신 안에 있는 어린아이도 똑같이 느낀다.

자신에게 친절하라. 자신을 사랑하고 있는 그대로 받아들여라. 그래야만 당신 안에 있는 아이가 자신의 가능성을 최대로 펼쳐 보일 수 있다.

내가 살아가는 끝없는 삶의 가운데에서,

모든 것은 완벽하고, 온전하며, 완전하다.

내가 내면에 있는 무언가를 내버리려 할 때에만

저항하려는 방식이 생긴다.

이제 옛것은 나에게 영향력을 행사하지 않는다.

내가 내 세상의 힘이다.

나는 삶에서 일어나는 변화의 흐름에 적응하기 위해 최선을 다한다.

나는 변화하는 모습을 포함해서 나의 있는 그대로를 받아들인다.

나는 최선을 다하고 있다. 날마다 조금씩 쉬워진다.

끊임없이 변화하는 인생의 흐름에 몸을 맡기는 것이 즐겁다.

오늘은 멋진 날이다.

내가 오늘을 멋진 날로 만들고 있다.

나의 세상에서는 모든 일이 순조롭다.

제 7 장
변화하는 방법

"나는 기뻐하며 편한 마음으로 다리를 건넌다."

나는 '~하는 법'을 좋아한다. 이 세상에 존재하는 모든 법칙은 우리가 실생활에 적용하고 응용할 줄 모르면 아무 쓸모가 없다. 나는 실용주의를 추구하는 사람이라서 항상 모든 활용법을 다 알고자 한다.

이번에 우리가 작업할 원리는 다음과 같다.

　내려놓으려는 마음 기르기
　생각 제어하기
　자신과 타인을 용서하면 자유로워진다는 사실 배우기

욕구 버리기

가끔씩 우리가 어떤 방식을 버리려고 할 때, 잠시 동안 상황이 더 나빠진 것처럼 보일 수도 있다. 이것은 나쁜 일이 아니다. 상황이 바뀌기 시작했다는 증거다. 우리가 계속하는 긍정적인 말은 효과가 있다. 그러므로 계속 긍정적인 말을 해야 한다.

예시

성공하려고 열심히 일하다가 지갑을 잃어버린다.
대인 관계를 개선하려고 애쓰다가 싸움을 한다.
더 건강해지려고 노력하다가 감기에 걸린다.
우리가 가진 창의력을 펼쳐 보이려 하다가 해고당한다.

때때로 문제는 다른 방향으로 움직인다. 그러면 우리는 더 많은 것을 보고 이해하게 된다. 예를 들어 담배를 끊으려고 "담배를 피우고 싶은 '욕구'를 버리겠어."라고 말한다고 치자. 이 행동을 계속하다 보면 사람들과의 관계가 다소 거북해질 수 있다. 그렇다고 절망하지는 말라. 이것도 치유의 과정일 뿐이다.

당신은 이렇게 자문할지도 모른다. "사람들과의 어색한 사이를 그냥 내버려 두어야 하나? 그동안은 담배 연기 때문에 이 어색한 관계가 드러나지 않았던 건가? 왜 이렇게 사람들과의 사이가 서먹서먹하지?"

담배는 단순히 겉으로 드러난 증상일 뿐, 어떤 문제의 원인이 아니라는 사실을 이제 당신도 알 것이다. 이제 이 통찰력과 이해력이 당신을 자유롭게 해 줄 것이다.

이제 당신은 이렇게 말하기 시작할 것이다. "사람들과의 불편한 관계에 대한 '욕구'를 없애겠어."

그러고 나면 당신을 불편하게 만든 원인이 무엇인지 보일 것이다. 사람들이 당신을 끊임없이 비판하는 것처럼 보이기 때문이다.

우리 자신이 우리의 모든 경험을 만들어 낸다는 사실을 알게 되었으므로, 당신은 이제 '비판받으려는 욕구를 버리겠어.'라고 말하기 시작한다.

그 다음 당신은 비판에 대해서 생각하면서 어릴 때 가족들에게서 비판을 많이 받았다는 사실을 떠올린다. 당신 안에 있는 그 꼬마는 사람들로부터 비판을 받을 때에만 '집'에 있는 것처럼 느끼는 것이다. 이 사실에서 도망치기 위해 당신은 '담배 연기'가 필요했던 것이다.

이제 다음 단계로서 당신은 "나는 ~를 용서하겠어."라고 말해야 할 것이다.

이렇게 계속 말하다 보면, 더 이상 담배를 피우고 싶은 유혹을 느끼지 않을 것이고, 당신 주위에 있는 사람들은 더 이상 당신을 비판하지 않을 것이다. 그러면 당신이 담배와 비판에 대한 욕구를 버렸다는 사실을 알 수 있을 것이다.

이렇게 되기까지 시간이 꽤 걸린다. 당신이 매일 조용한 시간을 가지면서 자신의 변화 과정을 살펴본다면 해답을 얻을 수 있을 것이다. 당신 안에 있는 지혜는 우리가 살고 있는 행성을 만들어 낸 지혜와 똑같다. 당신이 궁금해하는 것은 무엇이든지 내면의 지혜가 알려 줄 것이라는 사실을 신뢰하라.

훈련 : 욕구 버리기

강연을 할 때, 나는 사람들에게 짝을 지어 이 훈련을 해 보게 한다. 하지만 꼭 강연회가 아니더라도, 거울을 갖고 집에서도 얼마든지 이 훈련을 할 수 있다. 가능하면 큰 거울이 좋겠다.

당신이 인생에 있어서 바꾸고 싶은 것에 대해서 잠시 생각해 보라. 거울 앞에 서서 눈을 들여다보면서 크게 말하라. "내가 이 상황을 만들었다는 것을 잘 알아. 내 의식이 이 상황을 만든 거지. 이제 이 상황에 책임이 있는 나의 사고방식을 버릴 거야." 진지하게 이 말을 여러 번 되풀이하라.

둘씩 짝을 지어 할 때는, 내가 하는 말이 진심으로 느껴지는지 짝에게 물어본다. 짝에게 당신이 하는 말이 진심이라는 확신을 갖게 하라. 혼자서 할 때는 진심인지를 자신에게 물어보라. 거울을 보며 과거의 속박에서 벗어나 다음 단계로 나갈 준비가 되었다고 자신에게 확신을 주어라.

이때 많은 사람들이 어떻게 과거에서 벗어날 수 있는지를 몰라서 두려워한다. 그들은 확실한 대답을 얻기 전까지는 행동하지 않으려고 한다. 이것은 단지 저항일 뿐이다. 그냥 무시하고 지나가면 된다.

좋은 점 한 가지는, 우리가 정확한 방법을 몰라도 된다는 것이다. 우리는 단지 바라기만 하면 된다. 당신의 잠재의식과 우주의 지혜가 방법을 알아낼 것이다. 모든 당신의 생각과 말이 해답을 구할 것이고, 힘은 그 순간에 있다. 지금 이 순간 당신이 하는 생각과 말이 당신의 미래를 만들어 낸다.

마인드는 도구일 뿐이다

당신은 마인드보다 더 위대하다. 당신의 마인드가 모든 것을 지휘한다고 생각할지도 모른다. 그러나 이 생각 역시 당신이 마인드에 주입한 결과일 뿐이다. 마인드는 도구일 뿐이므로 언제든지 다시 훈련시킬 수 있다.

다른 도구와 마찬가지로 마인드도 당신이 원하는 대로 쓸 수 있다. 당신이 마인드를 사용하는 방법은 하나의 습관에 불과하다. 당신이 원한다면, 아니 바꿀 수 있다고 믿기만 해도 습관은 얼마든지 바뀐다.

잠시 생각을 멈추고 이 말에 대해서 생각해 보라. '당신의 마음은 당신이 원하는 대로 선택하여 사용할 수 있는 도구다.'

당신이 '선택'한 생각이 당신의 경험을 만들어 낸다. 당신이 습관이나 생각을 바꾸기 어렵다고 생각하면 어려워지고, 쉽다고 생각하면 쉬워진다. 당신이 "변화가 점점 쉬워지고 있어."라고 생각하면 그대로 이루어진다.

마인드 조절하기

당신의 생각과 말에 끊임없이 반응하는 놀라운 힘과 지혜가 당신 안에 숨어 있다. 생각을 직접 선택함으로써 마인드를 통제할 수 있다는 사실을 알게 되면 이 힘의 존재를 느낄 수 있을 것이다.

단순히 마인드가 잘 조절되고 있다고 생각하지 말라. 당신이 마인드를 조정하고 있다는 사실을 명심하라. 당신이 마인드를 사용하는 것이다. 당신은 낡은 생각을 버릴 수 있다.

낡은 생각이 되돌아와서 "변화한다는 건 정말 어려워."라고 말하려 들면 얼른 마인드를 조절하라. 마인드에게 다음과 같이 타일러라. "나는 변화가 점점 쉬워지고 있다고 믿기로 했어."라고 말이다. 당신이 통제한다는 사실을 마인드가 확실히 알 때까지 이 말을 여러 번 해야 할지도 모른다.

당신이 유일하게 조정할 수 있는 것이 지금 하고 있는 생각이다

당신의 낡은 생각은 사라졌다. 그 생각이 만들어 낸 현실에서 살아가는 것 말고 당신이 할 수 있는 일은 아무것도 없다. 그러나 당신이 지금 하고 있는 생각은 당신이 조정할 수 있다.

예시

만약 당신이 오랫동안 어린 아들이 밤늦도록 자지 않아도 가만히 내버려 두다가 갑자기 저녁 8시에 재우려 한다면, 첫날에 어떤 일이 벌어지겠는가?

아이는 갑작스러운 조치에 반항하며 침대에 들어가지 않으려고 소리 지르며 발버둥칠 것이다. 이때 당신이 약한 모습을 보이면, 아이는 재빨리 상황을 주도하며 여전히 밤늦게까지 깨어 있을 것이다.

반대로, 당신이 이제 8시에 잠자리에 들어야 한다며 침착하고 엄하게 아이를 통제하면 아이의 반항은 차츰 누그러질 것이고, 2~3일 정도 지나면 아마도 8시에 잠자리에 들게 될 것이다.

마음도 이와 같다. 물론 처음에는 반항할 것이다. 새로운 방식에 길들여지고 싶지 않은 것이다. 하지만 당신이 통제권을 쥐고 있으므로, 꾸준히 엄격하게 훈련시키면 곧 새로운 사고방식에 적응할 것이다. 그리고 당신은 자신의 생각에 휘둘리는 사람이 아니라 자기 마음의 주인임을 깨닫게 되어 기분이 매우 좋을 것이다.

훈련 : 놓아버리기

깊게 숨을 들이마시고 내뱉어라. 몸의 긴장을 풀어라. 머리와 이마, 얼굴의 긴장을 풀어라. 이 책을 읽으면서 긴장할 필요는 없다. 혀와 목(목구멍), 그리고 어깨의 긴장을 풀어라. 책을 쥐고 있는 손과 팔의 긴장도 풀면 좋겠다. 이제 상체의 앞과 뒤쪽, 골반의 긴장을 풀어라. 발과 다리의 긴장을 풀면서 호흡을 진정시켜라.

위에 적힌 대로 온몸의 긴장을 풀면서 몸의 변화를 느꼈는가? 그랬다면 당신이 얼마나 많은 긴장감을 갖고 있었는지를 살펴보라. 몸의 긴장을 풀면 마음의 긴장도 풀 수 있다.

긴장을 풀고 편안한 상태에서 자신에게 다음과 같이 말하라. "버리겠어. 내려놓겠어. 모든 긴장감도 내려놓겠어. 모든 두려움을 버리겠어. 모든 분노의 감정을 내버리겠어. 죄책감에서 벗어나겠어. 슬픔도 모두 내려놓겠어. 나를 가두려 드는 모든 낡은 생각을 버리겠어. 모두 내려놓겠어. 이제 나는 평화로워. 내 자신이 평화로워. 내 삶도 평화로워. 나는 평안해."

이 훈련을 두세 번 반복하라. 내려놓으면서 편안해지는 감정을 느껴라. 힘든 생각이 들 때마다 이것을 반복하라. 좀 더 훈련하면 이렇게 하는 것이 자연스러워질 것이다. 당신이 평화로운 상태가 되면 당신이 한 말이 효력을 발휘할 것이다. 당신은 방금 소리 내어 한 말을 가만히 받아들이게 될 것이다. 스트레스를 받거나 긴장할 필요는 없다. 편안한 상태에서 좋은 생각만 하라. 별로 어렵지 않을 것이다.

몸의 긴장 풀기

가끔은 몸의 긴장을 풀 필요가 있다. 경험과 감정은 몸속에 흔적을 남긴다. 말로 표현하고 싶은 것들을 억눌러 왔다면 문을 꼭 닫은 차 안에서 소리를 지르는 것도 긴장 해소에 도움이 된다. 쌓인 분노를 풀기 위해서 침대를 두드리거나 베개를 치는 것도 테니스나 달리기만큼 좋은 방법이다.

얼마 전에 나는 이틀 정도 어깨가 몹시 아팠다. 무시하려 했지만 고통이 사라지지 않았다. 결국 나는 가만히 앉아서 스스로 물어보았다. "무슨 일이 일어나고 있는 거지? 내가 어떤 감정을 느끼고 있는 거지?"

그리고서는 깨달았다. "마치 타들어 가는 것 같아. 탄다…… 탄다…… 그렇다면 이것은 분노야. 도대체 뭣 때문에 화가 났을까?"

왜 화가 났는지 이유를 알 수 없어서 "글쎄, 이유가 뭔지 한번 알아보자."라고 말했다. 나는 침대에 커다란 베개 두 개를 얹어 놓고 있는 힘껏 치기 시작했다.

열두 번쯤 내리쳤을 때, 나는 화가 난 이유를 깨달았다. 이유는 너무도 분명했다. 그래서 나는 더 세게 베개를 내리치면서 분노의 감정이 몸속에서 빠져나가도록 했다. 그렇게 하고 나자 마음이 홀가분해졌고, 다음날부터 어깨가 아프지 않았다.

과거의 집착에서 벗어나기

많은 사람들이 과거 때문에 현재가 즐겁지 않다고 하소연한다. 과거에 해야 할 일을 하지 않았기 때문에 현재 만족스러운 삶을 살지 못하고 있다. 과거에 갖고 있었던 것이 현재에 없기 때문에 삶을 즐길 수 없다. 과거에 상처받았기 때문에 현재 사랑을 받아들일 수 없다. 과거에 그 일을 했을 때 결과가 좋지 않았기 때문에 다시는 그 일을 하지 않는다. 예전에 남에게 잘못한 적이 있기 때문에, 앞으로도 좋은 사람이 될 수 없을 것이다. 과거에 내 삶이 이렇게 엉망이 된 것은 나에게 상처를 준 그들 탓이다. 과거에 어떤 상황에 화가 난 적이 있었기 때문에 아직도 그런 상황을 옳지 않다고 여긴다. 아주 오래 전에 상처받은 기억을 절대로 잊지 못하며, 나에게 상처 준 사람들을 절대로 용서하지 않는다.

고등학교 졸업 파티에 초대받지 못했기 때문에, 지금 삶을 즐기지 못한다.
첫 오디션에서 잘하지 못해서 오디션을 볼 때마다 겁에 질린다.
이혼했기 때문에 충만한 삶을 누릴 수가 없다.
어떤 사람이 한 말에 상처받은 적이 있어서 다시는 사람을 믿지 못한다.
예전에 물건을 훔친 적이 있어서 두고두고 내 자신을 꾸중한다.
어릴 때 가난하게 자라서 평생 아무것도 가질 수 없다.

우리는 종종, 과거에 집착하는 것은, 그 경험이 무엇이든, 얼마나 끔찍한 일이든 간에, 단지 우리 자신에게 상처를 줄 뿐이라는 사실을 알지 못한다. 우리에게 상처를 준 '그들'은 전혀 신경 쓰지 않는다. 대개의 경우 '그들'은 우리가 상처를 입었다는 사실조차 알지 못한다. 과거에 집착하면 지금 이 순간을 최대한으로 누릴 수 없어서 우리에게 상처를 줄 뿐이다.

과거는 이미 지난 일이며 바꿀 수 없다. 우리는 지금 이 순간만 경험할 수 있다. 우리가 과거를 돌아보며 안타까워해도, 안타까움을 느끼고 있는 것은 바로 지금 이 순간이다. 바로 이 순간 경험해야 할 것들을 놓치고 있는 것이다.

훈련 : 내버리기

이제 우리의 머릿속에서 과거를 깨끗이 지우자. 감정의 씨꺼기도 모두 비우자. 추억은 추억으로만 남아야 한다.

3학년 때 입었던 옷을 떠올리면 아무런 감정이 느껴지지 않을 것이다. 그 옷은 단지 추억으로 남아 있을 뿐이다.

우리가 겪었던 일도 이와 마찬가지다. 과거를 내버리면 정신적인 힘을 현재를 즐기는 데 쓸 수 있고, 멋진 미래를 만들어 낼 수 있다.

내버리고 싶은 것들의 목록을 작성해 보라. 얼마나 간절히 내버리고 싶은가? 당신의 반응을 살펴라. 이것들을 내버리기 위해서 어떻게 해야 하는가? 그렇게 하고 싶은 마음이 얼마나 있는가? 그렇게 하지 않으려는 저항의 강도는 어떠한가?

용서

다음 단계는 용서다. 자신과 다른 사람을 용서해야 과거에서 벗어날 수 있다. 《기적의 과정 Course in Miracles》이라는 책에서는 용서가 거의 모든 문제의 해답이라고 밝히고 있다. 우리가 과거에 사로잡혀 있다면 더 많이 용서해야 한다는 뜻일 수도 있다. 지금 이 순간 자연스럽게 인생이 진행되지 않는다면 과거의 한순간에 사로잡혀 있다는 뜻이다. 후회·슬픔·상처·두려움·비난·분노일 수도 있고, 어쩌면 복수하고 싶은 열망일 수도 있다. 이 모든 상태가 용서하지 않았기 때문에, 과거에서 벗어나 현재로 넘어오지 않았기 때문에 생긴 것이다.

사랑은 모든 것을 치유할 수 있다. 사랑으로 가는 지름길은 용서다. 용서는 화를 풀게 한다. 내가 용서하기 위해 사용하는 방법에는 여러 가지가 있다.

훈련 : 화 풀기

화를 푸는 방법 중에 '에밋 팍스(Emmet Fox) 훈련'이라는 오래된 방법이 있다. 이 방법은 성공률이 100%이다. 이 방법을 따르려면 일단 조용히 앉아서 눈을 감고 몸과 마음의 긴장을 푼다. 그런 다음 캄캄한 소극장 무대 앞에 앉아 있는 자신의 모습을 그려 본다. 무대에는 당신이 가장 싫어하는 사람이 있다. 과거의 사람이든 현재의 사람이든, 살아 있는 사람이든 이미 죽은 사람이든 상관없다. 이 사람의 모습이 선명하게 그려지면 이 사람에게 좋은 일이 하나 생겼다고 상상하라. 그 사람이 간절히 원하는 일이 일어났다고 말이다. 그 사람이 웃으며 행복해하는 모습을 보라.

몇 분간 이 영상을 유지하다가 서서히 사라지게 하라. 나는 여기에 한 단계를 더 추가하고 싶다. 이 사람이 사라진 무대에 당신이 서 있게 하라. 좋은 일이 당신에게 생겼다. 웃으며 행복해하는 당신의 모습을 보라. 우주는 우리 모두에게 풍요롭게 베푼다는 사실을 알아두라.

위에서 소개한 훈련은 대부분의 사람이 갖고 있는 분노의 먹구름을 없애 준다. 어떤 사람은 이대로 따라하기 어려워하는 경우도 있다. 할 때마다 무대에 서 있는 사람이 다른 경우도 있다. 한 달 동안 하루에 한 번씩 이대로 해 보라. 기분이 한결 가벼워지는 것을 느낄 수 있을 것이다.

훈련 : 복수

영혼이 자유로워지려면 용서가 매우 중요하다. 몇몇 사람은 용서하기에 앞서 한 단계를 더 거칠 필요가 있다. 때때로 우리 내면의 어린아이는 용서하기 전에 복수를 하고 싶어 한다. 그런 사람에게 유용한 훈련이 있다.

눈을 감고 조용히 편안하게 앉아라. 가장 용서하기 힘든 사람을 떠올려라. 그들을 어떻게 하고 싶은가? 그들이 어떻게 해야 당신이 용서할 수 있겠는가? 그들이 어떻게 했으면 좋겠는지 자세히 생각해 보라. 그들이 얼마 동안 괴로워하며 참회했으면 좋겠는가?

이제 됐다고 느껴질 때까지 상상한 다음 그것으로 끝내라. 보통의 경우 마음이 가벼워진 것을 느끼고 용서에 대해 생각하기가 쉬워진다. 매일 이 상상을 반복하는 것은 좋지 않다. 복수하고 싶은 마음을 없애기 위한 마지막 작업으로 한 번만 할 때 자유로워지는 자신을 느낄 수 있을 것이다.

훈련 : 용서

이제 우리는 용서할 준비가 되었다. 가능하다면 짝과 함께 이 훈련을 같이 해라. 혼자 할 경우에는 크게 소리 내어 말해라.

다시 한 번 눈을 감은 채로 조용히 앉아서 "내가 용서해야 할 사람은 _____이고, 나는 네가 _____한 걸 용서한다."라고 말해라.

이 말을 여러 번 되풀이하라. 용서할 일이 적을 수도 있고 많을 수도 있다. 짝이 있다면, 짝이 당신에게 "고마워. 이제 너를 자유롭게 해 줄게."라고 말하도록 하라. 혼자 할 경우에는 당신이 용서하려는 사람이 당신에게 이 말을 한다고 생각하라. 최소 5~10분 정도 이렇게 하라. 당신의 마음에 남아 있는 응어리를 찾아서 버려라.

그렇게 감정을 정리하고 나서 자신에게 집중하라. 큰 소리로 자신에게 다음과 같이 말하라. "내가 _____한 걸 용서한다." 5분 정도 이렇게 말하라. 이렇게 말하는 것은 효과가 매우 크다. 최소한 일주일에 한 번 이렇게 하면 남아 있는 묵은 감정을 해소하는 데 도움이 된다. 한 번에 씻어 낼 수 있는 과거도 있고, 조금씩 씻어 내다 보면 결국 어느 날 사라지는 과거도 있다.

훈련 : 시각화하기

이 또한 효과가 높은 훈련법이다. 다른 사람에게 이 부분을 읽어 달라고 하거나 녹음을 해서 들어 보라.

당신을 대여섯 살의 어린아이의 모습으로 그려 보라. 아이의 눈을 깊이 들여다보면서 아이가 당신에게 바라는 한 가지가 무엇인지 찾아 보라. 그것은 바로 사랑이다. 팔을 뻗어 사랑이 느껴지도록 부드럽게 아이를 안아 주어라. 당신이 아이를 얼마나 사랑하는지, 얼마나 아끼는지를 말하라. 아이의 모든 부분을 칭찬해 주고, 배우는 과정에서 실수하는 것은 괜찮다고 말해 주어라. 무슨 일이 있든지 함께 하겠다고 약속하라. 이제 아이를 심장 크기만큼 작게 만든 뒤 당신의 심장에 넣어라. 그래서 당신이 내려다보면 언제나 당신을 올려다보는 이 아이의 조그만 얼굴을 볼 수 있도록. 그래서 당신이 아이에게 언제든지 사랑을 줄 수 있도록.

이제 당신의 어머니를 네다섯 살의 어린아이의 모습으로 그려 보라. 겁에 질린 채 사랑을 찾고 있지만 사랑이 어디에 있는지 모르는 어린이의 모습으로. 손을 뻗어 이 아이를 붙잡고 당신이 얼마나 사랑하는지, 당신이 얼마나 아끼는지를 말하라. 그녀에게 무슨 일이 있든지 당신이 항상 곁에 있을 거라는 사실을 믿어도 좋다고 말해 주어라. 그녀가 더 이상 두려워하지 않고 안전하다고 느끼면 그녀를 심장 크기로 조그맣게 만들어서 당신의 심장에 두라. 그녀를 당신의 작은 아이와 같이 그곳에 두라. 둘이 서로를 사랑하도록 하라.

이제 당신의 아버지를 서너 살의 어린아이라고 상상해 보라. 겁에 질려 울면서 사랑을 찾는 어린아이로 말이다. 어디로 가야 할지 몰라서 눈물을 뚝뚝 흘리는 그의 작은 얼굴을 보라. 이제 당신은 놀란 아이를 달래 주는 데 이력이 났을 것이다. 그러니 손을 뻗어 떨고 있는 아이를 붙들어 주어라. 그를 위로하고 나지막한 목소리로 노래를 불러 주어라. 당신이 얼마나 사랑하는지를 그가 알게 하라. 당신이 항상 곁에 있어 줄 거라고 그가 믿게 하라.

그가 눈물을 그치고 평안과 사랑을 되찾은 듯이 보이면, 심장 크기로 줄여서 당신의 심장에 두라. 세 사람이 서로를 사랑하고 당신이 세 사람 모두를 사랑하게 하라.

✤ ✤ ✤

당신의 가슴에는 어마어마한 양의 사랑이 있어서 마음만 먹으면 지구 전체를 치유할 수도 있다. 그러나 지금은 이 사랑을 당신을 치유하는 데에만 쓰도록 하자. 가슴 한가운데에서 빛나기 시작하는 따뜻함과 부드러움을 느껴라. 이 느낌을 갖고 당신이 스스로에 대해 생각하고 말하는 방식을 바꾸어라.

내가 살아가는 끝없는 삶의 가운데에서,

모든 것은 완벽하고, 온전하며, 완전하다.

변화는 내 인생의 자연스러운 법칙이다. 나는 변화를 환영한다.

나는 변화하고 싶다. 나는 생각을 바꾸기로 선택한다.

내가 쓰는 말도 바꾸기로 선택한다.

나는 편안하고 기쁜 마음으로 낡은 것에서 새로운 것으로 옮겨 간다.

용서는 내가 생각하는 것보다 쉬운 일이다.

용서를 하면 마음이 가벼워지고 내 자신이 자유로워진다.

자신을 더 많이 사랑하는 법을 배우는 것은 기쁜 일이다.

화를 풀수록, 더 많은 사랑을 표현할 수 있다.

생각을 바꾸면 기분이 좋아진다.

나는 오늘을 기분 좋은 경험으로 채우는 법을 배우고 있다.

나의 세상에서는 모든 일이 순조롭다.

제 8 장
새로운 틀 세우기

"아주 쉽게, 어떤 어려움도 없이 내면의 해답을 알게 된다."

나는 뚱뚱해지고 싶지 않다.
나는 파산하고 싶지 않다.
나는 나이 들고 싶지 않다.
나는 여기에 살고 싶지 않다.
나는 이 관계를 지속하고 싶지 않다.
나는 우리 엄마 / 우리 아빠처럼 되고 싶지 않다.
나는 이 일을 계속하고 싶지 않다.
나는 이 머리가 / 코가 / 몸이 마음에 들지 않는다.
나는 외로워지고 싶지 않다.
나는 불행해지고 싶지 않다.
나는 병에 걸리고 싶지 않다.

당신이 신경 쓰면 일이 점점 커진다

앞에 적힌 말은 우리가 부정적인 생각에 어떻게 대처하도록 배웠는지를 보여 준다. 우리는 부정적인 생각을 하면 그에 반대되는 긍정적인 생각이 자동적으로 떠오르도록 배웠다. 그러나 실상은 그렇지 않다.

당신은 얼마나 자주 원하지도 않았던 것에 대해 안타까워했는가? 그렇게 하면 당신이 실제로 원했던 것을 얻을 수 있었는가? 부정적인 것에 맞서 싸우는 것은 시간 낭비일 뿐이며 인생을 변화시키는 데 아무런 도움이 되지 못한다. 원치 않는 것에 매달릴수록 원치 않는 일이 더 많이 생긴다. 당신 자신이나 인생에 관해서 당신이 싫어했던 점은 여전히 당신에게 남아 있을 것이다.

당신이 신경 쓰는 문제는 점점 커져서 인생 전반에 걸쳐 자리잡게 된다. 부정적인 생각에서 벗어나 당신이 정말 원하는 것에 집중하라. 앞에서 보았던 부정적인 말을 긍정적인 말로 바꾸어 보자.

나는 날씬하다.
나는 돈을 잘 번다.
나는 영원히 젊다.
나는 이제 더 좋은 곳으로 이사를 간다.
나는 만족스러운 대인 관계를 맺기 시작했다.
나는 나다.
나는 내 머리 / 코 / 몸이 마음에 든다.
나는 사랑과 애정이 가득하다.
나는 즐겁고 행복하며 자유롭다.
나는 아주 건강하다.

자기 긍정

긍정적인 확신의 말로 생각하는 법을 배워라. 이는 당신이 하는 모든 말에 해당된다. 우리는 부정적인 말로 생각하는 경우가 많다. 부정적인 말은 당신이 원하지 않는 결과를 더 많이 만들어 낼 뿐이다. "나는 내 직업이 마음에 들지 않아."라고 말해도 아무런 변화가 일어나지 않을 것이다. 하지만 "나는 이제 마음에 쏙 드는 다른 직업을 가질 거야."라고 말하면 당신의 의식 속에 있는 길이 열려서 새로운 직업으로 이어질 수도 있다.

앞으로 펼쳐질 인생에 대해서 끊임없이 긍정적으로 말하라. 하지만 명심해야 할 것이 하나 있다. 반드시 현재 시제로 말해야 한다. 예를 들어 "나는 _____ 이다."나, "나는 _____ 하다."처럼 말이다. 잠재의식은 순종적인 하인과 같아서 당신이 미래 시제로 "나는 _____ 이고 싶다."나, "나는 _____ 할 것이다."와 같이 미래 시제로 말하면 생각도 미래에 머무르게 된다. 당신의 손길이 미치지 않는 먼 미래에 말이다!

자신을 사랑하는 과정

앞에서도 말했듯이, 문제가 무엇이든지 간에, 우리가 다루어야 할 주제는 자신을 사랑하는 것이다. 마치 요술지팡이를 휘두른 것처럼 자신을 사랑하면 모든 문제가 말끔히 해결된다. 자신이 훌륭하다고 생각했을 때와 인생이 뜻대로 흘러간다고 생각했던 때를 기억하는가? 사랑을 느끼고 인생에 아무 문제가 없는 것처럼 보였던 때를 기억하는가? 자신을 사랑하면 좋은 기분을 느끼고 행운이 굴러들어와서 마치 구름 위를 걷는 것처럼 느껴질 것이다. 자신을 사랑하면 기분이 좋아진다.

자신을 있는 그대로 받아들이지 않고서는 자신을 진정으로 사랑할 수 없다. 결코 자신을 비판하라는 말이 아니다. 당신이 이렇게 말하는 것이 다 들리는 것 같다.

"하지만 나는 항상 자신을 비판해 왔는걸."
"어떻게 나 자신을 그대로 받아들일 수 있지?"
"내 부모님은 / 선생님은 / 애인은 항상 나를 비판했어."
"어떻게 하면 그렇게 되지?"
"나는 그렇게 하면 안 돼."
"나 자신을 비판하지 않으면 뭐가 달라지는데?"

마인드 훈련

위에서 언급한 자기 비난은 낡은 생각으로 꽉 찬 머리에서 만들어진다. 당신이 마음을 길들여서 자신을 비하하고 변화에 저항하도록 만들었다는 사실을 알겠는가? 이제 낡은 생각은 무시하고 지금 처리해야 할 중요한 일에 몰두하자!

우리가 앞에서 했던 훈련을 다시 해 보자. 거울을 보고 이렇게 말하라. "나는 자신을 사랑하고 있는 모습 그대로를 받아들인다."

이제 어떻게 느껴지는가? 용서 훈련을 하고 나서 좀 더 쉬워졌는가? 이것은 매우 중요한 훈련이다. 자신을 있는 모습 그대로 받아들이는 것은 항상 긍정적인 변화를 가져온다.

자신을 부인하려고 애쓰던 젊은 시절에 나는 이따금씩 스스로 내 얼굴을 때리곤 했다. 나는 자신을 있는 그대로 받아들이는 것이 무슨 말인지도 몰랐다. 내가 부족하고 한계가 많다는 생각이 너무 강해서 다른 사람이 나에 대해서 뭐라고 해도 귀에 들어오지 않았다. 만약 누군가가 나에게 사랑한다고 말하면 나는 즉시 이렇게 말했다. "왜? 나에게 사랑스러운 구석이 어디 있는데?" 그렇지 않으면 '진짜 내가 어떤 사람'인지를 알면 나를 사랑하지 않을걸'이라고 생각했다.

모든 좋은 일은 자신을 진정으로 받아들이고 사랑할 때에야 비로소 시작된다는 사실을 나는 전혀 알지 못했다. 나 자신과 평화롭고 사랑이 넘치는 관계를 맺기까지 참으로 많은 시간이 걸렸다.

우선 내가 생각하는 '장점'을 아주 사소한 것까지 찾으려고 했다. 이것만으로도 나의 건강 상태가 좋아졌다. 건강은 자신을 사랑할 때만 주어지는 것이다. 경제적 성공과 사랑과 창조적인 표현력도 마찬가지다. 시간이 지나서 나는 자신의 모든 부분을 사랑하고 받아들이는 법을 배웠다. 예전에는 '부족한 점'이라고 생각했던 것까지 포함해서. 그러자 그때부터 나는 발전하기 시작했다.

훈련 : 자신의 있는 모습 그대로를 받아들인다

나는 수백 명의 사람들에게 이 훈련을 시켰고, 결과는 매우 놀라웠다. 한 달 동안 "나는 있는 모습 그대로 나를 받아들인다."라고 반복해서 자신에게 말하라.

하루에 최소한 삼사백 번을 반복하라. 절대 많은 횟수가 아니다. 걱정하는 일이 있으면 당신은 하루에도 삼사백 번 넘게 그 문제에 대해서 생각하지 않는가. 스님이 불경을 외는 것처럼 "나는 있는 모습 그대로 나를 받아들인다."라고 쉬지 않고 말하라.

"나는 있는 모습 그대로 나를 받아들인다."라고 말하면 틀림없이 의식 속에 묻혀 있던 온갖 부정적인 생각이 떠오른다.

'이렇게 뚱뚱한데 어떻게 있는 모습 그대로를 받아들이겠어?'나, '이 말이 효과가 있다고 믿으면 바보지' 또는 '나는 칭찬할 만한 구석이 없어'와 같은 부정적인 생각이 떠오르면 마인드를 통제해야 한다. 부정적인 생각을 모두 무시하라. 이 생각을 무심히 바라보기만 하라. 그렇지 않으면 과거에 갇히게 된다. 이 생각들을 향해 "난 너희들을 떠나보내고 있는 모습 그대로의 나를 받아들일 거야."라고 부드럽게 말하라.

이 훈련대로 할지 말지 미처 결정도 하기 전에 '말도 안 돼', '그대로 될 리가 없지', '거짓말이야', '어이없어', '내 모습이 이런데 어떻게 있는 그대로 받아들이라는 거야?'라는 생각이 떠오를 것이다.

이 모든 생각을 그냥 흘려보내자. 단순히 저항하려는 생각일 뿐이다. 당신이 믿지 않는 이상 그 생각들은 당신에게 아무런 영향을 미치지 못한다.

"나는 있는 모습 그대로 나를 받아들인다, 나는 있는 모습 그대로 나를 받아들인다, 나는 있는 모습 그대로 나를 받아들인다." 무슨 일이 일어나든, 누가 무슨 말을 하든, 누가 어떻게 하든, 계속 이렇게 말하라. 남들이 당신을 비난할 때에도 이렇게 말하라. 그러면 자신이 변화하고 성장하고 있다는 사실을 알게 될 것이다.

우리가 허락하지 않는 한 생각이 우리에게 영향력을 미칠 수는 없다. 생각은 말이 뭉쳐 있는 것뿐이다. 생각 자체에는 아무런 의미가 없다. 우리가 의미를 부여할 뿐이다. 우리가 성장하는 데 도움이 되는 생각만 가려서 하도록 하자.

자신을 받아들이기 위해서는 다른 사람의 의견을 무시할 수 있어야 한다. 내가 당신에게 계속해서 "너는 돼지야. 너는 돼지야."라고 말한다면 당신은 나를 보며 웃을 수도 있고, 화가 나서 나에게 미쳤다고 할 수도 있다. 내가 한 말이 사실이라고 심각하게 받아들이는 사람은 아마 없을 것이다. 하지만 실제로 우리가 자신에 대해서 갖고 있는 생각 중에는 말도 안 되는 내용이 많다. 당신의 몸매가 당신의 가치를 결정짓는다고 생각한다면 "너는 돼지야."라는 말을 믿게 된다.

우리가 자신의 어느 부분이 '이상하다'고 생각하면, 많은 경우 그 이상한 점이 바로 우리의 개성이다. 우리만 갖고 있는 특별한 점이다. 자연은 절대로 반복하는 법이 없다. 지구가 생긴 이래로 똑같은 눈송이가 내리거나 똑같은 빗방울이 떨어진 적은 한 번도 없다. 심지어 데이지꽃도 서로 생김새가 다르다. 지문이 서로 다르듯이, 우리도 서로 다르다. 우리는 다르게 만들어졌다. 이 사실을 받아들이면 다른 사람과 비교하거나 경쟁하는 일도 없을 것이다. 다른 사람처럼 되려고 애쓰다 보면 영혼이 움츠러든다. 우리는 자신을 표현하기 위해서 이 땅에 왔다.

지금처럼 나를 사랑하는 방법을 배우기 전까지는 나도 내가 어떤 사람인지 전혀 몰랐다.

아는 대로 실천하라

행복해지는 생각을 하라. 기분이 좋아지는 일을 하라. 당신을 기쁘게 하는 사람과 함께 하라. 몸이 좋아지는 음식을 먹어라. 당신이 기분 좋게 느끼는 속도로 움직여라.

씨 뿌리기

잠시 토마토 나무를 생각해 보자. 튼튼한 나무에는 100개 이상의 토마토 열매가 열린다. 열매가 가득 열린 토마토 나무가 되려면 우선 조그만 씨앗에서부터 시작해야 한다. 그 씨앗은 전혀 토마토 나무처럼 보이지 않고, 토마토 나무 같은 맛도 느껴지지 않는다. 당신이 씨앗에 대해서 잘 모른다면, 정말 토마토 나무 씨앗이 맞는지 확신할 수 없을 것이다. 일단 이 씨앗을 비옥한 땅에 심고 물을 주고 햇빛이 비치게 하자.

조그만 싹이 처음 나왔을 때, 당신은 그 싹을 밟으면서 "토마토 나무가 아니잖아."라고 말하지는 않을 것이다. 오히려 그 싹을 바라보며 "어머나! 드디어 나왔구나!"라고 말하며 기쁨에 겨워 그 싹이 자라는 것을 지켜볼 것이다. 당신이 계속 물을 적당히 주고 햇빛이 비치게 하면서 잡초를 뽑아 주면 열매가 100개도 넘게 열린 튼실한 토마토 나무로 자랄 것이다. 조그마한 씨앗에서 시작했을 뿐인데도 말이다.

당신이 겪는 경험도 이와 마찬가지다. 나무를 심는 땅은 당신의 잠재의식이다. 씨앗은 새로 배운 긍정적인 말이다. 앞으로 겪게 될 모든 일이 이 작은 씨앗에 들어 있다. 긍정적인 말을 계속해서 씨앗에 물을 주고, 긍정적인 사고로 빛을 쬐어 주어라. 가끔씩 떠오르는 부정적인 생각인 잡초를 뽑아 주어라. 그러다가 처음으로 작은 결실이 보이면, 밟으면서 "이걸로는 부족해!"라고 말하지 마라. 대신에 이 첫 결실을 바라보며 "어머나! 드디어 결실을 맺었구나! 정말 효과가 있구나!"라고 기뻐하며 외쳐라. 그러면 그 결실이 자라서 당신이 바라는 대로 이루어질 것이다.

훈련 : 새롭게 변화하기

이제 당신의 문제점을 적은 목록을 긍정적인 말로 바꿀 차례다. 아니면 당신이 바꾸고 싶은 바를 목록으로 작성할 수도 있다. 이 목록에서 3개를 선택해서 긍정적인 말로 바꾸어 보자.

당신의 문제점 목록이 이와 비슷하다면 :

내 인생은 엉망이야.
살을 빼야 해.
아무도 날 사랑하지 않아.
이사 가고 싶어.
내 직업이 마음에 안 들어.
좀 더 꼼꼼해야 돼.
나는 일을 충분히 하지 않아.
나는 많이 부족해.

다음과 같이 바꾸어 보자.

좋은 상황을 만들어 내는 패턴으로 바뀌었어.
나는 긍정적으로 변화하는 과정에 있어.
내 몸은 행복하고 날씬해.
나는 어디를 가든지 사랑 받아.
내가 사는 곳은 완벽해.
이제 맘에 드는 새 직업을 나에게 와.
나는 꼼꼼해.
나는 일을 참 잘해.
나는 자신을 사랑하고 있는 그대로 받아들여.
인생이 나에게 최상의 것을 가져다줘.
나는 최고가 될 자격이 있어. 그걸 믿어.

이 가운데 당신이 바꾸고 싶다고 목록에 쓴 내용도 있을 것이다. 자신을 사랑하고 받아들이며, 안전한 공간에서 지내고, 자신을 믿고 위해 주면 몸무게가 정상이 될 것이다. 머릿속의 생각이 짜임새 있어지고, 사랑이 넘치는 관계를 맺고, 새로운 직업과 새로운 집이 생길 것이다. 이것은 토마토 나무가 자라는 놀라운 방법과 같다. 이 기적 같은 방법으로 우리의 바람을 이룰 수 있다.

자격 갖추기

자신이 원하는 바를 얻을 자격이 있다고 생각하는가? 만약 아니라면 당신이 원하는 것을 얻지 못할 것이다. 당신이 통제할 수 없는 상황이 닥쳐와서 당신을 두려움에 떨게 할 것이기 때문이다.

훈련 : 나는 _____ 할 자격이 있다

다시 거울을 보고 다음과 같이 말하라. "나는 _____ 할 자격이 있어. 이제 그 사실을 받아들이겠어."

두세 번 되풀이해서 말하라. 어떤 기분이 드는가? 항상 당신이 느끼는 감정과 몸에서 일어나는 변화에 집중하라. 지금 한 말이 사실이라고 생각되는가? 아니면 여전히 자신이 그럴 만한 자격이 없다고 생각되는가?

자신의 몸에 대해서 부정적인 생각을 갖고 있다면, 다시 전 단계로 돌아가서 "나를 깎아내리려고 애쓰는 의식 방식을 버리겠어.", "나는 _____할 자격이 있어."라고 말하라.

이 말을 수용할 수 있을 때까지 반복해서 말하라. 며칠 동안 계속해야 할지도 모른다.

전인적 철학

새로운 것을 추구하려면 전체적인 접근법이 필요하다. 전인적 철학은 몸과 마음, 그리고 영혼을 다 살찌운다. 이 세 부분 중 어느 하나라도 무시한다면 전체성이 결여되어서 완전해질 수 없다. 어느 부분부터 시작할 것인지는 상관이 없다. 세 부분을 모두 다 다루기만 하면 된다.

우선 몸에서 시작한다면, 우리가 선택하는 음식과 그 음식을 먹은 뒤에 우리가 느끼는 감정 사이의 관계를 배우기 위해서 영양을 공부하는 것이 좋다. 우리는 몸에 최고로 좋은 선택을 할 필요가 있다. 약초와 비타민, 동종 요법과 바흐 플라워(Bach Flower) 치료법이 있다. 장세척에 대해서도 알아봐야 한다.

관심이 가는 운동법을 찾아서 실천해 본다. 운동을 하면 뼈가 튼튼해지고 몸이 젊음을 유지할 것이다. 스포츠와 수영도 좋고 춤이나 킥복싱, 무술, 요가도 좋다. 나는 트럼플린을 좋아해서 매일 그 위에서 뛴다. 그리고 나서 싯업보드에 누워 있으면 몸이 편안해진다.

롤프식 마사지(Rolfing)나 헬러 운동법(Heller Work), 아니면 트레이저법(Trager)을 시도해도 좋다. 마사지·발반사 요법·침술·지압도 몸에 좋다. 알렉산더 요법(Alexander Method)과 바이오에너제틱스(Bioenergetics), 펠덴크라이스(Feldenkrais), 터치 포 헬스(Touch for Health), 영기(靈氣) 요법도 있다.

마음을 다룰 때는 시각화 기술, 심상 이끌기, 긍정적인 말하기의 방법을 써 볼 수 있다. 심리학적인 기술은 아주 많다. 게슈탈트·최면·리버싱·싸이코 드라마·전생 체험·미술 치료·꿈 분석도 있다.

명상은 어떤 형태로든 마음을 가라앉히고 당신이 가진 '지식'이 표면 위로 드러나게 하는 데 도움이 된다. 나는 가만히 눈을 감고 앉아서

"내가 알아야 하는 게 뭘까?"라고 말한 다음 조용히 대답을 기다린다. 대답이 나오면 좋고, 나오지 않아도 좋다. 다음에 대답이 나올 것이다.

그룹별로 하는 훈련도 있다. 통찰력, 사랑이 넘치는 대인 관계 훈련, 중재자 기법, 켄 키즈 그룹(Ken Keyes group), 현실화 기법 등 수없이 많다. 그룹 훈련은 주말에 모여서 하는 경우가 많은데, 이대로 따라하면 인생관이 새롭게 바뀔 수도 있다. 어떤 주말 훈련도 당신이 가진 모든 문제를 영원히 해결해 주지는 못한다. 그러나 지금 이곳에서 당신의 인생이 변화하도록 도와줄 수는 있다.

영적 훈련 영역에는 기도와, 명상과, 높은 곳에 계신 분과 교류하는 법이 있다. 나에게는 용서하려 애쓰고, 조건 없는 사랑을 베푸는 것이 영적인 훈련이다.

영적인 그룹에는 기독교회, 종교과학연합회와 같은 형이상파 교회가 있다. 자아 실현 연대, M.S.I.A., 초월 명상, 시다(Siddha) 협회 등도 있다.

시도해 볼 수 있는 방법은 아주 많으므로, 한 가지 훈련법이 효과가 없으면 다른 훈련법을 시도하면 된다. 여기에 소개한 모든 방법은 효과가 입증된 것들이다. 그중에서 어느 것 하나가 당신에게 도움이 될지는 아무도 모른다. 그 한 가지는 당신 스스로 찾아야 한다. 한 가지 훈련법이나 한 사람, 한 그룹이 모든 사람들에게 도움이 된다는 보장은 없다. 나도 모든 사람을 위한 해결책을 갖고 있지는 않다. 나 역시 당신이 전인적인 건강을 얻기 위한 하나의 방편일 뿐이다.

내가 살아가는 끝없는 삶의 가운데에서,

모든 것은 완벽하고, 온전하며, 완전하다.

나의 인생은 끊임없이 변한다.

인생의 매 순간이 새롭고 신선하고 중요하다.

나는 원하는 것을 이루기 위해 내가 말하는 대로 생각한다.

오늘은 새로운 날이다. 나도 새로운 나다.

나는 예전과 다르게 생각하고, 다르게 말하고, 다르게 행동한다.

사람들도 나를 예전과 다르게 대한다.

새로운 사고방식이 나에게 새로운 세상을 열어 주었다.

새 씨앗을 심는 것은 기쁜 일이다.

이 씨앗이 나에게 새로운 경험을 가져다줄 것을 알기에 기쁘다.

나의 세상에서는 모든 일이 순조롭다.

제 9 장
일상생활

"믿음에는 한계가 없다. 믿는 대로 이루어진다."

아기가 처음 넘어졌을 때 포기했다면 걷는 법을 배우지 못했을 것이다.
　새로 배우는 것은 무엇이나 익숙해지려면 충분한 연습이 필요하다. 우선 집중을 해야 하는데 집중하기 '힘들어' 하는 사람도 있다. 나는 힘든 일이라기보다는 새로 배울 게 생겼다고 생각하는 편이다.
　주제에 상관없이 배움의 과정은 항상 같다. 운전하는 법을 배우든지, 타자 치는 법을 배우든지, 테니스 치는 법을 배우든지, 아니면 긍정적으로 생각하는 법을 배우든지 모두 마찬가지다. 우리의 잠재의식이 새로운 것을 시도할 때 우리는 계속 실수를 한다. 그러나 반복하다 보면 점점 쉬워지고, 그 일에 점점 익숙해지게 된다. 물론 하루아침에 '완벽'해질 수는 없다. 무슨 일이든지 시도해 본다는 것 자체가 중요하다. 우선 그것으로 충분하다.
　자신에게 "나는 최선을 다하고 있어."라고 자주 말하라.

항상 자신을 지지하라

처음으로 강의했던 때가 기억난다. 강단에서 내려오자마자 나는 스스로에게 이렇게 말했다. "루이스, 정말 잘했어. 처음 치곤 굉장히 잘한 거야. 대여섯 번만 더 하면 완전히 프로가 될 거야."

몇 시간 뒤에는 다시 이렇게 말했다. "몇 가지 바꿀 점이 있는 것 같아. 이런 점을 고쳐도 좋을 것 같고, 저런 점을 조금 고쳐도 좋을 것 같아." 어떤 방법으로든지 나 자신을 비판하려고 하지 않았다.

만약 내가 강단에서 내려오면서 "너 정말 못하더라. 실수도 여러 번 하고."라고 말하며 자신을 폄하했다면 다음 강의를 망쳤을 것이다. 그러나 내가 말한 대로 두 번째 강의는 처음 강의보다 훨씬 수월했고, 여섯 번째 강의에서는 마치 내가 프로처럼 느껴졌다.

우리를 둘러싼 '법칙' 살펴보기

이 책을 쓰기 직전에 워드프로세서 프로그램을 사용하기 위해 컴퓨터를 하나 샀다. 그리고 컴퓨터에게 '마법사'라는 이름을 붙여 주었다. 컴퓨터를 배우기로 한 것은 내가 새롭게 선택한 일이었다. 컴퓨터를 배우는 것은 마치 영적인 법칙을 배우는 것과 같았다. 내가 컴퓨터의 법칙을 배워서 따르자, 컴퓨터가 나를 위해 놀라운 '마법'을 부렸다. 반면에 내가 규칙을 제대로 따르지 않으면 아무 일도 일어나지 않거나 원한 결과가 나오지 않았다. 컴퓨터는 법칙에 관해선 한 치의 오차도 없었다. 내가 법칙을 배우는 동안 참을성 있게 기다렸다가 법칙에 따라 작업을 하면 마법을 보여 주었다. 이렇게 되기까지는 연습이 필요했다.

당신이 지금 배우고 있는 것도 컴퓨터와 같다. 당신은 영적 법칙을 배워서 그대로 따라야 한다. 영적 법칙을 당신의 낡은 사고방식에 맞추려 해서는 안 된다. 새로운 말을 배워서 따라하면, 당신 인생에 '마법'이 펼쳐질 것이다.

배움을 강화하라

배움을 강화하는 방법은 많을수록 좋다. 나는 다음과 같은 방법을 제안한다.

> 감사한 마음을 표현하기
> 긍정적인 문장 쓰기
> 앉아서 명상하기
> 운동을 즐기기
> 영양에 신경 쓰기
> 자기 긍정을 소리 내어 말하기
> 자기 긍정을 노래로 만들어 부르기
> 운동으로 몸의 긴장을 풀어 주기
> 머릿속으로 이미지 그리기
> 독서와 공부

나의 일상

나는 매일 이런 일을 한다.

아침에 눈을 뜨기 전에 생각나는 모든 것에 감사한다.

샤워를 한 뒤 30분 정도 명상을 하고, 긍정적인 말을 하고, 기도를 한다.

15분 정도 트럼플린 위에서 뛴 다음, 아침 6시에 텔레비전의 에어로빅 방송을 보며 운동을 한다.

그 다음 과일과 과일 주스, 허브차로 아침식사를 한다. 식사를 하면서 나에게 이 음식을 제공해 준 대자연에 감사하고, 자신의 생명을 바쳐서 나에게 영양분을 공급해 주는 음식에게도 감사한다.

점심을 먹기 전에 거울 앞에 서서 자기 긍정을 소리 내어 말한다. 가끔은 어구로 노래를 만들어 부르기도 한다. 예를 들어 이런 노래 말이다.

루이스, 너는 훌륭해. 난 널 사랑해.
오늘은 네 생애 최고의 날이야.
모든 일이 다 잘될 거야.
알아야 할 것은 이미 네 앞에 드러나 있어.
필요한 건 모두 얻게 될 거야.
모든 것이 완벽해.

점심은 샐러드를 양껏 먹는 편이다. 점심을 먹으면서도 음식에게 감사한다.

오후 늦게, 요가 매트에 누워서 몇 분간 스트레칭을 하며 긴장을 푼다. 이때 음악을 듣기도 한다.

저녁식사는 찐 채소와 곡물이다. 가끔씩은 닭고기나 생선을 먹기도 한다. 소박한 음식을 먹을 때 몸 상태가 가장 좋다. 여러 사람과 함께 저녁식사를 할 때는 서로를 축복하며 음식에 감사한다.

가끔 저녁에 책을 읽거나 공부를 한다. 배울 것은 항상 있다. 이때 자기 긍정 문장을 10~20회 정도 써 본다.

잠자리에 들어서는 생각을 정리한다. 그날 있었던 일을 떠올리며 모든 일을 축복한다. 숙면을 취하고, 아침에 개운하게 일어나 새로운 하루를 시작할 것을 확신하며 잠이 든다.

너무 빡빡해 보이는가? 언뜻 보기에는 벅차게 여겨지지만, 며칠만 지나면 새로운 사고방식이 목욕이나 양치질처럼 자연스러운 일상이 될 것이다. 그러면 자동적으로 쉽게 새로운 방식으로 생각하게 된다.

하루를 시작하는 아침이나 저녁식사 직전에 온 가족이 함께 명상을 하면 가정이 평화로워질 것이다. 시간이 부족하다고 생각한다면 30분만 일찍 일어나면 된다. 30분을 들인 보람이 틀림없이 있을 것이다.

당신은 하루를 어떻게 시작하는가?

아침에 잠에서 깨어 제일 먼저 하는 말이 무엇인가? 다들 매일같이 하는 말이 있을 것이다. 당신이 하는 말은 긍정적인가 아니면 부정적인가? 나는 예전에 잠에서 깨면 "이런, 또 하루가 밝았네."라고 말하며 신음소리를 냈다. 그러면 실제로 하루 종일 일이 꼬이곤 했다. 이제 나는 잠에서 깨면 눈을 뜨기 전에 숙면을 취하게 해 준 침대에게 감사한다. 밤새 편안하게 같이 있었던 것이 고마워서다. 그 다음 여전히 눈을 감은 채로 10분 정도 내 인생에서 감사하게 생각하는 부분을 빠짐없이 떠올리며 고마워한다. 모든 일이 다 잘되고, 즐거운 하루를 보내게 될 것이라고 확신하면서 나의 하루를 디자인한다. 그 다음 명상을 하거나 기도를 한다.

명상

매일 몇 분 정도 조용히 앉아서 명상을 해 보라. 명상을 처음 한다면 우선 5분만 해 본다. 조용히 앉아서 숨이 나가고 들어오는 것을 지켜보라. 생각이 머릿속에서 자유롭게 지나다니게 하라. 의미를 부여하지 않으면 자연스럽게 흘러갈 것이다. 생각이 떠오르는 것은 자연스러운 현상이니, 억지로 아무 생각도 하지 않으려고 애쓸 필요는 없다.

명상에 관한 강좌와 책은 매우 많다. 어떤 방식으로 하든 결국에는 자신에게 가장 잘 맞는 명상법을 찾아내게 될 것이다. 나는 주로 조용히 앉아서 "내가 알아야 할 것이 무엇이지?"라고 묻는다. 이 질문에 답이 떠오르면 떠오르는 대로, 아니면 아닌 대로 내버려 둔다. 어떤 명상법이 옳은지, 어떤 명상법이 나쁜지를 딱 꼬집어 말할 수는 없다.

명상법 중에 가만히 앉아서 숨이 몸 안으로 들어오고 몸 밖으로 빠져나가는 것을 관찰하는 방법이 있다. 숨을 들이마시면서 하나를 세고, 내쉬면서 둘을 센다. 25회 정도 센 다음 다시 하나에서 시작한다.

아주 지적이고 똑똑해 보이는 고객이 한 명 있었다. 그녀는 두뇌 회전이 빨랐고, 유머 감각도 뛰어났다. 그러나 행동이 생각을 따라가지 못했다. 과체중에, 재정 상태는 엉망이고, 자신에게 맞는 직업도 찾지 못했고, 몇 년 동안 연애도 제대로 하지 못했다. 영적 개념들을 너무 빨리 받아들이다 보니 시간을 두고 천천히 생각을 검토하고 나서 행동으로 옮기는 과정이 무척 힘들었다.

그런데 명상을 하면서 놀랄 만큼 달라졌다. 그녀는 명상을 하루 5분으로 시작해서 천천히 15분, 그 다음은 20분으로 명상 시간을 늘렸다.

훈련 : 매일 자기 긍정하기

자기 긍정의 문장을 한두 가지 선택해서 하루에 10~20회 번 정도

쓰고 열과 성을 다해 큰 소리로 읽어라. 곡을 붙여 즐겁게 노래하라. 하루 종일 긍정의 말이 머릿속을 흘러 다니도록 하라. 끊임없는 자기 긍정은 믿음이 되고, 때때로 우리가 상상조차 못했던 놀라운 결과를 가져온다.

내가 가진 믿음 가운데 하나는 집주인과 항상 좋은 관계를 유지한다는 것이다. 내가 뉴욕 시에 세들어 살 때 집주인은 모든 세입자들이 싫어할 정도로 성격이 까탈스러웠다. 나는 5년간 그 집에 살면서 딱 세 번 이 남자와 마주쳤다. 캘리포니아로 이사하기로 결심했을 때, 나는 모든 가재도구를 팔고 과거에서 벗어나 새롭게 시작하고 싶었다. 그래서 다음과 같이 자기 긍정을 시작했다.

"모든 살림 도구가 빨리 팔린다."
"이사는 간단히 끝난다."
"모든 일이 신의 뜻대로 착착 진행된다."
"모든 일이 완벽하게 이루어진다."

쓰던 물건을 파는 일이 얼마나 어려울지, 이사하기 전 며칠 동안을 어디에서 자야 할지는 전혀 생각하지 않았고, 어떤 부정적인 생각도 하지 않았다. 단지 자기 긍정을 반복해서 말했을 뿐이다. 곧 고객과 제자들이 하나둘씩 가재도구와 책을 사 가기 시작했다. 집주인에게 이사 계획을 편지로 알렸는데 놀랍게도 집주인이 전화를 걸어 와 내가 떠나게 되어 참으로 섭섭하다고 말하는 것이었다. 그러면서 캘리포니아에 있는 새 집주인에게 추천서를 써 주는 것은 물론 내가 쓰던 가구를 사서 가구를 갖춘 채로 다른 사람에게 세를 놓겠다는 것이다.

나의 상위 의식이 나도 의식하지 못하는 사이에 나의 두 가지 믿음 — '나는 항상 집주인과 사이가 좋다.'와, '모든 가재도구가 빨리 팔릴 것이다.' — 을 실현한 것이다. 나는 이사 가기 전날까지 내가 쓰던 침대에서 편하게 잘 수 있었다. 내가 돈을 받고 판 침대에서 말이다! 모든 세입자가 놀랐다. 나는 옷 몇 벌과 주서기, 블렌더, 헤어드라이어, 타자기 그리고 수표 한 장을 들고 유유히 로스앤젤레스로 가는 기차에 올랐다.

믿음에 한계를 두지 말라

캘리포니아에 도착해 보니 차가 필요했다. 나는 한 번도 차를 사 본 적이 없는데다 값비싼 물건 또한 사 본 적이 없어서 할부 구입 자격이 없었다. 은행에서도 신용 대출을 거절했다. 개인 사무실을 운영하는 독신 여성이라는 점이 장애로 작용한 것이다. 모아 둔 돈을 새 차를 사는 데 털어 넣고 싶지는 않고, 대출 받을 길은 없고, 곤경에 빠졌다.

하지만 나는 처한 상황과 은행에 대해서 부정적인 생각을 하지 않았다. 일단 빌린 차를 타고 다니면서 계속해서 "나는 멋진 새 차를 가진다."라는 자기 긍정을 되풀이했다. 그리고는 만나는 사람들에게 새 차를 사야 하는데 대출을 받을 수가 없다고 털어놓았다. 3개월쯤 지난 어느 날 사업을 하는 한 여성을 알게 되었는데 그녀는 나를 처음부터 마음에 들어 했다. 차 이야기를 했더니 바로 "내가 처리해 줄게요."라고 말하는 것이었다.

그녀는 자신의 신세를 진 적이 있는 은행원에게 전화해서 나를 '오랫동안 알고 지낸' 친구로 소개하면서 최고의 보증을 해 주었다. 그로부터 사흘 만에 나는 멋진 새 차를 몰게 되었다.

　나는 이 모든 과정에서 크게 흥분하지는 않았다. 내가 이 과정을 두려워하고 있었다는 사실을 알았기 때문이다. 새 차를 구입하는 데 3개월씩이나 걸린 이유는 내가 이전에 할부로 물건을 구입해 본 적이 없었고, 내 안에 있는 어린아이가 두려움을 떨치고 한 단계 더 나아가기까지 시간이 필요했기 때문이라고 생각한다.

훈련 : 나는 나를 사랑한다

　여러분은 이미 "나는 있는 모습 그대로의 나를 받아들인다."라고 끊임없이 말하고 있을 것이다. 이것은 변화의 토대가 되어 놀라운 결과를 낳을 것이다. 최소한 한 달간 이 말을 계속하라.

　이제 종이 한 장을 꺼내어 윗부분에 "나는 나를 사랑한다. 그러므로……"라고 써라.

　다양한 방법으로 이 문장을 써 보라. 하루 종일 그 문장을 읽고 새로운 생각이 떠오르면 첨가해도 좋다.

　파트너와 같이 해도 좋다. 손을 잡고 번갈아 "나는 나를 사랑한다. 그러므로……"라고 말하라. 이 훈련의 가장 큰 장점은 자신을 사랑한다고 말하면 자신을 비하할 수 없다는 사실을 알게 된다는 점이다.

훈련 : 새로운 것을 추구하라

　당신이 앞으로 가지게 될 것이나, 하게 될 일을 머릿속으로 그려 보라. 아주 세세히 그려서 느끼고, 보고, 맛보고, 만지고, 들어 보라. 당신의 새로운 상태에 대한 다른 사람들의 반응을 관찰하라. 그들의 반응이 어떻든 간에 담담해지도록 하라.

훈련 : 지식을 넓혀라

마음이 어떻게 작동하는지에 대한 인식과 이해력을 넓히기 위해 독서를 많이 하라. 세상에는 배워야 할 지식이 아주 많다. 이 책은 지식의 통로로 가는 한 걸음에 불과하다! 관점을 바꿔 보고, 타인의 생각을 들어 보라. 그들을 넘어설 때까지 스터디 그룹을 만들어 공부하라.

지식은 평생에 걸쳐서 넓혀야 한다. 더 많이 배우고, 알게 되고, 실천하고, 적용할수록 기분이 좋아지고 인생이 만족스러워질 것이다. 지식을 넓히면 기분이 좋아질 것이다!

결과를 보여 주기 시작하라

지식을 넓히기 위해 가능한 많은 방법을 실행하다 보면 결과가 보이기 시작할 것이다. 당신의 삶에 작은 기적이 일어나는 것을 보게 되고, 없애고 싶었던 것들이 적당한 때에 사라지는 것을 보게 될 것이다. 갑자기 인생에서 바라던 일이 이루어질 것이다. 상상도 못했던 보너스를 얻게 될 것이다!

정신적인 훈련을 시작한 지 몇 개월 뒤에 나는 깜짝 놀라서 기뻐한 적이 있다. 내가 젊어 보이기 시작한 것이다. 지금 나는 10년 전보다 10년은 더 젊어 보인다!

자기 자신과 자신이 하는 일을 사랑하라. 자신과 인생에 대해 웃어 넘겨라. 어떤 것도 당신을 해치지 못할 것이다. 그러나 이것은 일시적일 뿐이다. 다음번에는 다른 방법을 시도해 볼 것이다. 아니다. 어차피 하게 될 거, 지금 당장 시도하는 것이 어떻겠는가?

노먼 커즌스(Norman Cousins)의 책을 읽으면 좋다. 그는 웃음으로 불치의 병을 이겨냈다. 그런데 불행히도 그는 병을 만들어 낸 자신의 사고방식을 바꾸지 못해서 또 다른 병에 걸리고 말았다. 그러나 그는 웃음으로 또다시 병을 치료했다!

치유에는 여러 가지 방법이 있다. 다양한 방법을 검토하고 나서 가장 관심이 가는 것을 시도해 보라.

밤에 잠자리에 들어서 눈을 감고 인생에서 일어난 좋은 일에 감사하라. 더 많은 행운을 가져다줄 것이다.

자기 전에는 뉴스를 듣지 마라. 뉴스에는 갖가지 재앙만 소개될 뿐이니 괜히 뉴스에서 본 내용이 꿈에 나타나게 할 필요가 없다. 꿈속에서는 일이 훨씬 명확하게 펼쳐지므로 자기 전에 꿈속에서 지금 하고 있는 일의 해결책을 찾게 해 달라고 부탁할 수도 있다. 그러면 아침까지 해답을 얻는 경우도 있다.

평화로운 상태로 잠들어라. 인생은 당신의 편이며 모든 일이 당신에게 가장 유익한 형태로 펼쳐질 것이라고 믿어라.

지금 하는 일을 고역으로 여기지 마라. 그 일에서 재미를 찾을 수도 있다. 게임이 될 수도 있고, 기쁨이 될 수도 있다. 모두 당신에게 달린 일이다! 원하기만 한다면 용서하고 화를 풀기 위해 애쓰는 과정도 즐거울 수 있다. 당신의 마음을 옥죄고 있는 사람이나 상황에 대한 짧은 노래를 만들어 보라. 그 노래를 부르다 보면 모든 과정을 지켜보는 기분이 가벼워진다. 나는 고객과 작업을 하면서 가능한 많이 웃을 일을 만들려고 노력한다. 빨리 웃을수록, 괴로움에서 벗어나기가 더 쉽다.

닐 사이먼(Neil Simon)의 연극 공연에서 자신의 문제를 보았다면 당신은 자리에서 일어서는 순간 자신을 웃어넘길 것이다. 비극과 희극은 똑같다. 당신이 보기에 달린 것이다! '우리 인간은 얼마나 한심한가.'

당신의 변화 과정을 즐겁게 만들어라. 재미를 느껴라!

내가 살아가는 끝없는 삶의 가운데에서,
모든 것은 완벽하고, 온전하며, 완전하다.
나는 자신을 지지하며, 인생은 나를 지지한다.
내 주위에, 그리고 내 인생의 모든 영역에
법칙이 작용하는 것을 본다.
나는 즐거운 마음으로 배우고 지식을 넓힌다.
나의 하루는 감사와 기쁨으로 시작한다.
나는 하루에 일어날 일을 열정을 갖고 기대하며
내 인생의 '모든 것이 완벽하다'는 사실을 알고 있다.
나는 나 자신과 내가 하는 모든 일을 사랑한다.
나는 인생의 생명과 사랑과 기쁨의 발로다.
나의 세상에서는 모든 일이 순조롭다.

3부

생각을 실행하기

" 매일 아침 일어나
　새로운 하루를 시작할 수 있는
　풍요로움에 기뻐하라.
　살아 있다는 사실에,
　건강함에,
　친구가 있다는 사실에,
　자신이 창조적이라는 사실에 감사하라."

제 10 장
관계

"내가 맺는 모든 관계는 조화롭다."

인생의 모든 것이 관계라 해도 지나치지 않다. 우리는 모든 것과 관계를 맺는다. 당신은 지금 이 책과, 나와, 내가 제시하는 개념과 관계를 맺고 있다.

당신이 사물과 음식, 날씨, 교통, 주위 사람들과 맺는 관계는 당신이 당신 자신과 맺고 있는 관계를 반영한다. 당신이 자신과 맺고 있는 관계는 어릴 때 주위 어른들과 맺었던 관계에서 큰 영향을 받은 것이다. 긍정적이든 부정적이든 그 당시 어른들이 우리에게 보였던 반응이 오늘날 우리가 자신에게 보이는 반응과 같다.

잠시 당신이 자신을 꾸짖을 때 사용하는 말을 떠올려 보라. 그 말은 당신을 야단치던 부모님이 하던 말씀과 똑같지 않은가? 부모님이 당신을 칭찬할 때는 뭐라고 말씀하셨는가? 아마 당신이 자신을 칭찬할 때 쓰는 말과 똑같을 것이다.

어쩌면 당신은 자신을 전혀 칭찬하지 않을지도 모른다. 그렇다면 당신은 칭찬하는 방법을 모르거나, 자신이 칭찬받을 만한 구석이 한군데도 없다고 생각하고 있는 것이다. 나는 당신의 부모님을 비난하는 것이 아니다. 우리 모두는 희생자가 만들어 낸 희생자일 뿐이다. 당신 부모님도 칭찬하는 법을 몰랐기 때문에 당신에게 가르칠 수 없었던 것뿐이다.

관계 회복에 관해서 많은 연구를 한 손드라 레이(Sondra Ray)는 모든 중요한 인간관계는 우리 자신과 부모님과의 관계를 그대로 반영하고 있다고 주장한다. 우리가 인생에서 첫 번째로 맺은 관계를 바로잡지 않으면 다른 인간관계도 우리가 원하는 대로 되지 않는다는 것이 그녀의 또 다른 주장이다.

인간관계는 우리 자신의 거울과 같다. 우리가 매력을 느끼는 대상은 언제나 우리가 갖고 있는 특성이나 인간관계에 대한 믿음을 반영한다. 상관이나 동료, 부하 직원, 친구, 연인, 배우자, 자식도 마찬가지다. 당신도 하고 있는 일이거나 하고 싶지 않은 일, 혹은 당신과 같은 생각을 하고 있다면 그들에게 매력을 느끼지 못할 수도 있다. 그들이 어떤 식으로든 당신의 부족한 부분을 보완해 주기 때문에 당신의 삶 속으로 끌어당기는 것이다.

훈련 : 우리 vs. 그들

당신을 괴롭히는 사람을 잠시 바라보라. 그 사람에 대해서 마음에 들지 않는 부분, 그 사람이 바꿨으면 좋겠다고 생각되는 점을 세 가지 말해 보라.

이제, 당신의 내면을 들여다보며 이렇게 물어보라. "내가 저 행동을 똑같이 할 때가 언제지? 어디에서 내가 저런 행동을 하지?"

눈을 감고 이 질문에 대해서 생각해 보라.

그 다음 당신이 변하고 싶은지를 자신에게 물어보라. 이 생각이나 버릇을 없애고 나면, 당신이 싫어하던 그 사람도 변하거나, 아니면 당신의 인생에서 사라질 것이다.

만약 상사가 항상 남을 비판하고 화가 난 듯이 보인다면, 당신의 내면을 들여다보라. 당신도 상사와 똑같은 행동을 하거나, '상사는 항상 남을 비판하고 화가 난 것처럼 보여야 해.'라는 생각을 갖고 있는 것이다.

당신의 부하 직원이 명령을 잘 따르지 않는다면, 당신이 언제 똑같은 행동을 보이는지 살펴본 뒤에 우선 자신의 태도를 고쳐라. 부하 직원을 해고하기가 더 쉽겠지만, 그렇다고 당신의 행동이 바뀌는 것은 아니다.

당신의 동료 가운데 한 사람이 팀에 협조하지 않는다면 당신의 모습을 잘 살펴라. 당신은 어떨 때 비협조적인가?

친구 한 명이 믿음이 가지 않고 당신을 계속 실망시킨다면 자신을 살펴보라. 당신은 어떨 때 믿음직스럽지 못하고, 언제 다른 사람을 실망시키는가? 혹시 친구가 믿음이 가지 않는다는 것은 당신의 생각일 뿐인가?

연인이 냉정하고 사랑이 부족한 것처럼 보인다면 어릴 때 부모에게서 배운, '사랑은 냉정하고 표현하지 않는 거야.'라는 생각이 당신 안에 자리잡고 있는 것이 아닌지 살펴보라.

배우자가 항상 잔소리하며 당신의 생각에 반대한다면 자신의 어린 시절을 돌아보라. 당신 부모님이 잔소리하며 서로의 생각에 맞서지 않았는가? 당신도 그러한가?

당신을 습관처럼 괴롭히는 자녀가 있다면, 틀림없이 당신의 자녀가 아니라 당신이 그 습관을 갖고 있는 것이다. 어린이는 주위에 있는 어른의 행동을 보고 따라할 뿐이다. 당신의 내면에서 괴롭히는 습관을 없애면 자녀들도 자동적으로 바뀔 것이다.

우선 자신을 변화시켜라. 이렇게 해야만 다른 사람이 변한다. 당신의 방식을 바꾸어라. 그러면 '그들'도 바뀔 것이다.

비난해 보았자 소용없다. 다른 사람을 비난하면 힘을 다른 사람에게 넘겨주게 된다. 자신의 힘을 잘 쥐고 있어라. 힘 없이는, 변화할 수 없다. 무기력한 피해자는 해결책을 찾을 수 없다.

사랑 받기

사랑은 우리가 기대하지 못했을 때 찾아온다. 오히려 사랑을 갈구한다고 해서 좋은 연인이 나타나는 것은 아니다. 열망만 커지고 불행해질 뿐이다. 사랑은 우리의 외면에 있는 것이 아니다. 사랑은 우리의 내면에 있다.

사랑이 빨리 찾아오기를 바라지 마라. 당신은 사랑을 받아들일 준비가 아직 안 됐을 수도 있다. 아니면 당신이 원하는 사랑을 받아들일 만큼 성숙하지 않을 수도 있다.

외롭다고 해서 아무하고나 사귀어서는 안 된다. 자신만의 기준을 세워라. 어떤 사랑을 원하는가? 당신이 바라는 점을 나열해 보라. 그러면 그 자질을 갖춘 사람이 당신과 사랑에 빠질 것이다.

사랑이 찾아오지 않는 이유가 무엇인지 살펴보는 것도 좋다. 당신이 비판적이기 때문인가? 아니면 자신이 가치 없다고 느끼기 때문인가? 기준이 터무니없이 높은가? 영화배우 같은 외모를 바라는가? 사람과 가까워지는 것이 두려운가? 자신이 사랑받을 수 없다고 생각하는가?

사랑이 올 때를 대비하라. 사랑을 가꾸기 위해 준비하라. 다른 사람을 사랑하라. 그러면 당신도 사랑받을 수 있을 것이다. 열린 마음으로 사랑을 받아들여라.

내가 살아가는 끝없는 삶의 가운데에서,

모든 것은 완벽하고, 온전하며, 완전하다.

나는 알고 지내는 모든 사람과 조화롭고 균형 잡힌 관계를 유지한다.

나의 내면 깊숙한 곳에는 마르지 않는 사랑의 우물이 있다.

이제 이 사랑이 밖으로 넘쳐흐른다.

사랑이 나의 몸과 마음, 머리와 의식, 나의 존재를 채우고

밖으로 뻗어나가 더욱더 강력해져서 나에게로 돌아온다.

사랑을 베풀수록, 더 많은 사랑이 생긴다. 사랑은 끊임없다.

사랑을 베풀면 행복해진다. 내면의 기쁨이 사랑으로 표출된다.

나는 나를 사랑한다. 그러므로 나는 내 몸을 아끼고 사랑한다.

사랑으로 영양분을 먹이고, 사랑으로 가꾸고 옷을 입힌다.

그리고 몸은 사랑으로, 건강과 활기로 나에게 보답한다.

나는 나를 사랑한다. 그러므로 나 자신을 위해

편안하고 필요를 채워 주며, 즐거운 집을 마련한다.

집을 찾는 모든 사람이 느낄 수 있게 사랑의 온기로 방을 채운다.

나는 나를 사랑한다. 그래서 나의 창조적인 재능과 능력을 활용할 수 있는 일을 즐긴다.

내가 사랑하고 나를 사랑하는 사람과 함께

그들을 위해 일하면서 충분한 수입도 얻는다.

나는 나를 사랑한다. 따라서 나는 모든 사람을 사랑으로 대한다.

내가 다른 사람에게 베풀면 더 많이 나에게 돌아오리라는 것을 알기 때문이다.

내 주위에는 사랑을 베풀 줄 아는 사람만 있다.

나의 이웃은 나를 비춰 주는 거울이기 때문이다.

나는 나를 사랑한다. 그러므로 나는 과거의 모든 경험을 용서하고 스스로 자유로워진다.

나는 나를 사랑한다. 따라서 나는 현재에 충실하고 매 순간 최선을 다하며,

나의 미래가 밝고 즐거움이 가득하고 안전하다는 것을 안다.

나는 우주가 사랑하는 어린아이이고,

우주는 나를 언제까지나 사랑으로 보살필 것이기 때문이다.

나의 세상에서는 모든 일이 순조롭다.

제 11 장
일

"나는 내가 하는 모든 일에서 깊은 성취감을 느낀다."

위에 쓰여 있는 문장이 당신에게도 해당되기를 바라지 않는가? 아마 당신은 이런 생각을 하면서 자신을 한계에 가두었을 것이다.

나는 이 직업을 견뎌 낼 수가 없어.
나는 상사가 싫어.
월급이 충분치 않아.
내가 이 일을 잘한다고 인정해 주는 사람이 없어.
동료 직원들과 사이가 좋지 않아.
내가 하고 싶은 일이 무엇인지 모르겠어.

이런 생각은 부정적이고 방어적이다. 이렇게 생각해서 당신에게 이로운 점이 무엇이라고 생각하는가? 이와 같이 생각한다면 당신은 주제에 대해서 잘못된 방향으로 접근하고 있는 것이다.

만약 현재의 직업이 마음에 들지 않는다면, 직업을 바꾸고 싶다면, 직장에서 문제가 있다면, 현재 실직 상태라면, 가장 좋은 해결책은 다음과 같다.

우선 현재 직업에 애정을 갖고 축복하라. 이 방법은 당신이 가야 할 길의 시작에 불과하다. 당신이 지금 처해 있는 상황은 모두 당신의 사고방식에서 비롯된 것이다. 만약 '다른 사람들'이 당신이 원하는 대로 당신을 대우해 주지 않는다면, 아마도 당신의 의식 안에 사람들이 그렇게 행동하도록 끌어당기는 패턴이 있을 것이다. 그러니 일단 머릿속으로 현재의 직업과 전의 직업을 떠올린 다음, 관련된 모든 것에 애정을 갖고 축복하라. 회사 건물, 엘리베이터, 계단, 사무실, 사무 가구와 용품, 상관, 동료, 그리고 고객까지.

그 다음 자신에게 이렇게 말하라. "나는 이제까지 훌륭한 상사 밑에서 일했어.", "우리 상사는 항상 나를 존중하며 깍듯이 대했어.", "우리 상사는 마음씨가 좋아서 같이 일하기 편한 사람이야." 항상 인생에서 이 말이 당신과 함께 하도록 하라. 그러면 당신이 상관이 되었을 때 훌륭한 상관이 될 것이다.

새 직장으로의 첫 출근을 앞두고 긴장한 젊은이가 있었다. 나는 "당신이 왜 일을 잘하지 않겠어요? 당신은 성공적으로 주어진 일을 수행할 거예요. 마음을 열고 당신의 재능이 밖으로 흘러넘치게 하세요. 회사와 직장 동료, 상사, 모든 고객을 사랑하고 축복하세요. 그러면 모든 일이 잘될 거예요."라고 말해 주었다.

그는 내가 일러준 대로 했고, 성공 가도를 달렸다.

지금 하고 있는 일이 마음에 들지 않는다면, 사랑으로 다음 적임자에게 일을 넘겨주어라. 그 적임자는 기쁜 마음으로 당신의 지금 일을 승계할 것이다. 당신이 제공해 줄 수 있는 것을 얻으려는 사람이 틀림없이 있을 것이다. 지금 이 순간에도 당신은 다른 사람과 함께 인생의 장기판에서 경기를 하고 있다.

일을 위한 긍정의 말

"나는 새로운 직업에 대해 마음을 활짝 열어 받아들인다. 이 일을 통해 나의 모든 재능과 능력을 펼쳐 보이며, 나의 창의성을 발휘하고 성취감을 맛본다. 나는 사랑하고 존경하는 직장 동료와 함께 일하고, 그들도 나를 사랑하고 존중한다. 회사의 위치도 좋고 봉급도 두둑하다."

직장에서 당신을 괴롭히는 사람이 있다면, 다시 말하지만, 그들이 떠오를 때마다 사랑으로 축복하라. 우리 모두는 서로 다른 특징을 지니고 있다. 일부러 애쓰지 않아도, 우리 모두는 히틀러가 될 수도 있고, 마더 테레사가 될 수도 있다. 당신을 비판하는 사람이 있으면 그 사람이 당신을 사랑하고 칭찬할 것이라고 자기 긍정을 시작하라. 화를 잘 내는 사람이 있으면 이 사람이 명랑하고 즐겁다고 말하라. 성격이 잔인한 사람이 있으면, 이 사람이 온화하고 정이 많다고 말하기 시작하라. 당신이 어떤 사람의 장점만 본다면, 다른 사람에게는 어떻게 대하는지 간에 당신에게는 그 장점만이 보일 것이다.

예시

한 남자가 클럽에서 피아노를 연주하는 일자리를 구했다. 클럽의 주인은 불친절하고 무례하게 굴기로 유명한 사람이었다. 다른 종업원들은 그를 '죽음의 신'이라고 불렀다. 이 남자는 나에게 찾아와 어떻게 하면 좋겠는지를 물었다.

나는 "모든 사람의 내면은 선하다. 다른 사람이 클럽 주인을 어떻게 대하는지 간에 당신과는 상관없는 일이다. 생각날 때마다 이 사람을 사랑으로 축복하라. '나는 훌륭한 상사와 일하고 있다.'라고 끊임없이 말하라. 꾸준히 이렇게 실천하라."라고 대답했다.

그는 나의 충고를 받아들여 그대로 실천했다. 그러자 클럽 주인은 이 사람을 따뜻하게 맞아 주기 시작했고, 보너스를 챙겨 주며 다른 클럽에서도 일할 수 있게 알아봐 주었다. 클럽 주인을 '죽음의 신'이라고 불렀던 다른 종업원들은 여전히 냉대를 받았다.

만약 현재의 직업이 마음에 들지만 봉급이 충분치 않다고 생각한다면 사랑으로 현재의 월급을 축복하기 시작하라. 이미 갖고 있는 것에 대해 축복하기 시작하면 그 분량이 더 커진다. 당신의 의식을 열어 성공을 맞이하고, 그 성공 중의 하나가 바로 급여 인상이라고 확신하라. 당신은 더 많은 급여를 받을 권리가 있다고 확신하라. 부정적인 생각은 하지 말고 다만 당신이 회사에 크나큰 이익을 가져다주어서 사장이 당신에게 그 이익을 나누어 주려는 것이라고 생각하라. 항상 일에 최선을 다하라. 그러면 우주가 당신의 노력을 알고 더 높은 단계, 더 좋은 곳으로 당신을 인도할 것이다.

당신의 의식이 당신을 지금의 위치로 인도했다. 당신의 의식은 당신을 제자리에 머물게 할 수도 있고, 보다 좋은 곳으로 당신을 옮겨 줄 수도 있다. 선택은 당신의 몫이다.

내가 살아가는 끝없는 삶의 가운데에서,
모든 것은 완벽하고, 온전하며, 완전하다.
나의 독특한 창의력은 나를 감싸고 흘러서
내가 원하는 대로 표출된다.
항상 나의 도움을 구하는 사람이 있다.
나를 필요로 하는 곳이 많아서
나는 항상 내가 원하는 대로 선택할 수 있다.
나는 내가 하는 일에 만족하고, 월급도 많다.
나는 내가 하는 일을 즐긴다.
나의 세상에서는 모든 일이 순조롭다.

제 12 장
성공

"모든 경험은 그 자체로 성공이다."

도대체 '실패'란 무슨 뜻일까? 당신이 원하는 대로 되지 않은 일을 말하는가? 경험의 법칙은 항상 완벽하다. 우리 내면의 생각과 믿음이 그대로 드러난다. 실패를 경험하는 이유는 당신이 뭔가를 빠트렸거나 마음속에서 당신이 부족하고 가치 없다고 느꼈기 때문이다.

내가 컴퓨터로 작업할 때도 마찬가지다. 뭔가가 잘못되면 항상 원인은 나다. 내가 컴퓨터가 작동하는 법칙에 맞게 일을 처리하지 않았기 때문이다. 이는 내가 배워야 할 게 더 있다는 뜻이다.

'처음에 성공하지 못했다면 계속해서 시도하라.'는 속담은 사실이다. 이 말은 자신을 추슬러서 이미 실패한 낡은 방식을 계속 시도하라는 뜻이 아니다. 자신의 실수를 깨닫고 올바른 해결책을 배울 때까지 다른 방법으로 시도해 보라는 뜻이다.

우리는 태어날 때부터 살아가는 내내 성공을 거듭하도록 정해져 있다. 만약 성공을 경험하지 못했다면, 내면의 능력을 제대로 발휘하지 못했거나, 우리가 성공할 수 있다는 사실을 믿지 않았거나, 아니면 성공했다는 사실을 인정하지 않기 때문이다.

자신의 현재 위치보다 지나치게 높은 성공의 기준을 세운다면, 지금 당장 성취하기 어려운 기준만 세운다면, 우리는 항상 실패할 수밖에 없다.

아기가 걷고 말하는 법을 배울 때, 조금만 발전된 모습을 보여도 칭찬하며 용기를 북돋아준다. 아기는 칭찬을 받으면 좋아서 더 잘하려고 노력한다. 당신도 무언가 새로운 것을 배울 때 자신에게 이렇게 하는가? 아니면 자신에게 멍청하다거나 '실패자'라고 말해서 배우는 과정을 더 어렵게 만들고 있지는 않은가?

많은 영화배우들이 첫 번째 리허설에서 완벽한 연기를 선보여야 한다고 생각한다. 나는 그들에게 리허설의 목적은 배우기 위한 것이라고 상기시켜 준다. 리허설은 실수를 하면서 새로운 방법을 익히고 배우는 시간이다. 반복해서 연습하고 실행해야만 새로운 내용을 배워서 자신의 일부로 만들 수 있다. 어떤 분야에서 성공한 전문가의 뒤에는 셀 수 없이 많은 시간 동안 노력하고 연습한 흔적이 숨어 있는 것이다.

당신은 나와 같은 실수를 하지 않기를 바란다. 나는 내가 모르는 새로운 방식을 배우려 하지 않았다. 어설프게 행동해서 바보처럼 보이기가 싫었기 때문이다. 배움은 잠재의식이 완벽한 그림을 완성할 때까지 계속 실수를 저지르는 과정이다.

당신이 얼마 동안이나 자신을 실패자로 생각해 왔는지는 중요하지 않다. 이제부터 '성공' 패턴을 세우기 시작하면 된다. 당신이 어떤 분야의 일을 하고 싶어 하는지는 중요하지 않다. 어떤 분야이든지 같은 원칙을 적용하기만 하면 된다. 우선 성공의 '씨앗'을 심어야 한다. 이 씨앗이 자라서 풍성한 수확을 거둘 것이다.

내가 제시하는 '성공'을 위한 자기 긍정은 다음과 같다.

> 신의 지혜가 나에게 사용할 수 있는 지식을 전해 준다.
> 내가 건드리기만 하면 무엇이든지 성공적이다.
> 나를 포함한 모든 사람들에게 기회는 얼마든지 열려 있다.
> 나의 도움을 필요로 하는 고객은 넘쳐난다.
> 나는 성공의 새로운 가능성을 제시한다.
> 나는 성공 가도를 달린다.
> 나는 신이 주신 성공의 기회를 놓치지 않는다.
> 나는 내가 원하는 꿈보다 더한 축복을 받는다.
> 나는 모든 부의 요소를 다 갖추고 있다.
> 황금의 기회가 나를 향해 활짝 열려 있다.

이 가운데 하나를 골라서 며칠 동안 반복해서 말하라. 그 다음에 또 다른 하나를 골라서 똑같이 하라. 이런 자기 긍정들이 당신의 의식에 자리잡게 하라. 어구에 나오는 대로 이루기 위해서 '어떻게' 해야 하는지에 대해서는 신경 쓰지 마라. 기회는 틀림없이 찾아올 것이다. 당신을 이끌어 주는 내면의 지혜를 믿어라. 당신은 인생의 모든 분야에서 성공을 거둘 자격이 있다.

내가 살아가는 끝없는 삶의 가운데에서,

모든 것은 완벽하고, 온전하며, 완전하다.

나는 나를 창조한 힘과 함께 있다.

나의 내면은 성공의 요소로 가득 차 있다.

이제 성공의 법칙이 내면에서부터 흘러나와서

나의 세계로 모습을 드러낸다.

내가 하게 될 일이 무엇이든 간에 틀림없이 성공한다.

나는 경험을 통해 배운다.

나는 성공에서 성공으로, 영광에서 영광으로 달린다.

모든 성공을 발판으로 해서

보다 더 위대한 성공으로 도약한다.

나의 세상에서는 모든 일이 순조롭다.

제 13 장
부유함

"나는 최고를 누릴 자격이 있고, 최고의 것을 받아들인다.
 바로 지금."

위의 말처럼 되고 싶으면, 아래에 나오는 문장 가운데 어느 것도 믿어서는 안 된다.

돈은 나무에서 자라는 것이 아니다.
돈은 더러운 것이다.
돈은 사악하다.
나는 가난하지만 깨끗한 사람이다.
부자들은 사기꾼이다.
나는 돈을 밝히거나 돈에 얽매이고 싶지 않다.
나는 좋은 직업을 얻지 못할 것이다.
돈은 들어올 때보다 더 빨리 나간다.
나는 항상 빚에 쪼들린다.

가난한 사람은 가난에서 벗어나지 못한다.

부모님이 가난했으므로 나도 가난하게 살 것이다.

예술가는 돈과 거리가 멀다.

남을 속이지 않고서는 돈을 벌 수 없다.

항상 다른 사람이 나보다 앞서간다.

나는 그 정도로 많은 돈을 벌 수 없다.

나는 많은 돈을 받을 만한 자격이 없다.

나는 돈을 벌 능력이 없다.

다른 사람에게 나의 재산에 대해서 말해서는 안 된다.

절대로 돈을 빌려서는 안 된다.

한 푼이라도 아끼는 것이 돈을 버는 길이다.

만약을 대비해서 저축해야 한다.

불경기는 언제라도 닥칠 수 있다.

나는 부자를 경멸한다.

힘들게 일을 해야만 돈을 벌 수 있다.

이 중에서 당신이 가지고 있는 생각은 무엇인가? 이 중에서 당신이 부자가 되는 데 도움이 되는 생각이 있다고 느껴지는가?

위의 문장은 모두 낡고, 한계가 있는 생각이다. 이 중에서 당신의 가족이 돈에 대해서 가졌던 생각이 있을 수도 있다. 우리가 의식적으로 떼어 내지 않으면 가족의 신념이 우리에게 붙어 있게 마련이기 때문이다. 어디에서 왔건 간에, 이 중에 당신이 믿는 생각이 있다면 부유해지기 위해서 얼른 그 생각에서 벗어나야 한다.

부유해지려면 먼저 자신에 대해서 좋게 느껴야 한다. 다시 말하자면,

당신이 원하는 대로, 원하는 때에 일을 할 수 있는 자유를 가져야 한다는 뜻이다. 돈이 얼마인지가 중요한 것이 아니라 마인드가 중요한 것이다. 돈이 있고 없고는 당신의 마음속 생각이 겉으로 드러난 표현 방식에 불과하다.

자격

우리가 부유해질 '자격'이 있다는 생각을 받아들이지 않으면 돈이 당신에게서 빠져나갈 것이고, 어떤 형태로든 당신은 돈을 충분히 벌 수 없을 것이다.

다음의 예를 보라.

내가 가르치는 학생 중의 한 명이 수입을 늘리기 위해서 일하고 있었다. 하루는 그가 들뜬 채로 저녁 수업에 들어와서는 500달러짜리 복권에 당첨되었다고 말했다. 그는 강의 내내 계속해서 말했다. "믿을 수가 없어요! 저는 절대로 복권에서 돈을 딴 적이 없거든요." 우리는 그가 복권에 당첨된 것은 그의 의식이 변하고 있는 증거라는 사실을 알았다. 그러나 그는 여전히 자신이 500달러의 돈을 받을 자격이 없다고 느끼고 있었다. 다음주에 그는 다리가 부러지는 사고를 당해서 수업에 참석하지 못했다. 다리를 치료하는 데 500달러가 고스란히 들어갔다.

그는 '부유해지는 쪽'으로 '나아가는 변화'에 겁을 먹고 자신이 자격이 없다고 생각했다. 그래서 다리가 부러지는 사고로 자신에게 벌을 준 것이다.

우리가 어떤 것에 집착하면 일이 커지게 마련이다. 그러니 청구서에 집착하지 마라. 빚 문제에 집착하면 빚이 눈덩이처럼 불어난다.

우주는 끊임없이 우리에게 공급해 준다. 이 사실을 직시하라. 밤하늘에 보이는 별을 세어 보라. 아니면 모래를 한 주먹 쥐고 모래알의 개수를 세어 보라. 한 나무에 열린 잎의 수를 세어 보고, 유리창 너머로 떨어지는 빗방울의 수를 세어 보라. 토마토 한 개의 씨가 몇 개인지를 세어 보아도 좋다. 각각의 씨가 토마토 나무가 되어서 셀 수 없을 만큼 많은 토마토 열매를 열리게 할 수 있다. 자신이 가진 것에 감사하라. 그러면 가진 것이 늘어날 것이다. 내가 가진 모든 것에 사랑으로 축복을 내리고 싶다. 나의 집·난로·수도·전등·전화·가구·배관 시설·가전제품·옷·자동차·직업·돈·친구들·시각과 청각과 촉각과 후각·걸을 수 있는 능력·이 놀라운 세상을 즐길 수 있다는 사실.

우리가 부족하고 한계가 있다고 믿으면 그 생각이 우리를 부족하고 한계를 경험하게 만든다. 당신을 가로막고 있는 생각은 무엇인가?

다른 사람을 돕기 위해서만 돈을 벌고 싶은가? 그렇다면 당신은 자신이 쓸모없다고 말하고 있는 것이다.

부유해지는 것을 거절하지 마라. 친구가 점심이나 저녁 식사에 초대하면 즐거운 마음으로 받아들여라. 사람들과 '거래'한다고 생각해서는 안 된다. 선물을 주면 감사히 받아라. 당신에게 필요 없는 물건을 선물로 받으면 다른 사람에게 주어라. 자연스럽게 받고 베풀어라. 웃으면서 "고맙습니다."라고 말하라. 이런 식으로 당신이 받을 준비가 되었다는 사실을 우주가 알 수 있게 하라.

새로운 것을 받아들일 공간을 만들어라

새로운 것을 받아들일 공간을 만들어라. 냉장고를 청소하고 먹다 남은 음식을 정리하라. 창고를 정리하고 지난 6개월간 사용하지 않은 물건을 정리하라. 1년 동안 사용하지 않은 물건이 있으면 집 밖으로 치워 버려라. 팔든지, 다른 물건으로 교환하든지, 남에게 주든지, 태우든지 하라.

어수선한 창고는 어수선한 머릿속을 의미한다. 창고를 청소하면서 자신에게 "이제 마음속 창고를 깨끗하게 정리할 거야."라고 말하라. 우주는 상징적인 행위를 좋아한다.

내가 처음으로 '모든 사람이 우주의 풍요로움을 누릴 수 있다.'는 말을 들었을 때, 말도 안 되는 얘기라고 생각했다.

"가난한 사람들을 봐."라고 나는 중얼거렸다. "나도 이렇게 가난한데 말이야." '당신이 가난한 이유는 당신이 머릿속으로 그렇게 생각하기 때문이다.'라는 말은 나를 화나게 했다. 내가 돈이 없는 이유는 바로 나 때문이라는 사실을 깨닫고 받아들이기까지 많은 시간이 걸렸다. 주범은 바로 내가 '가치 없고', '자격이 없으며', '돈 벌기는 어렵고', '나는 돈을 벌 수 있는 재능과 능력이 없다'는 생각이었다. 나는 '가질 수 없다'는 생각에 빠져 있었던 것이다.

자신을 가장 쉽게 증명하는 것이 돈이다! 이 말에 당신은 어떤 반응을 보이는가? 이 말을 믿는가? 화가 나는가? 아무렇지도 않은가? 이 책을 방 한가운데에 집어 던지고 싶은가? 만약 이런 반응을 보인다면 다행이다! 진실에 대해 저항하려는 당신 내면 깊숙한 곳을 건드린 것이다. 바로 이 부분에 대해서 고치려고 노력해야 한다. 이제 마음을 열고 굴러오는 돈과 복을 받을 준비를 해야 한다.

대금 청구서를 사랑하라

돈에 대해 걱정하고 청구서를 보면서 화를 내는 행동을 그만두어야 한다. 많은 사람들이 청구서를 피하고 싶은 처벌처럼 생각한다. 청구서는 우리의 지불 능력을 보여 주는 증거물이다. 당신에게 대금을 청구하는 사람들은 당신이 지불할 능력이 있다고 생각하고 서비스와 제품을 가장 먼저 제공한다. 나는 집으로 배달되는 모든 청구서를 사랑으로 축복한다. 나는 수표를 작성하면서 수표 한 장 한 장에 축복하고 키스한다. 당신이 돈을 내면서 화를 낸다면 돈은 당신에게 다시 돌아오지 않을 것이다. 반대로 사랑과 기쁨으로 돈을 낸다면 돈은 다시 흘러 들어올 것이다. 돈을 친구처럼 대하라. 돈을 마구 구겨서 호주머니에 쑤셔 넣지 마라.

당신의 직업과 은행 예금, 투자 내역, 배우자나 부모님 중 어느 것도 안전하지 않다. 그러나 모든 것을 만들어 낸 우주의 힘과 연결된 당신의 능력은 안전하다.

내 안에서 숨 쉬고 있는 힘이 나에게 필요한 모든 것을 공급해 준다고 생각하자. 우주는 풍요롭다. 우리는 필요한 모든 것을 공급받을 수 있는 권리를 타고났다. 이와 반대로 생각하지만 않는다면 우리는 우주가 베푸는 풍요로움을 누릴 수 있다.

나는 전화기를 사용할 때마다 사랑으로 축복한다. 나는 전화기가 오직 부와 사랑의 표현만을 나에게 전달해 줄 것이라고 자주 말한다. 편지함도 마찬가지다. 날마다 친구와 고객, 먼 곳의 독자가 보낸 돈과 사랑이 담긴 편지로 넘쳐날 것이라고 말한다. 청구서가 날아들면, 기쁜 마음으로 내가 지불할 능력이 있다고 믿는 회사에 감사한다. 초인종과 현관문에 감사하면서 좋은 것만 집 안으로 들어올 것을 믿는다. 나는 내 인생이 즐거움과 기쁨으로 가득할 것이라고 믿는데, 사실 그렇다.

긍정적인 생각은 모든 사람에게 적용된다

사기꾼 기질이 있는 남자가 자기 사업을 키우기 위해 내 부유 강좌에 참석했다. 그는 자신의 사업 분야에서 전문가임을 자청하며 1년에 10만 달러를 벌기를 바랐다. 나는 앞에서 말한 것과 같은 내용을 그에게 말해 주었고, 곧 그는 중국산 도자기에 돈을 투자했고, 상당한 수입을 올렸다. 또한 자신이 투자한 대상의 아름다움을 즐기기 위해 집에 머무는 시간이 많아졌다.

다른 사람의 행운에 같이 기뻐하라

당신보다 부유한 사람을 질투하면 당신이 부자가 되는 데 걸리는 시간이 더 길어진다. 다른 사람이 돈 쓰는 방식을 비판하지 마라. 당신이 상관할 일이 아니다.

모든 사람은 자신만의 의식의 법칙에 따른다. 다른 사람에게 찾아온 행운을 진심으로 축복하라. 우리 모두에게도 그만큼의 행운이 찾아올 것이다.

당신은 구두쇠인가? 화장실을 청소하는 사람들에게 뻣뻣하게 구는가? 회사 건물 수위나 아파트 경비원에게 크리스마스 인사도 하지 않고 그냥 지나치는가? 오래되어 할인 판매하는 채소와 빵을 사는 등 필요 이상으로 돈을 아끼려 드는가? 중고품 가게에서만 물건을 사고, 음식점에서는 항상 가장 싼 음식만 주문하는가?

'수요와 공급'에도 법칙이 있다. 수요가 먼저 따르고 그 다음이 공급이다. 돈은 필요로 할 때만 생긴다. 찢어지게 가난한 가족은 장례식에서만 돈을 만질 수 있다.

이미지 그리기 – 풍요의 바다

　돈에 따라 당신의 부에 관한 의식이 변하는 것이 아니라, 당신의 부에 관한 의식이 돈의 흐름을 변화시키는 것이다.

　당신이 돈을 많이 가지고 있다고 상상할수록 더 많은 돈이 인생에 등장할 것이다.

　나는 넓게 펼쳐진 바다를 바라보며 해변에 서 있는 모습을 상상하기 좋아한다. 바다가 나에게 풍요로움을 가져다줄 것이라는 사실을 알고 있기 때문이다. 바다의 풍요로움을 담기 위해 당신이 손에 무엇을 들고 있는지 내려다보라. 찻숟가락인가 아니면 골무인가? 종이컵인가, 유리잔인가, 보온컵인가? 물병인가, 양동이인가? 욕조인가 아니면 바다에 연결할 수도관인가? 주위를 둘러보라. 아무리 많은 사람이 저마다 바닷물을 담으려고 서 있다고 해도, 모두가 가져갈 물은 충분하다. 당신은 다른 사람이 들고 있는 바닷물을 훔쳐서는 안 된다. 다른 사람도 당신의 바닷물을 훔칠 수 없다. 그 누구도 바닷물이 마르게 할 수는 없다. 당신이 바닷물을 담기 위해 들고 있는 용기는 당신의 의식이며, 더 큰 용기로만 교환이 가능하다. 이 훈련을 자주 하라. 의식을 확장시키고 무한정으로 공급받을 수 있다는 것이 어떤 것인지 느껴 보라.

팔을 벌려라

　나는 적어도 하루에 한 번씩 팔을 양쪽으로 벌리고 이렇게 말한다. "나는 마음을 열고 우주의 모든 행운과 풍요를 받아들인다." 이렇게 하면 의식이 확장되는 기분이 든다.

　우주는 나의 의식에 들어 있는 것만을 공급해 줄 수 있다. 그리고 나는 항상 더 많은 것을 의식 안에 창조해 낼 수 있다. 이는 마치 우주 은

행과도 같다. 나의 창조력을 더 많이 알아 가면 자연스럽게 정신적인 예금이 늘어 간다. 명상, 치료, 긍정적인 확신의 말이 정신적인 예금이 된다. 매일매일 정신적인 예금을 하는 습관을 들이자.

단지 돈을 더 많이 버는 것만으로는 충분하지 않다. 우리는 돈을 즐겨야 한다. 당신은 돈을 다루는 것이 즐거운가? 그렇지 않다면 이유는 무엇인가? 당신이 취하는 모든 것에서 순수한 기쁨을 느낄 수 있다. 지난주에 돈을 다루면서 즐거움을 느꼈는가? 아니라면 이유는 무엇인가? 당신을 가로막고 있는 낡은 생각은 무엇인가? 낡은 생각을 버려라.

돈이 당신의 인생에서 심각한 주제가 될 필요는 없다. 균형 잡힌 시각으로 바라보라. 돈은 교환 수단이다. 그게 전부다. 돈이 필요 없다면 돈 대신에 무엇을 가질 것인가?

우리의 돈에 대한 관념을 완전히 뒤흔들어야 한다. 내 경험으로 보건대 성(性)을 주제로 한 세미나가 돈을 주제로 한 세미나보다 더 쉽다. 사람들은 돈에 대한 생각을 바꾸라는 말에 매우 화를 낸다. 돈을 더 많이 벌고 싶은 마음이 간절해서 내 세미나에 찾아 온 사람들조차도 돈에 대한 생각을 바꾸라고 하면 불같이 화를 낸다.

'나는 변화하고 싶다.', '부정적인 낡은 생각을 버리고 싶다.'

부유해지기 위해서 때로 우리는 이 두 가지 자기 긍정을 더 많이 연습해야 한다.

일단 '고정 수입'이라는 생각을 버려야 한다. 당신이 정해진 월급과 수입'만'으로 살아간다는 생각으로 우주의 공급에 한계를 긋지 마라. 월급과 수입은 하나의 공급'로(路)'일 뿐이지 공급'원(源)'은 아니다. 당신의 공급원은 오직 우주뿐이다.

공급로는 셀 수 없이 많다. 우리는 그 수많은 통로를 향해 열려 있어야 한다. 공급은 모든 곳에서 이루어진다는 사실을 의식해야 한다. 이제 길을 걷다가 동전 하나를 발견하면, '감사합니다!'라고 공급원을 향해 말할 수 있을 것이다. 동전은 별로 대단치 않은 금액이기는 하지만, 새로운 공급로가 열리기 시작했다는 증거다.

"새로운 수입의 통로가 열렸어."

"이제 기존의 수입원 말고도 새로운 수입원을 통해서도 돈이 들어올 거야."

"나는 절대로 마르지 않는 공급원에서 끊임없이 공급받는 무한한 가능성을 지닌 존재다."

작지만 새로운 시작을 즐겨라

더 부유해지기 위해 노력할 때는 항상 우리가 받을 자격이 있다고 생각하는 만큼 얻게 된다.

수입을 늘리기 위해 노력하는 작가가 한 명 있었다. 그녀는 "나는 돈을 잘 버는 작가다."라는 자기 긍정을 확신을 가지고 쉬지 않고 말했다. 사흘 뒤, 그녀는 아침 식사를 하기 위해 커피숍을 찾았다. 자리에 앉아서 공책을 꺼내서 글을 쓰고 있는데 매니저가 다가와서 "작가시죠? 글을 좀 써 주실 수 있으세요?"라고 물었다. 그러더니 그 매니저는 작은 종이를 여러 개 가져와서 "칠면조 점심 특선, 3.95달러."라고 종이마다 써 달라고 부탁했다. 그리고 그 대가로 아침식사 값을 받지 않았다.

이 작은 이벤트는 그녀의 의식이 바뀌기 시작했음을 보여 주는 증거였다. 그 뒤로 그녀는 자신의 작품을 팔아서 돈을 벌고 있다.

부를 인식하라

모든 곳에 부의 요소가 있다는 사실을 인식하고 그 안에서 즐거움을 누려라. 뉴욕 출신의 저명한 복음주의자인 아이크(Ike) 목사는 가난한 목회자 시절에 고급 음식점과 저택과 자동차, 비싼 옷을 볼 때마다 큰 소리로 "저건 내 것, 저것도 내 것!"이라고 외쳤다고 한다. 고급 저택과 은행과 고급품을 파는 상점과 옷가게, 요트를 보면서 기뻐하라. 이 모든 것들이 당신의 부의 일부분이라고 생각하라. 그리고 이 중에서 당신이 원하는 것을 가질 수 있다고 의식을 확장하라. 옷을 잘 차려 입은 사람을 보면 '저 사람들이 경제적인 여유가 있다는 사실이 매우 좋군. 우리 모두 경제적인 여유를 누릴 수 있어.'라고 생각하라.

우리는 남이 받을 복을 대신 받기를 바라는 게 아니다. 우리는 우리 자신의 복을 원할 뿐이다.

사실 우리는 아무것도 가진 게 없다. 우리가 갖고 있는 것은 다른 사람에게 넘어가기 전에 일정 기간 동안만 우리의 소유인 것이다. 때로 한 집안이 여러 세대에 걸쳐서 소유하는 재화도 있다. 하지만 이것도 언젠가는 다른 곳으로 옮겨가게 마련이다. 인생에는 자연스러운 흐름이 있다. 재물은 있다가도 없는 것이다. 내가 갖고 있던 것이 다른 곳으로 옮겨가면, 나는 더 좋은 것이 올 때가 되었다고 생각한다.

칭찬을 받아들여라

아주 많은 사람들이 부자가 되고 싶어 한다. 그러나 그들은 칭찬을 잘 받아들이지 않는다. 나는 이제 막 영화배우의 길에 접어든 사람들을 많이 알고 있다. 이들은 '스타'가 되고 싶어 하지만 칭찬을 받으면 어쩔 줄 몰라 한다.

칭찬은 풍요로움이 주는 선물이다. 고마운 마음으로 칭찬을 받아들이는 법을 배워라. 내가 어렸을 때 우리 어머니는 미소를 지으며 "고맙습니다."라고 말하도록 가르쳐 주셨다. 이때의 가르침은 내 인생의 크나큰 자산이 되었다.

칭찬을 받았을 때 상대방이 선물을 받는 기분이 들도록 같이 칭찬을 해 주면 더 좋다. 좋은 기운이 계속 흐르도록 하는 방법이다.

매일 아침 일어나 새로운 하루를 시작할 수 있는 풍요로움에 기뻐하라. 살아 있다는 사실에, 건강함에, 친구가 있다는 사실에, 자신이 창조적이라는 사실에 감사하라. 그리고 살아 있다는 사실에 즐거움을 느끼는 산 증인이 되어라. 살아 있는 동안 항상 의식이 최대로 깨어 있게 하라. 자신이 변화하는 과정을 즐겨라.

내가 살아가는 끝없는 삶의 가운데에서..

모든 것은 완벽하고, 온전하며, 완전하다.

나는 나를 창조한 힘과 함께 있는 존재이다.

나는 우주가 베푸는 풍요로움의 흐름에 동참할 준비가 되어 있다.

내가 바라는 모든 것들은 내가 요구하기도 전에 이루어진다.

신이 나를 이끌고 보호해 주며, 나는 자신에게 이로운 것만 선택한다.

나는 다른 사람의 성공에 기뻐하며

우리 모두에게도 성공의 길이 열려 있다는 사실을 안다.

나는 끊임없이 부를 받아들이도록 의식을 확장시키고,

의식이 확장되면서 수입이 계속 증가한다.

모든 곳에서, 모든 사람들로부터 나에게 재화가 굴러 들어온다.

나의 세상에서는 모든 일이 순조롭다.

제 14 장

몸

"나는 몸이 보내는 메시지를 사랑으로 듣는다."

나는 우리 자신이 몸의 병을 만든다고 생각한다. 인생의 다른 요소와 마찬가지로 몸도 내면의 생각과 느낌을 비춰 주는 거울이다. 몸은 항상 우리에게 말을 하고 있으므로 우리가 시간을 내어서 귀를 기울이기만 하면 몸이 하는 말을 들을 수 있다. 몸의 모든 세포는 우리의 생각 하나하나와 우리가 하는 모든 말에 일일이 반응을 보인다.

지속적인 사고방식과 대화 방식은 몸의 동작과 자세, '건강'과 '질병'을 만들어 낸다. 늘 얼굴을 찡그리고 있는 사람이 즐겁고 사랑이 넘치는 생각을 할 리가 없다. 나이 든 사람의 얼굴과 몸은 그 사람이 평생 어떤 사고방식을 지녔는지를 명확히 보여 준다. 당신은 어떤 얼굴로 늙고 싶은가?

이 장에는 '몸에 병을 만드는 정신적인 유형 목록'과 '새로운 사고방식', '건강해지기 위한 자기 긍정'이 모두 포함되어 있다. 이는 나의 다른 책《당신의 몸을 치유하라》에서 다루었던 내용이다. 여기에서는 목록에 덧붙여 우리가 어떻게 병을 만드는지를 설명하기 위해 보다 일반적인 예를 다룰 것이다.

우리의 정신적인 요인이 100% 모두 현실로 일어나는 것은 아니다. 그러나 우리 몸에 생긴 병의 원인을 알아볼 때 참고가 될 만한 단서를 제시해 준다. 대체 의학 분야에서 일하고 있는 많은 사람들이 《당신의 몸을 치유하라》를 항상 애독하고 있다. 그들은 이 책을 참고하여 고객을 치료하면서 책에 나오는 정신적 요인이 90~95% 정도 들어맞는다는 사실을 알고 있다.

※ ※ ※

머리는 우리를 상징한다. 우리는 머리를 세상에 보여 준다. 머리를 통해서 세상이 우리를 인식한다. 머리 쪽에 문제가 생기면, 대개 '우리'에게 문제가 생겼다고 느낀다.

머리카락은 힘을 상징한다. 긴장하고 겁에 질리면, 머리카락이 곤두서면서 어깨가 뭉치고 두통이 오며 눈 주위가 피곤해진다. 머리카락은 모낭에서 뻗어 나와 자란다. 두피가 긴장하면 머리카락이 빳빳해지면서 더 이상 숨을 쉬지 못하다가 죽어서 빠진다. 이 긴장이 지속되고 두피가 쉬지 못하면 모낭이 굳어서 새 머리카락이 자라지 못한다. 그래서 대머리가 된다.

여성들의 '사회 진출'이 활발해지면서 긴장과 좌절감을 경험하는 여성에게서 탈모가 늘고 있다. 여성용 가발이 워낙 감쪽같아서 여성 탈모를 눈치 채는 사람은 아무도 없다. 그러나 안타깝게도 남성용 가발은 멀리서도 분간할 수 있을 만큼 엉성하다.

긴장하면 건강할 수 없다. 긴장은 사람을 약하게 한다. 긴장을 풀고 집중할 수 있는 평화로운 상태가 정말 건강하고 안전한 상태이다. 우리는 몸의 긴장을 더 많이 풀어야 한다. 많은 사람의 경우는 두피의 긴장도 같이 풀어 줘야 한다.

지금 당장 시도해 보라. 두피에게 긴장을 풀라고 일러 주고, 변화가 있는지 느껴 보라. 두피의 긴장이 눈에 띄게 풀어진다면 더 자주 두피의 긴장을 풀어 주기 바란다.

귀는 청력을 대표한다. 귀에 문제가 생겼다는 것은 당신이 듣기 싫어하는 일이 생겼다는 뜻일 때가 많다. 귓병은 어떤 내용을 듣고 화가 났다는 사실을 알려 주는 징후일 수도 있다.

귓병은 아이들에게 흔히 발생한다. 아이들은 정말 듣고 싶지 않은데도 집에서 일어나는 자질구레한 상황들을 들어야 한다. 아이가 화를 표출하지 못하도록 막는 집안 분위기나 주위 상황을 바꿀 수 없는 아이의 무기력한 상태가 귓병을 만들어 낸다.

귀가 아예 들리지 않는 것은 오랫동안 누군가의 말을 듣기 싫어했던 결과이다. 부부 중의 한 명이 귀가 잘 들리지 않으면, 다른 한 명이 했던 말을 또 하고 또 하는, 끊임없이 떠드는 수다쟁이인 경우가 많다.

눈은 시력을 대표한다. 눈에 문제가 생기면, 우리가 자기 자신이나 인생, 과거나 현재 또는 미래 중에서 보고 싶어 하지 않는 것이 존재한다는 사실을 나타낸다.

나는 안경을 쓴 어린아이를 볼 때마다, 아이가 집에서 보고 싶어 하지 않는 상황이 있다는 것을 안다. 보기 싫은 상황을 자신들이 바꿀 수 없기에 차라리 자세히 보지 않기 위해서 시력을 흐릿하게 만든다.

많은 사람들이 보고 싶지 않은 상황을 본 후 1, 2년 사이에 안경을 쓰기 시작한다. 그런데 다시 과거로 돌아가서 그 당시 보고 싶지 않았던 상황을 없애버리면 놀랍게도 시력이 회복되는 경우가 있다.

지금 당신이 처한 상황을 부정하고 싶은가? 당신이 피하고 싶은 상황이 무엇인가? 현재를 바라보기가 두려운가? 아니면 미래가? 모든 것을 명확히 보게 된다면, 당신이 지금 간과하고 있는 사실은 무엇인가? 당신이 지금 자신에게 어떤 일을 하고 있는지 명확히 보이는가? 아주 흥미로운 질문이 될 것이다.

두통은 자신을 부정하는 데서 비롯된다. 다음번에 두통이 생기면, 하던 일을 멈추고 조용히 "내가 나한테 어떤 잘못을 저질렀지?"라고 물어보라. 자신을 용서하고, 잘못을 잊어라. 그러면 두통이 사라질 것이다.

편두통은 자신을 지나치게 혹사하는 완벽주의자적 성향을 지닌 사람에게 생긴다. 자신을 혹사하는 과정에서 엄청난 분노가 쌓인다. 재미있는 사실 한 가지는, 편두통을 느끼는 즉시 자위 행위를 하면 고통이 경감된다는 것이다. 성적 쾌감은 긴장과 고통이 사라지게 한다. 자위 행위를 하고 싶지 않을 수도 있지만, 편두통을 가라앉히기 위해서 시도해 볼 가치는 있다. 해서 손해 볼 것은 없지 않은가.

부비강에 생긴 문제는 코 주위 얼굴 정면에서 느껴지는 것으로, 가까운 사람이 당신을 괴롭게 하고 있음을 상징한다. 심지어 그 사람이 자신을 내리누르고 있는 것처럼 느껴지기도 한다.

우리는 바로 자신이 모든 상황을 만들어 냈다는 사실을 잊고, 좌절감에 다른 사람을 비난하면서 해결할 수 있는 힘을 남에게 넘겨준다. 그 누구도, 어떤 장소도, 그 무엇도 우리에게 영향력을 행사할 수 없다.

바로 '우리 자신'이 마인드에서 생각을 조종하기 때문이다. 우리가 현재의 경험과, 현실, 그 안에 존재하는 사람들을 만들어 낸다. 의식이 평화롭고, 조화롭고, 균형 잡혀 있을 때, 우리의 인생도 그렇게 된다.

목과 목구멍은 신체 중에서 가장 매력적인 부분이다. 아주 많은 '것'들이 목을 거쳐 가기 때문이다. 목은 다른 사람의 관점도 고려할 수 있는, 사고의 유연성을 대표한다. 목에 문제가 있다는 것은 대개의 경우 우리가 상황에 유연하게 대처하지 못하고 있다는 뜻이다.

나는 목을 뻣뻣이 세우고 다니는 사람을 볼 때마다, 자기 중심적이고 사물의 한 면만 바라보는 고집쟁이라고 생각한다.

가족 문제 상담사로 잘 알려진 버지니아 새티어(Virginia Satir)는 '아무 짝에도 쓸모없는' 연구를 한 결과, 설거지를 하는 사람과 설거지에 사용하는 도구에 따라 250개가 넘는 설거지 방법이 있다는 사실을 알아냈다고 했다. 우리가 오직 '한 가지 방법'이나 '한 가지 관점'밖에 없다고 생각한다면, 인생의 대부분을 놓치고 있는 것이다.

목구멍은 '원하는 것을 요구하기'나 '자신에 대해서 말하기' 등 자신을 '대변'할 수 있는 능력을 나타낸다. 목구멍에 문제가 생기면 보통 우리가 어떤 일을 할 권리가 없다고 느낀다는 뜻이다. 그래서 자신이 원하는 바를 당당하게 말하기 부끄러워한다.

목구멍이 따가우면 틀림없이 화가 났다는 뜻이다. 감기 기운이 있으면 정신적으로 혼미해지기도 한다. 후두염에 걸리면 당신이 말로 설명할 수 없을 정도로 화가 많이 났다는 뜻이다.

목구멍은 몸속에서 일어나는 창조성의 흐름을 나타내기도 한다. 목구멍은 우리가 창의력을 표현하는 곳이자, 우리의 창의력이 멈칫거리거나 주저앉기도 하는 곳이다. 그래서 우리 모두는 종종 목구멍이 따가울 때가 있다. 세상에는 평생을 다른 사람을 위해 살아온 사람들이 있다. 그들은 한 번도 자신이 원하는 대로 해 본 적이 없다. 항상 부모님을 / 배우자를 / 연인을 / 상관을 기쁘게 하기 위해 애쓴다. 편도선염이나 갑상선염도 창의력을 제대로 펼치지 못해서, 자신이 원하는 대로 하지 못해서 생긴다.

목구멍에 있는 에너지의 중심은 5번째 혈인데, 몸속에서 변화가 일어나는 장소이다. 우리가 변화를 거부하거나 변화하는 중에 있거나, 변하려고 애쓸 때 목구멍에서 많은 활동이 일어난다. 당신이 재채기할 때나 다른 사람이 재채기할 때 잘 살펴보라. 재채기하기 직전에 어떤 말을 들었는가? 우리가 어떤 일에 반응을 보이고 있는가? 저항과 고집인가, 아니면 변화 과정인가? 강연회에서 나는 재채기를 자아 발견의 도구로 사용한다. 누군가가 재채기를 할 때마다 나는 그 사람에게 목구멍을 만지면서 "나는 변화하고 싶어."라거나 "나는 변화하고 있어."라고 크게 말하라고 시킨다.

팔은 인생 경험을 끌어안을 수 있는 능력과 역량을 나타낸다. 팔 윗부분은 역량과, 팔 아랫부분은 능력과 관계 있다. 우리는 예전에 느꼈던 감정을 관절에 저장하는데, 팔꿈치는 변화하는 방향을 향한 우리의 유연성을 나타낸다. 당신은 인생에서 변화하고 있는 방향에 대해서 유연한가, 아니면 예전의 감정에 사로잡혀서 한곳에만 머무르고 있는가?

손은 잡고, 쥐고, 움켜쥔다. 손가락 사이로 물건이 빠져나가게 할 수도 있다. 때때로 우리는 아주 오랫동안 물건을 쥐고 있기도 한다. 우리는 손재주가 있거나, 돈을 손에 쥐고 놓지 않는 구두쇠이거나, 손이 커서 씀씀이가 후하거나, 동전 하나까지 꼼꼼히 챙기는 깍쟁이거나, 손에 든 물건을 잘 떨어뜨리는 덜렁이다. 자료를 나눠 줄 때도 손을 사용한다. 우리 자신의 문제에 손을 써서 해결하기도 하고, 어떨 때는 아무런 손을 쓸 수 없는 것처럼 보일 때도 있다.

우리는 물건에 손잡이를 단다. 그 손잡이는 우리 손의 연장선이다. 우리는 어떤 일에서 손을 떼기도 한다. 손을 뗀다는 것은 간섭하지 않는다는 뜻이고, 손장난을 한다는 것은 속임수를 쓴다는 뜻이다. 우리는 악수를 할 때도 손을 사용하고, 다른 사람과 손을 잡기도 한다. 어떤 상황을 손에 쥐고 있기도 하고, 놓치기도 하며, 손아래에 무언가를 감추고 음흉한 행동을 하거나, 손을 위에서 내리쳐서 휘어잡기도 한다. 도움의 손길을 내밀기도 한다.

부드러운 손도 있고, 과도한 생각으로 관절이 굳었거나 관절염 때문에 딱딱한 손도 있다. 사람들은 두려울 때 무언가를 꽉 움켜쥔다. 상실감 때문에, 무언가가 부족하다는 생각 때문에, 세게 쥐고 있지 않으면 놓치게 될까 봐 두려운 것이다.

관계를 꽉 움켜쥐고 있으면 상대방이 절망감에 휩싸여서 떠날 뿐이다. 손을 꽉 쥐고 있으면 새로운 것을 잡을 수가 없다. 손 대신 손목을 사용해서 악수를 하면, 느슨하고 열려 있는 느낌이 든다.

아무도 당신이 가진 것을 뺏어가지 않으니 안심하라.

각각의 손가락은 고유한 의미가 있다. 손가락이 아프면 당신이 내려놓아야 할 부분이 어디인지를 알 수 있다. 집게손가락을 다치면 현재의 상황과 관련해서 자아에 대한 분노와 두려움이 있다는 증거다. 엄지손가락은 마음과 관계가 있으며 걱정을 나타내고, 집게손가락은 자아와 두려움을 나타낸다. 가운데손가락은 섹스와 분노와 관계가 있다. 화가 났을 때 가운데손가락을 쥐고 있으면 화가 풀어지는 것을 볼 수 있다. 어떤 남자 때문에 화가 나면 오른쪽 손가락을, 여자 때문에 화가 나면 왼쪽 손가락을 쥐어라. 넷째손가락은 연합과 슬픔을 나타낸다. 새끼손가락은 가족과 겉치레를 나타낸다.

<u>등</u>은 우리의 중심축을 상징한다. 등에 문제가 생기면 우리가 지지받고 있지 않다고 느낀다는 뜻이다. 너무 자주 우리는 직업과 가족, 배우자 외에 우리를 지지해 주는 상대가 없다고 생각한다. 그러나 실제로, 우리는 우주와 인생 그 자체로부터 많은 지지를 받고 있다.

등 위쪽은 감정적으로 지지받지 못한다고 느끼는 감정과 관계가 있다. 이 부분이 아프면 남편이 / 아내가 / 애인이 / 친구가 / 상관이 나를 이해하거나 지지해 주지 않는다고 느낀다는 증거다.

등 중간 부분은 죄책감과 관계가 있다. 우리 몸의 뒤쪽은 모두 죄책감과 관련이 있다. 당신은 뒤를 돌아보기 두렵거나 뒤에 있는 것에서 도망치고 싶은가? 등이 마치 칼에 찔린 것처럼 느껴지는가?

정말 '타들어 가는' 느낌이 드는가? 재정 상태가 엉망이라 온통 그 문제에 걱정이 쏠려 있는가? 그렇다면 등 아래쪽이 아플 것이다. 돈이 부족하거나, 돈에 두려움이 있으면 등 아래쪽이 아프다. 실제로 당신이 돈을 얼마나 갖고 있느냐는 아무런 상관이 없다.

우리 중의 많은 사람들이 돈이 인생에서 가장 중요한 요소이며, 돈 없이는 살 수 없다고 생각한다. 그러나 사실은 그렇지 않다. 돈보다 훨씬 소중하고 중요하며, 그것 없이는 우리가 살 수 없는 것이 있다. 그게 무엇일까? 바로 우리가 쉬는 숨이다.

우리가 쉬는 숨이야말로 인생에서 가장 소중한 요소인데, 우리는 숨 쉬는 게 당연하다고 생각한다. 만약 우리가 숨을 쉬지 않으면 3분 안에 목숨이 끊어진다. 우주의 힘이 당신에게 살아 있는 동안 쉴 수 있는 숨을 주었다면, 우리가 필요로 하는 다른 것도 역시 공급해 줄 것이라고 생각되지 않는가?

폐는 우리가 인생을 받아들이고 내보내는 수용력을 나타낸다. 폐에 문제가 생기면 우리가 인생을 받아들이기 두려워하거나 우리가 인생을 최대한으로 살 수 있는 권리가 없다고 느끼기 때문이다.

여성들은 예부터 숨을 얕게 쉬기 때문에 자신이 숨을 깊게 쉬는 남자보다 열등하며, 자신의 공간을 차지할 권리, 심지어는 살아갈 권리가 없다고 느끼는 경우가 있었다. 그러나 오늘날에는 이러한 생각도 바뀌고 있다. 이제 여자들은 당당한 사회의 일원으로서 공간을 차지하며, 깊고 크게 숨을 쉬고 있다.

나는 여성 스포츠 선수를 보는 것이 즐겁다. 여성들은 예전부터 운동과 관련된 분야에 종사했다. 하지만 내가 아는 한 여성이 요즘 전문 스포츠에 뛰어든 것은 역사상 최초이다. 멋진 몸을 가진 여자 선수들이 유명세를 떨치는 것을 보는 것은 정말 신나는 일이다.

폐기종에 걸리거나 골초에 가까울 정도로 담배를 심하게 피우는 행위는 삶을 부인하는 것과 마찬가지다. 사람들은 자신을 가치 없는 존재로 느끼기 때문에 담배 연기로 이를 가리려고 한다. 꾸짖는다고 해서 담배 피우는 습관이 사라지지 않는다. 먼저 생각을 바꾸어야 한다.

가슴은 모성 본능을 나타낸다. 가슴에 문제가 생기면, 대개의 경우 우리가 어떤 사람이나, 장소, 물건 또는 경험에 대해 '지나치게 엄마 노릇'을 하고 있다는 뜻이다.

엄마 노릇 중에는 자식이 '자라도록' 하는 것도 포함된다. 우리는 언제 자식에게서 손을 떼고, 자립할 수 있게 해 줘야 하는지를 알 필요가 있다. 만약 우리가 누군가를 과잉보호하면, 그는 자신의 경험에 제대로 대처하지 못하게 된다. 우리가 상대방을 '압도'하면, 그 사람이 처한 상황에 어떤 도움도 주지 못한다.

암에 걸리면 깊은 분노가 있게 마련이다. 두려움을 버리고 우주의 지혜가 우리 안에 있다는 사실을 깨달아야 한다.

심장은, 우리 모두가 잘 알고 있듯이 사랑을 나타내고, 피는 기쁨을 나타낸다. 심장은 사랑의 힘으로 우리 몸에 기쁨이 퍼지게 한다. 만일 우리가 사랑과 기쁨을 부정하면 심장은 움츠러들고 차가워진다. 따라서 혈액 순환이 느려지고, 빈혈이나 협심증, 심장마비에 걸리게 된다.

심장은 우리를 '공격'하지 않는다. 우리는 드라마를 너무 많이 본 나머지 우리를 둘러싸고 일어나는 사소한 일에는 기쁨을 느끼지 못한다. 우리가 수년 간 심장으로부터 모든 기쁨을 짜 낸 나머지, 심장은 고통으로 쓰러진다. 심장마비에 걸린 사람을 보면 절대로 평소에 즐거워하지 않는다. 그들이 인생의 즐거움을 깨닫지 못한다면 또 다른 심장 발작이 올 것이다.

황금 같은 마음, 얼음같이 차가운 마음, 열린 마음, 상한 마음, 사랑하는 마음, 따뜻한 마음 — 당신의 마음은 어디에 있는가? (영어로, 심장과 마음 모두 heart 라는 단어를 쓴다.)

위장은 우리의 모든 새로운 생각과 경험을 소화시킨다. 당신이 소화하지 못하는 대상은 누구이며, 무엇인가? 당신의 비위에 거슬리는 것은 무엇인가?

위장에 문제가 생기면, 보통은 우리가 새로운 경험에 어떻게 적응해야 할지 몰라서 두려워하고 있다는 뜻이다.

많은 사람들이 항공기가 처음으로 대중 교통수단이 되었던 때를 기억할 것이다. 커다란 금속 물체가 하늘을 날아서 우리를 안전하게 운반해 준다는 생각은 참으로 적응하기 어려운 것이었다. 모든 좌석에 멀미 대비용 봉지가 있었고, 대부분의 승객이 이 봉지를 이용했다. 좌석에 비치된 봉지에 조심스럽게 토한 다음 밀봉하여 승무원에게 건네주었는데, 당시 승무원들은 통로를 오가며 이 멀미 봉투를 수거하느라 바빴다. 이제 많은 세월이 지나서, 비록 멀미 대비용 봉투는 여전히 각 좌석에 비치되어 있지만, 승객들이 이 봉투를 사용하는 경우는 거의 없다. 이제 하늘을 난다는 생각에 완전히 적응된 것이다.

위궤양도 '자신이 충분히 뛰어나지 못하다'는 엄청난 두려움에서 비롯된다. 우리는 훌륭한 부모가 아닌 것 같아서, 실력이 뛰어난 직원이 아닌 것 같아서 두려워한다. 우리는 억지로 자신을 꾸밀 수 없다. 우리는 다른 사람을 기쁘게 하기 위해 간과 쓸개를 꺼내 준다. 직장에서 아무리 중요한 위치에 있어도 우리의 자존감은 매우 낮다. 우리는 사람들이 우리의 참모습을 알까 봐 두려워한다.

생식기는 여성의 가장 여성적인 부분을, 남성의 가장 남성적인 부분을 나타낸다. 즉 여성성과 남성성을 대표한다.

우리가 자신이 타고난 성별에 만족하지 못하고 성정체성에 혼란을 느끼거나 자신의 몸을 더럽다고 느낀다면, 생식기에 문제가 있는 경우가 종종 있다.

나는 생식기의 이름과 기능을 정확히 가르치는 집에서 자란 사람을 좀처럼 본 적이 없다. 우리는 모두 집에서 생식기를 다른 이름으로 돌려 말했다. 당신의 집에서는 생식기를 뭐라고 불렀는지 기억이 나는가? 대체로 양호한 표현인 '아래쪽'이었을 수도 있고, 생식기를 더럽고 불결한 곳으로 여기게 할 만큼 꺼림칙한 표현이었을 수도 있다. 사실 우리 모두는 다리 사이에 뭔가 이상한 것이 있다고 생각하며 자랐다.

나는 수 년 전에 일어난 성적 혁명이 어떤 면에서는 바람직하다고 생각한다. 우리가 빅토리아 시대의 가식에서 벗어나는 징조이기 때문이다. 갑자기 섹스 파트너를 여러 명 두거나, 상대와 하룻밤만 즐기는 것이 용납되었다. 부부 스와핑도 흔해졌다. 많은 사람들이 새롭고 개방적인 방법으로 육체의 쾌락과 자유를 즐기기 시작했다.

그러나 우리 중 아무도 '자신과의 대화 기구'의 설립자인 로자 라몬트(Roza Lamont)와 같은 생각을 하지는 못했다. 그녀의 주장에 따르면, 세 살 무렵에 어머니가 가르쳐 준 신에 대한 개념은 당신이 의식적으로 없애지 않는 한 계속해서 잠재의식에 남아 있다고 한다. '당신 어머니의 신'은 분노의 신인가, 복수의 신인가? 그 신은 섹스에 관해 어떻게 생각하는가? 우리가 아직도 섹스와 육체에 관해 어렸을 때 가졌던 죄의식을 갖고 있다면, 틀림없이 자신을 처벌하려고 하게 된다.

방광, 항문, 질, 전립선 그리고 성기에 생기는 질병은 모두 우리의 몸과 기능에 대한 왜곡된 생각에서 비롯된다.

우리 몸의 모든 기관은 고유한 기능을 지니고 있으며 삶을 표현하는 놀라운 도구이다. 아무도 간이나 눈이 더럽다거나 죄악의 근원이라고 생각하지 않을 것이다. 그런데 왜 유독 생식기만 더럽고 죄악이 싹트는 곳이라고 생각하는가?

항문도 귀와 마찬가지로 아름답다. 항문이 없으면 우리는 몸이 더 이상 필요로 하지 않는 것들을 내보낼 수가 없어서 얼마 지나지 않아 죽게 될 것이다. 우리 몸의 모든 부위와 그 기능은 완벽하고, 정상적이며, 자연스럽고, 아름답다.

나는 성적 문제를 가진 고객에게 사랑하는 마음으로 자신의 직장과 성기를 본 다음, 그 부위가 가진 기능에 감사하는 마음을 가져 보라고 권한다. 지금 이 문장을 읽고 몸이 움찔하거나 화가 난다면 자문해 보라.

누가 당신에게 특정한 신체 부위를 불결하게 여기도록 시켰는가? 신이 그렇게 시키지는 않았을 것이다. 성적 기관은 우리가 쾌락을 느낄 수 있도록 몸에서 가장 기쁨이 넘치는 곳으로 만들어졌다. 이 사실을 받아들이지 않으면 자신에게 고통과 처벌을 가할 뿐이다. 섹스는 해도 괜찮은 행위가 아니라, 영광스럽고 오묘한 행위이다. 우리에게 섹스는 숨 쉬고 먹는 일만큼이나 정상적인 행위이다.

잠시 동안만 우주의 광대함을 머릿속으로 그려 보라. 우주의 광대함은 우리의 이해력의 범위를 넘어선다. 최신 기구를 갖춘 이 시대의 가장 위대한 과학자들조차도 우주의 정확한 크기를 측정할 수 없다. 우주에는 많은 은하계가 존재한다.

저 멀리 떨어져 있는 작은 은하계 중에 그보다 더 작은 태양이 있다. 태양 주위에는 아주 작은 점 같은 것들이 회전하고 있는데, 그중 하나가 바로 지구다. 이렇게 넓은 우주 전체를 창조한 위대한 지혜가 늙은 이의 모습을 하고 지구를 덮고 있는 구름 위에 앉아서 나의 생식기를 내려다보고 있다고 생각하기는 정말 어렵다. 그런데도 많은 사람들이 어렸을 때 그러한 관념을 배운다.

우리에게 아무런 도움이 되지 않는 이 어이없고, 시대에 뒤떨어진 생각을 과감히 버려야 한다. 나는 신에 대한 개념도 우리를 위한 것이어야지, 절대로 우리에게 억압적인 것이어서는 안 된다고 강하게 주장한다. 세상에는 정말 많은 종교가 존재해서 그중에 어느 것을 선택해야 할지 결정하기도 어렵다. 만약 당신이 지금 믿고 있는 종교가 당신이 죄인이며, 하등한 벌레와도 같다고 가르친다면, 당장 종교를 바꾸어라.

나는 사람들에게 언제 어디에서나 프리섹스를 하라고 부추기고 있는 것이 아니다. 단지 우리가 만든 규칙 중에 이치에 맞지 않는 것이 있기 때문에 사람들이 규범을 깨는 위선자가 되는 것이라고 말하는 것이다.

우리가 사람들에게 성적 수치심을 없애고 자기 자신을 사랑하고 존경하라고 가르치면, 자동적으로 자신뿐 아니라 타인도 존중하며 기쁘게 하려고 애쓸 것이다. 오늘날 성 문제가 많은 이유는 많은 사람들이 자기 혐오감에 휩싸여서 자신과 타인을 부당하게 대하기 때문이다.

학교에서 어린 학생들에게 제공하는 성교육은 충분하지 않다. 아이들이 자신의 몸과 생식기와 성에 기뻐해야 한다는 사실을 잘 기억할 수 있도록 구체적으로 성교육을 해야 한다. 나는 자신과 자신의 몸을 사랑하는 사람은 절대로 자신이나 타인에게 함부로 대하지 않을 것이라고 진심으로 믿는다.

방광 문제의 대부분은 주로 애인에게 '열 받아서' 생긴다. 우리의 여성성이나 남성성과 관계된 무엇인가가 우리를 '화나게' 만드는 것이다. 여자가 남자보다 방광에 문제가 생기는 경우가 많은데 이는 여자들이 남자들보다 상처를 숨기는 경향이 많기 때문이다.

질염은 애인에게 받은 사랑의 상처 때문에 생기는 경우가 많다.

남자들이 걸리는 전립선염은 자신을 가치 있는 존재로 여기지 않아서 생기거나 나이가 들면서 자신이 남자로서 점점 작아지고 있다고 느끼기 때문에 생기는 경우가 많다.

발기부전은 두려움을 증가시키며, 때때로 이전에 사귀었던 애인에 대한 분노 때문에 생기기도 한다.

불감증은 육체의 쾌락을 즐기는 것에 대한 죄책감과 두려움에서 비롯된다. 자기 혐오 때문에 생기기도 하는데 애인이 둔감한 경우에 자기혐오가 심해질 수도 있다.

생리전증후군은 널리 알려진 현상인데, 각종 방송 매체의 광고와 더불어 급속히 증가하고 있다. 광고를 보면 여성들이 스프레이 형태의 약을 뿌리거나 가루약을 바르거나 질 세척을 해서 몸을 깨끗한 상태로 유지해야 한다고 강요한다. 여성을 남성과 평등한 존재로 묘사하면서도 여성의 몸에서 일어나는 생리 현상에 대해서는 부정적인 관념을 심고 있는 것이다. 이런 부정적인 관념과 사람들이 소비하는 엄청난 양의 당분이 합쳐져서 생리전증후군이 급속도로 증가하고 있다.

월경과 폐경을 포함하여 여성의 몸에서 일어나는 모든 생리 현상은 지극히 정상적이고 자연스러운 과정이다. 이 사실을 받아들여야만 한다. 우리의 몸은 아름답고, 놀랍고, 멋지다.

성병은 틀림없이 성적 수치심 때문에 발생하는 것이라고 나는 생각한다. 성병은 자신의 성적 욕망을 표현하는 것을 꺼림칙하게 여기는 감정이나 잠재의식 때문에 생긴다. 많은 사람과 섹스를 해서 성병이 옮는 경우도 있지만, 이 경우에도 정신적·신체적 면역 체계가 약한 사람이 더 병에 걸리기 쉽다. 예전에 비해서 최근에 성 경험이 있는 사람에게 포진(헤르페스)의 발병률이 늘어났다. 포진은 재발률이 높은데 '우리가 나쁜 짓을 했다'는 생각 때문에 '자신을 처벌'하기 위해서 자꾸 발생하는 것이다. 포진은 우리가 우울하거나 좌절감을 겪을 때 더 심하게 번지는 경향이 있다. 이 사실만 놓고 보아도 성병은 생각이나 감정에서 비롯되는 것임에 틀림없다.

같은 이론을 남성 동성애자에게도 적용시켜 보자. 그들도 일반 사람들과 같은 문제를 겪는다. 그러나 거기에 더해서 사람들이 자신들을 향해 손가락질하며 "비정상이야!"라고 비난하는 것도 감수해야 한다. 심지어 그들의 부모조차 "너는 어딘가가 잘못된 거야."라고 말한다. 이런 상황에서 자신을 사랑하기란 무척이나 어렵다. 남성 동성애자들이 끔찍한 병으로 알려진 에이즈에 최초로 감염된 사람들 중에 포함된다는 사실은 놀랄 일이 아니다.

이성애자 사회에서, 많은 여성들이 나이 드는 것을 두려워한다. 우리 사회가 젊음을 찬양하는 신조에 젖어 있기 때문이다. 하지만 남자들은 나이 드는 것을 별로 두려워하지 않는다. 그들은 흰머리가 늘어나면 중후한 매력을 풍긴다고 생각하며 다른 사람들로부터 이전보다 더 존경을 받는다.

남성 동성애자들은 이와 반대다. 그들은 젊음과 아름다운 외모를 엄청나게 강조하는 문화를 창조해 냈다. 누구에게나 젊은 시절은 있지만, 모든 사람이 아름다운 외모를 타고나는 것은 아니다. 외모에 너무 치중하다 보니 내면의 아름다움은 고려 대상에서 제외되곤 한다. 만약 당신이 젊고 아름답지 않다면, 사람들은 당신을 별로 중요한 사람으로 여기지 않을 것이다. 그들 눈에는 오직 외모만 보일 뿐이다.

이런 사고방식은 정말이지 문화에 대한 크나큰 불명예이다. 마치 "남성 동성애자들은 사람 취급을 받을 가치가 없어."라고 말하는 것과 같다.

남성 동성애자 사이에서 서로를 대하는 방식을 보아 왔기 때문에, 많은 남성 동성애자들이 나이 먹는 것을 끔찍이 싫어한다. 나이 드는 것보다 차라리 죽는 게 더 낫다고 생각할 정도다. 그리고 실제로 에이즈에 걸려서 죽기도 한다.

그들은 자신이 늙으면 아무 쓸모없어지고 아무도 자신을 좋아해 주지 않을 거라고 생각하는 경우가 많다. 그래서 스스로 망가지는 것이

차라리 더 낫다고 생각해서 자기 파괴적인 생활을 한다. 게이의 생활을 보면 동성애자들이 모이는 곳에 가서 상대를 찾거나, 쉬지 않고 자신을 비판하며, 다른 사람이 가까워지려고 하면 막아 버리는 등 끊임없이 자신을 학대한다. 에이즈도 사람을 학대하는 끔찍한 병이다.

이러한 태도와 행동 방식은 단지 마음속 깊이 죄책감만 생기게 할 뿐이다. 게이들 사이에서의 연애는 서로에게 즐거움을 줄 수도 있지만 동시에 매우 파괴적이기도 하다. 육체적으로는 가까워지지만 실제로는 친밀감을 피하려는 행위인 경우가 많다.

나는 절대로 사람들이 죄책감에 시달리기를 바라지 않는다. 다만, 우리의 삶에 사랑과 기쁨과 존경으로 넘치게 하기 위해서 우리 모두가 고쳐야 할 점이 있다는 사실을 짚고 있을 뿐이다. 50년 전에는 자신이 게이라는 사실을 다들 숨겼지만, 오늘날에는 자신의 성 정체성을 밝히고도 사회의 일원으로 당당히 제 몫을 할 수 있다. 그러나 남성 동성애자들끼리 서로를 대하는 방식을 보면 참으로 가슴이 아프다. 아직도 그들은 예전에 이성애자들이 동성애자들에게 했던 것과 같은 방식으로 서로를 대하고 있기 때문이다.

남자들은 예전부터 여자들보다 많은 수의 섹스 파트너를 거느렸다. 남자들끼리 모이면 꼭 여자를 불러서 섹스할 기회를 더 많이 만들어 내곤 했다. 그건 괜찮다. 우리가 엉뚱한 이유로 성적 에너지를 분출하지만 않으면 여러 명과 섹스하는 것이 나쁠 이유는 없다. 섹스가 즐거워서가 아니라 존중받고 싶다는 내면의 욕구를 만족시키기 위해서 여러 명의 섹스 파트너를 거느리는 남자들도 있다. 나는 섹스 파트너가 여러 명 있거나, '가끔씩' 술과 최음제의 도움을 빌리는 것은 나쁘지 않다고 생각한다. 그러나 매일 밤 약물에 취해서 머리가 멍한 상태로 있거나 하루에 여러 명의 섹스 파트너와 관계를 가져야만 자신이 존중받는 느낌이 든다면 분명히 자신을 해치고 있는 것이다. 정신적으로 변화가 필요하다.

이제 자신을 비난하는 대신 흩어진 자신의 모습을 바로잡기 위해서 치유를 시작할 때다. 과거의 제약에서 벗어나야 한다. 우리 모두는 신적인 존재이고, 멋진 인생의 주인공이다. 이제부터 이렇게 주장하고 다니자!

직장은 우리에게 더 이상 필요 없는 것을 내보내는 능력을 나타낸다. 인생의 완벽한 흐름 속에 있는 몸은 받아들이고, 흡수하고, 제거하면서 균형을 유지할 필요가 있다. 우리가 때로 쓸모없는 것을 내보내지 않으려 하는 이유는 두렵기 때문이다.

변비에 걸린 사람들은 검소한 게 아니라 자신이 충분히 갖지 못할 거라고 생각한다. 그들은 자신을 힘들게 했던 사람들과의 관계를 붙잡고 있다. 나중에 필요하게 될까 봐 수년 간 옷장 속에 처박아 두었던 옷을 버리지 못한다. 항상 어려울 때를 대비하는 데 신경이 쏠려서 직장 생활도 위태롭고, 사는 게 즐겁지도 않다. 어젯밤에 먹고 남은 음식 쓰레기로 오늘 먹을 식사를 준비하지는 않는다. 인생을 살아가면서 필요한 것을 항상 얻게 된다는 사실을 믿어라.

다리는 우리가 인생의 행보를 내딛게 해 준다. 다리에 문제가 생기면 특정한 위치에서 앞으로 나아가기가 겁이 난다는 뜻이다. 우리는 다리를 이용해서 달리고, 다리를 질질 끌기도 하고, 살금살금 걷기도 하고, 안짱다리로 걷기도 한다. 어린 시절에 대한 분노로 허벅지가 굵고 넓적해지기도 한다. 하기 싫은 일을 억지로 할 때에도 다리에 사소한 문제가 생길 수 있다.

하지 정맥류는 직장이나 우리가 있는 곳이 마음에 들지 않을 때 생긴다. 혈관이 기쁨을 전파하는 능력을 잃어버린 것이다.

당신은 마음에 드는 곳을 향해서 나아가고 있는가?

무릎은 목과 마찬가지로 유연성과 관계가 있다. 다만 목과 다리, 무릎은 남에게 굽실거리거나 자부심을 느낄 때, 자신만만하거나 고집스러울 때의 감정을 나타낸다. 종종 앞으로 움직일 때, 몸을 구부리는 것이 두려워서 몸이 뻣뻣해지기도 한다. 이러면 관절이 굳는다. 우리는 앞으로 나아가고 싶어 하면서도 우리의 습관을 바꾸지 않으려 한다. 그래서 무릎이 낫기까지 시간이 오래 걸리는 것이다. 우리의 자존심이 달린 문제이기 때문이다. 우리의 자존심이 달린 문제이기 때문에 무릎이 나으려면 시간이 많이 걸리는 것이다.

혹시 무릎에 문제가 생기면 자신이 어디에 고집을 부리고 있는지, 굽히기 싫은 쪽이 어디인지를 물어보라. 고집을 버려라. 인생은 계속 변화한다. 따라서 인생을 편안하게 누리려면 유연성을 갖고 변화에 발을 맞추어야 한다. 버드나무는 바람이 불면 나뭇가지를 굽히고 바람의 흐름에 몸을 내맡긴다. 항상 우아한 모습으로 인생의 변화에 적응하는 것이다.

우리의 발은 이해력, 우리 자신과 과거, 현재, 미래를 포함한 인생에 대한 이해력과 관련이 있다.

노인들 중에 걷기 힘들어 하는 사람이 많다. 그들은 이해력에 문제가 생겨서 종종 갈 데가 없다고 느낀다. 어린아이들은 행복해하며 춤추듯이 걷는다. 나이 든 사람들은 마치 걷기 싫다는 듯이 발을 질질 끌면서 걷는다.

피부는 우리의 개성을 드러낸다. 피부병은 우리의 개성이 어떤 방법으로든 침해당했다고 느낄 때 생긴다. 다른 사람이 우리에게 영향력을 행사한다고 느끼기 때문이다. 사람의 피부는 얇아서 무엇이든지 쉽게 피부 속으로 침투할 수 있다. 우리는 피부가 살아 있다고 느끼며, 피부 아래에는 바로 신경이 지나간다.

피부병을 고치는 가장 빠른 방법은 마음속으로 '나는 자신을 있는 모습 그대로 받아들인다.'라고 하루에 수백 번씩 말하는 것이다. 자신의 힘을 되찾아라.

급작스러운 사고는 사실 급작스레 생기는 것이 아니다. 인생의 모든 요소와 마찬가지로 바로 우리가 사고를 만들어 낸다. "사고가 났으면 좋겠어."라고 말하고 다니지는 않지만 우리 머릿속에 있는 사고방식이 우리에게 사고가 일어나도록 끌어당긴다. 어떤 사람들은 '사고를 자주 당하는' 것처럼 보이기도 하고, 어떤 사람은 평생에 걸쳐서 사소한 사고 하나도 생기지 않는 것처럼 보인다.

사고는 분노의 표현이다. 자신의 욕구를 마음껏 표현할 수 있는 자유를 누리지 못해서 생기는 좌절감의 표현이다. 또한 권위에 대한 반항을 나타내기도 한다. 너무 화가 나서 다른 사람을 치고 싶어질 때, 대신 자신이 사고를 당하는 결과를 만들어 내는 것이다.

자신에게 화가 날 때, 죄책감을 느낄 때, 자신을 벌하고 싶을 때 바로 사고가 모든 것을 처리해 준다.

우리의 잘못 때문에 사고가 발생하는 것이 아니라, 단지 우리를 변덕스러운 운명의 무기력한 희생자처럼 보이게 하는 것이다. 사고가 생기면 우리는 동정과 관심을 받으며 다른 사람에게 기대게 된다. 사람들은 우리의 상처 부위를 소독해 주고 지켜본다. 우리는 침대에 누워서 느긋하게 쉬기도 한다. 그러나 사고 후에는 고통이 따른다.

몸에서 고통이 느껴지면 인생의 어느 부분에 관해서 우리가 죄책감을 느끼고 있는지를 추측해 볼 수 있다. 신체 손상의 정도로 우리가 얼마나 처벌받고 싶어 했는지, 처벌 기간이 얼마나 될지를 알 수 있다.

섭식장애는 자기 혐오가 지나친 나머지 자신의 인생을 부정하는 행위이다.

음식은 기본적으로 영양을 공급해 준다. 왜 당신에게 공급되는 영양을 거부하는가? 왜 죽으려고 하는가? 도대체 무엇 때문에 자신의 인생을 끔찍하다고 여기면서 벗어나려고 하는가?

자기 혐오는 사실 자신이 아니라 자신에 대해 갖고 있는 생각을 싫어하는 것이다. 자고로 생각이란 바뀌게 마련이다.

자신의 가장 큰 단점이 무엇이라고 생각하는가? 항상 서로를 비판하는 가정에서 자랐는가? 학교에서 선생님이 당신에게 비판적이었는가? 처음 종교 교육을 받을 때 당신의 있는 모습 그대로는 '부족하다'고 배웠는가? 그래서 우리는 있는 모습 그대로 사랑받거나 인정받지 못하는 '납득할 만한' 이유를 찾으려고 애쓴다.

패션계의 마른 몸매에 대한 과도한 집착 때문에 많은 여성들이 '나는 예쁘지도 않고 아무짝에도 쓸모가 없어.'라고 생각하며 자신의 몸에 초점을 두고 자기 혐오에 빠진다. 그들은 "내가 날씬했다면 사람들이 나를 사랑할 텐데."라고 말한다. 그러나 날씬해진다고 모든 문제가 해결되는 것은 아니다.

외부에서부터 문제가 해결되는 경우는 없다. 자신을 인정하고 받아들여야만 문제가 해결된다.

관절염은 쉬지 않고 비난하는 습관에서 비롯된다. 우선 자신에 대한 비판에서 시작해서 다른 사람들까지 비판하게 된다. 관절염 환자들은 많은 비판을 듣는데, 모두 비판하는 자신의 습관에서 비롯된 것이다. 그들은 '완벽주의자'가 되려고 애쓰며 모든 일에 항상 완벽하려고 한다.

당신이 알고 있는 사람 중에서 '완벽한' 사람이 한 명이라도 있는가? 나는 그런 사람을 알지 못한다. 왜 우리는 '수퍼맨'이나 '수퍼우먼'이 되어야 한다고 자신을 닦달하면서도 다른 사람들에게서 인정받지 못하는가? 완벽해지려고 애쓰는 행위는 자신이 '부족하다'고 느끼기 때문이며, 이는 마음에 큰 부담으로 작용한다.

천식을 '질식 애(愛)'로 부르기도 한다. 천식에는 자신이 숨 쉴 자격이 없다고 믿는 생각이 깔려 있다. 천식에 걸린 어린이는 종종 '지나치게 발달한 양심'을 갖고 있다. 그들은 주위에서 일어난 잘못에도 죄책감을 느낀다. 그들은 자신이 '가치 없는 존재'라고 생각하기 때문에 죄책감을 느끼고 스스로를 처벌하려고 하는 것이다.

환경이 좋은 곳으로 이사를 가면 천식이 낫기도 한다. 특히나 가족과 떨어져서 살게 되면 효과가 증대된다.

보통 천식에 걸린 아이들은 병을 '이기고 성장한다.' 그들은 학교에 다니고, 결혼하고, 언젠가는 부모님을 떠나서 살게 되며 천식은 사라진다. 그러나 이렇게 잘 지내다가도 갑자기 어떤 일을 계기로 해서 옛 추억이 되살아나면 다시 천식에 걸리게 된다. 어른이 되어 천식이 재발했다는 것은 현재의 상황이 아닌 과거 어린 시절에 집착하고 있다는 증거이다.

화상을 입거나 칼에 베이거나 열이 생기고 따갑거나 각종 '염증'이 생기는 경우는 모두 몸속에 쌓인 화가 밖으로 표출되는 징후다. 아무리 누르려고 해도 분노는 어떻게든 자신을 표출할 방법을 찾게 마련이다. 쌓인 화는 반드시 풀어야 한다. 우리는 화내는 것을 두려워하지만, 사실 무언가를 파괴하지 않고 단순히 "나는 이래서 화가 났어."라고 말하기만 하면 화는 사라진다. 하지만 회사의 상관에게 이렇게 말할 수는 없는 노릇이다. 대신 침대를 두드리거나 차 안에서 소리를 지르거나 테니스를 칠 수는 있다. 이렇게 하면 아무런 해도 끼치지 않고 분노를 없앨 수 있다.

신앙심이 깊은 사람들은 화를 내서는 '안 된다'고 생각하는 경우가 많다. 우리가 더 이상 누구도 비난하지 않는 경지에 이르기 위해서 노력하고 있는 것은 사실이지만, 그렇게 되기 전까지는 자신의 감정을 솔직히 인정하는 것이 더 건강에 좋다.

암은 오랫동안 눌러 왔던 분노의 감정이 몸 전체를 갉아먹어서 생기는 병이다. 어린 시절에 믿음이 깨지는 일을 겪으면 평생 이 경험을 잊지 못하고, 자신을 동정하며 사람들과 오랜 기간 동안 의미 있는 관계를 지속하지 못한다. 그래서 인생이 마치 실망의 연속인 것처럼 보인다. 희망이 없고 무기력하고 상실감이 계속되다 보면 모든 문제를 놓고 남에게 책임을 전가하기 쉽다. 암 환자들은 자신에 대해서도 매우 비판적이다. 내가 보기에는 사랑하는 법과 자신을 받아들이는 법을 배우는 것이 암을 치유하는 데 가장 중요하다.

과체중은 보호하려는 성향을 나타낸다. 우리는 상처와 비난과 학대와 성적 발달, 때로는 인생에 대한 두려움으로부터 보호받고 싶어 한다. 당신은 이 중에서 어느 것으로부터 보호받고 싶은가?

나는 덩치가 큰 편이 아니지만 불안감을 느낄 때 체중이 는다는 사실을 그간의 경험으로 잘 알고 있다. 불안감이 사라지면 몸무게는 다시 예전 상태로 돌아간다.

지방을 없애려고 고군분투하는 것은 시간과 에너지 낭비다. 다이어트는 아무런 효과가 없다. 다이어트를 멈추는 순간 체중이 다시 불어난다. 자신을 사랑하고 받아들이며, 자신의 정신력을 알고 인생의 과정을 신뢰하며 안정감을 느끼는 것이 내가 아는 최고의 다이어트법이다. 부정적인 생각을 다이어트로 줄여라. 그러면 몸무게는 저절로 줄어들 것이다.

너무도 많은 부모들이 아기의 입속에 음식을 마구 집어넣는다. 이 아기들은 자라서 문제가 생길 때마다 냉장고 앞에 서서 "뭐가 먹고 싶은지 잘 모르겠네."라고 중얼거린다.

어떤 형태로든 통증은 죄책감의 징후라는 것이 나의 생각이다. 죄책감은 처벌을 바라고, 처벌은 고통은 만들어 낸다. 만성적인 고통은 너무 깊이 묻어 놓아서 눈에 잘 띄지도 않는 만성적인 죄책감에서 비롯된다.

죄책감은 완전히 쓸모없는 감정이다. 사람을 기분 좋게 만들지도 않고, 상황을 바꾸지도 못한다.

당신의 '처벌 기한'은 이제 끝났으니 감옥에서 나가라. 용서는 단지 포기하고 놓아 버리면 되는 것이다.

뇌졸중은 피가 뭉쳐서 생긴다. 뇌에 응혈이 생기면 뇌로 향하는 피의 흐름이 막힌다.

뇌는 우리 몸의 컴퓨터이고, 피는 기쁨과 같다. 혈관과 동맥은 기쁨을 전달하는 통로이다. 모든 일은 사랑의 법칙과 작용에 따라서 처리된다. 우주의 지혜는 사랑으로 가득하다. 사랑과 기쁨을 느끼지 않고서 몸이 제대로 기능할 것이라고 기대하는 것은 불가능하다. 부정적인 생각은 뇌를 꽉 막아서 사랑과 기쁨이 자유롭게 흐르지 못하게 한다.

웃음은 자유롭고 제멋대로 굴 수 있을 때 넘쳐난다. 사랑과 기쁨도 이와 마찬가지다. 인생은 우리가 그렇게 만들지 않는 이상 절대로 잔인하지 않다. 사람은 조그만 불행도 큰 재앙처럼 느낄 수 있고, 엄청난 재앙에서도 기쁨을 발견할 수 있다. 당신이 선택하기에 달린 일이다.

때때로 우리는 최선의 방법이 아닌데도 불구하고 특정한 방향으로 인생을 몰아간다. 때때로 우리는 자신을 완전히 다른 방향으로 몰고 가거나 자신의 인생 방식을 재평가하기 위해서 스스로를 몰아세우다가 뇌졸중에 걸리기도 한다.

<u>몸의 경직</u>은 머릿속이 굳었다는 뜻이다. 두려움 때문에 옛 습관에서 벗어나지 못하고 유연하게 사고하지 못한다. 어떤 일을 하는 데 '오직 한 가지 방법'만 있다고 생각하면 몸과 머리가 뻣뻣해진다. 항상 새로운 방법을 찾아야 한다. 버지니아 새티어가 발견한 설거지 방법이 250가지가 넘는다는 사실을 기억하라.

몸의 어느 부분이 뻣뻣해지는지 살펴본 다음, 내가 쓴 정신적인 유형에서 찾아보라. 그러면 당신이 어느 부분에서 정신적으로 뻣뻣하고 완고한지를 알 수 있을 것이다.

<u>수술</u>은 뼈가 부러졌을 때나 갑작스러운 사고를 당했을 때, 아니면 스스로 고칠 수 있는 단계를 넘어섰을 때 하면 효과가 있다. 이런 상황에서라면 수술을 한 다음 정신적인 치유 훈련을 하면서 사고가 재발하지 않도록 하는 것이 더 쉽다.

날마다 다른 사람을 돕고 싶어서 헌신적으로 의료업에 뛰어드는 멋진 사람들이 생긴다. 통합적 치유에 관심을 가지는 의사가 늘어나고 있다. 그러나 여전히 많은 의사들이 병의 원인을 연구하기보다는 단순히 결과로서 드러난 증상만을 치료한다.

의사들의 치료법은 대체로 마취를 하고 절단하는 식이다. 외과의사는 상처 부위를 절단하는 것이 전문이므로 환자가 찾아오면 대체로 절단하라고 권유한다. 수술은 의사가 하는 것이지만, 수술이 잘 진행되도록 준비하는 것은 당신 몫이다. 그래야 빨리 회복할 수 있다.

의사와 간호사에게 수술에 잘 대비할 수 있도록 도와달라고 부탁하라. 수술실에 있는 의사와 간호사들은 종종 환자가 비록 의식은 없더라도 여전히 들을 수 있으며, 수술실에서 들은 내용을 잠재의식에 저장한다는 사실을 간과한다.

나는 한 뉴에이지 지도자가 수술 시에 했던 행동을 기억한다. 그녀는 급히 수술을 하게 되었는데, 수술실에 들어가기 직전에 의사와 마취사에게 수술실에 조용한 음악을 틀고 수술이 진행되는 동안 긍정적인 말만 해 달라고 부탁했다. 회복실에서도 간호사에게 똑같이 부탁했다. 수술은 잘 끝났으며 그녀는 빨리, 편안하게 회복되었다.

나는 나를 찾아온 고객에게 항상 이렇게 말하도록 제안한다. "병원에 있는 동안 나에게 닿는 손길은 모두 치유와 사랑의 힘을 지니고 있다.", "수술이 빨리, 쉽게, 완벽하게 끝날 것이다.", "나는 언제나 편안하다."

수술이 끝나면 조용하고 즐거운 노래를 가능한 한 많이 들어라. 그리고 자신에게 "나는 빨리, 편안하게, 완벽하게 회복되고 있어."라고 말하라.

가능하다면 긍정적인 어구만을 테이프에 녹음하라. 병원에 녹음기를 갖고 가서 회복기 동안 그 테이프를 반복해서 틀어라. 고통 말고 자신의 기분이 어떠한지를 느껴 보라. 사랑이 자신의 심장에서 넘쳐흘러 팔을 통해서 손으로 전달된다고 상상하라. 손을 상처 부위에 얹고 "사랑해. 내가 잘 낫게 도와줄게."라고 말하라.

몸이 붓는 것은 감정적인 사고가 막혀서 정체된 것이다. 우리는 '상처받을' 상황을 만들어 내고 가슴 아픈 기억에 매달린다. 몸이 붓는 현상은 눈물이 꽉 차 있거나, 어딘가 갇혀 있는 느낌이 들거나, 자신이 가진 한계 때문에 다른 사람을 비난하려는 감정 상태 때문에 생긴다.

과거를 잊어라. 그냥 흘러가게 두라. 자신의 힘을 되찾아라. 더 이상 당신이 원하지도 않는 것에 매달려 살지 마라. 당신이 '원하는' 상황을 만들도록 머리를 써라. 인생의 흐름에 자신을 내맡겨라.

종양은 성장이 잘못되어 생긴다. 진주조개는 작은 모래알 하나가 몸에 들어오면 자신을 보호하기 위해서 단단하고 빛나는 껍데기를 키운다. 우리는 그것을 진주라고 부르며 아름답게 여긴다.

우리는 오랜 상처를 들추어서 계속 딱지를 떼면서 종양을 키운다. 나는 이런 현상을 '추억의 영화 재방송'이라고 부른다. 나는 여성들이 자궁에 종양이 많이 생기는 이유가 여성성에 일격을 가하는 감정적인 상처를 계속 키워 왔기 때문이라고 생각한다. 나는 이를 '그 남자가 나에게 잘못한 거야 증후군'이라고 부른다.

관계가 끊어졌다고 해서 우리에게 문제가 있다거나 자신의 가치가 떨어지는 것은 결코 아니다.

중요한 것은, 무슨 일이 일어났는가가 아니라 우리가 그 일에 어떻게 반응하느냐 하는 것이다. 우리는 자신이 하는 모든 경험에 책임이 있다. 자신에 대한 생각 중에서 사랑이 담긴 행위를 더 많이 끌어내기 위해서 바꾸고 싶은 생각은 무엇인가?

내가 살아가는 끝없는 삶의 가운데에서.

모든 것은 완벽하고, 온전하며, 완전하다.

나는 내 몸을 친한 친구처럼 여긴다.

몸의 각 세포는 신의 지혜를 갖고 있다.

나는 그 지혜의 목소리를 듣고, 그 값진 충고를 받아들인다.

나는 항상 안전하고, 신이 나를 보호해 주며 이끌어 준다.

나는 건강하고 자유롭다.

나의 세상에서는 모든 일이 순조롭다.

제 15 장

병과 목록

"나는 건강하고, 몸 전체가 온전하다."

나의 또 다른 책 《당신의 몸을 치유하라》에서 발췌한 병과 목록을 보고 당신이 앓았던 병이나 지금 앓고 있는 병과 목록에 나와 있는 원인과의 상관관계가 있는지 찾아보라. 당신이 신체적으로 문제가 있을 때마다 다음의 4단계를 반복하라.

1. 정신적인 요인을 찾아서 본인의 상황과 맞는지 비교한다. 본인의 상황과 맞지 않으면 조용히 앉아서 자신에게 묻는다. "내가 가진 생각 중에 어떤 생각이 이런 상황을 초래했을까?"
2. 자신에게 반복해서 말하라. "나의 의식 속에서 이런 상황을 초래한 생각의 패턴을 버리고 싶어."
3. 새로운 생각을 자신에게 여러 번 반복해서 말하라.
4. 자신이 이미 치유되고 있다고 생각하라.

❖ 목록에 관하여 ❖

이 목록을 마지막으로 크게 손본 것이 1988년이었다. 아직도 가장 최근에 생긴 병명, 예를 들어 섬유조직염(또는 섬유근염)의 정신적인 유형에 관해서 알려 달라는 부탁 편지를 받는데, 나는 더 이상의 유형을 목록에 추가할 이유가 없다고 본다.

나는 오직 두 가지 정신적인 유형만이 병을 일으키는 원인이 된다고 생각한다. 바로 두려움과 분노다. 분노는 참을성이 없고, 짜증을 내고, 좌절하고, 비판하고, 적개심을 보이고, 질투하는 상태로 나타나기도 한다. 이 모든 생각이 바로 몸에 독을 만들어 낸다. 마음의 짐을 놓아 버리면 모든 신체 조직이 정상적으로 작동하기 시작한다. 두려움은 긴장하고, 불안해하고, 걱정하고, 의심하고, 안정을 느끼지 못하고 자신이 가치 없다고 느끼는 등의 형태로 나타난다. 혹시 이 가운데 당신이 느끼는 감정이 있는가? 자신을 치유하기 위해서 이런 두려움을 믿음으로 바꾸는 방법을 배워야만 한다.

무엇을 믿어야 하는가? 인생을 믿어야 한다. 나는 우리가 '긍정적인' 우주에서 살고 있다고 생각한다. 우리가 어떤 생각을 하든지, 우주는 항상 우리에게 긍정적인 답변을 준다. 만약 우리가 가난해질 거라고 생각하면 우주는 긍정적인 답변을 내린다. 우리가 부자가 될 거라고 생각하면 우주는 역시 긍정적인 답변을 해 준다. 그러므로 우리는 건강해질 거라고 확신을 가져야 한다. 그러면 우주가 역시 긍정적인 답변으로 우리를 지지해 줄 것이다. '긍정적인' 사람이 되라. 자신이 '긍정적인' 세계에 살고 있다는 사실을 인식하라. 우주가 우리에게 '긍정적인' 답변을 한다는 사실을 명심하라.

만약 당신이 지금 앓고 있는 병이 이 책에 있는 목록에 나와 있지 않다면 스스로 원인을 찾아서 치유해 보라. 자신에게 다음과 같이 물어라. 두려움 때문일까, 아니면 분노 때문일까? 발병 원인이 된 부정적인 생각을 버리고 싶은가? 부정적인 생각이 있는 공간을 긍정적인 확신의 말로 대신 채우고 싶은가? 자신을 사랑하면 몸의 병을 치료하는 데 엄청나게 많은 도움이 된다. 사랑은 치유하는 능력이 있기 때문이다.

그러면 어떻게 해야 자신을 사랑할 수 있을까? 우선해야 할 가장 중요한 일은 바로 이것이다. 자신과 다른 사람에 대한 비난을 그만두라. 자신을 있는 모습 그대로 받아들여라. 가능한 한 많이 자신을 칭찬하라. 비난은 내면의 영혼을 파괴한다. 반면에 칭찬은 영혼을 바로 세워 준다. 자주 거울을 보면서 "널 사랑해. 진심으로 너를 사랑해."라고 말하라. 처음에는 쑥스럽고 어색하겠지만 계속 연습을 하다 보면 진심으로 자신을 사랑하게 될 것이다. 자신을 최대한으로 사랑하라. 그러면 인생의 모든 부분에서 이 사랑이 당신에게 보답할 것이다.

사족을 붙이자면, 섬유조직염은 스트레스로 인해 극도로 긴장한 상태로, 두려움이 그 원인이다.

— 루이스 L. 헤이

(* 나의 책《나는 할 수 있어 I Can Do It》를 보면 참고할 만한 자기 긍정이 엄청나게 많다.)

문제	생각할 수 있는 원인	새로운 사고 패턴
가려움증	성미에 맞지 않는 욕구. 불만족감. 후회. 벗어나거나 도망가고 싶어서 근질거림.	현재의 나의 상태는 평화롭다. 나는 나의 장점을 받아들인다. 살아가는 동안 내가 필요로 하고, 원하는 것이 다 이루어질 것을 안다.
가벼운 발작 참조 : 간질	※ 목록이 비어 있는 부분은 참조 항목을 찾아가 보기 바람.	
가슴앓이 참조 : 소화성 궤양, 위궤양	두려움. 두려움. 두려움. 두려움을 붙잡고 있음.	나는 자유롭고 충분히 숨을 쉰다. 나는 안전하다. 나는 삶의 과정을 신뢰한다.
각막염 참조 : 눈 질환	극도의 분노. 눈에 보이는 것을 치고 싶은 욕구.	나의 마음속에서 사랑이 넘쳐 나와 내가 보는 모든 것을 치유해 준다. 나는 평화롭다. 나의 세상에서는 모든 것이 완벽하다.
간	분노와 원초적인 감정.	나는 사랑과 평화와 기쁨을 안다.
간 질환 참조 : 간염, 황달	만성적인 불평. 흠잡는 행위를 정당화하기 위해 자신을 속임. 기분이 나쁨.	나는 마음을 열고 살아간다. 나는 사랑을 찾으며, 사랑은 어느 곳에나 있다.
간염 참조 : 간 질환	변화에 대한 저항. 두려움. 분노, 증오. 간은 분노와 격노의 자리이다.	나의 마음은 깨끗하고 자유롭다. 나는 과거를 떠나 새로운 것을 향해 나아간다. 모든 것은 좋다.
간질	학대의 감정. 삶의 거부. 큰 투쟁의 느낌. 자기 폭력.	나는 삶을 영원하고 즐거운 것으로 보기를 선택한다. 나는 영원하고 즐겁고 평화롭다.
감각 이상 참조 : 무감각		
감기(위쪽 호흡기 장애) 참조 : 호흡 부족	동시에 너무 많은 것을 진행한다. 정신적인 혼란과 무질서. 작은 상처들. '나는 겨울마다 세 번씩 감기에 걸리는.' 신념의 유형.	나는 내 마음이 긴장을 풀고 평화로울 것을 허락한다. 명쾌함과 조화가 내 안에 있고 주변에 있다. 모든 것이 좋다.
감염 참조 : 바이러스 감염	짜증, 분노.	나는 평화롭고 조화롭다.

문제	생각할 수 있는 원인	새로운 사고 패턴
갑상선 참조 : 갑상선종, 갑상선 항진증, 갑상선 저하	모욕. "나는 원하는 대로 하는 적이 없어. 언제쯤 내가 원하는 대로 하게 될까?"	나는 과거의 제약에서 벗어나 자유롭고 창조적으로 자신을 표현한다.
갑상선 저하 참조 : 갑상선	포기. 가망이 없다고 느낌.	나를 전적으로 지지하는 새로운 규칙에 따라 새로운 인생을 만들어 간다.
갑상선 항진 참조 : 갑상선	혼자 남겨진 것에 대한 분노.	나는 삶의 중심에 서 있고, 나의 있는 모습 그대로, 내가 보는 그대로를 받아들인다.
갑상선종 참조 : 갑상선	상처 입은 것에 대한 증오. 희생자. 삶에서 좌절당했다고 느낌. 이루어지지 않음.	나는 내 삶에서의 힘과 권위이다. 나는 나로 존재하는 것이 자유롭다.
건각결막염	화난 시선. 사랑으로 보기를 거부. 용서하기보다 죽는 게 낫다고 생각. 앙심을 품음.	나는 기꺼이 용서한다. 나는 나의 시각으로 삶을 숨 쉬고 동정과 이해로 바라본다.
건망증	두려움. 삶으로부터 도피. 자신을 변호할 수 없음.	지성, 용기, 자기 가치는 언제나 존재한다. 살아 있는 것은 안전하다.
건선 참조 : 피부병	상처받는 것에 대한 두려움. 자신에 대한 의식을 마비시킴. 자신의 감정에 대한 책임감을 받아들이기를 거부함.	나는 살아가는 것이 기쁘다. 나는 인생의 최고를 받을 자격이 있고, 이를 받아들인다. 나는 나를 사랑하고 용납한다.
건초열 참조 : 알레르기		감정의 혼잡. 일정에 대한 두려움. 박해받는다는 믿음. 죄책감.
결막염 참조 : 유행성 결막염	당신이 삶에서 바라보는 것들에 대한 분노와 좌절.	나는 사랑의 눈으로 본다. 조화로운 해결책이 있고, 나는 그것을 지금 받아들인다.
결장	버리는 것에 대한 두려움. 과거를 붙잡고 있음.	나는 쉽게 내가 더 이상 필요로 하지 않는 것을 버린다. 과거는 지나갔고 나는 자유롭다.

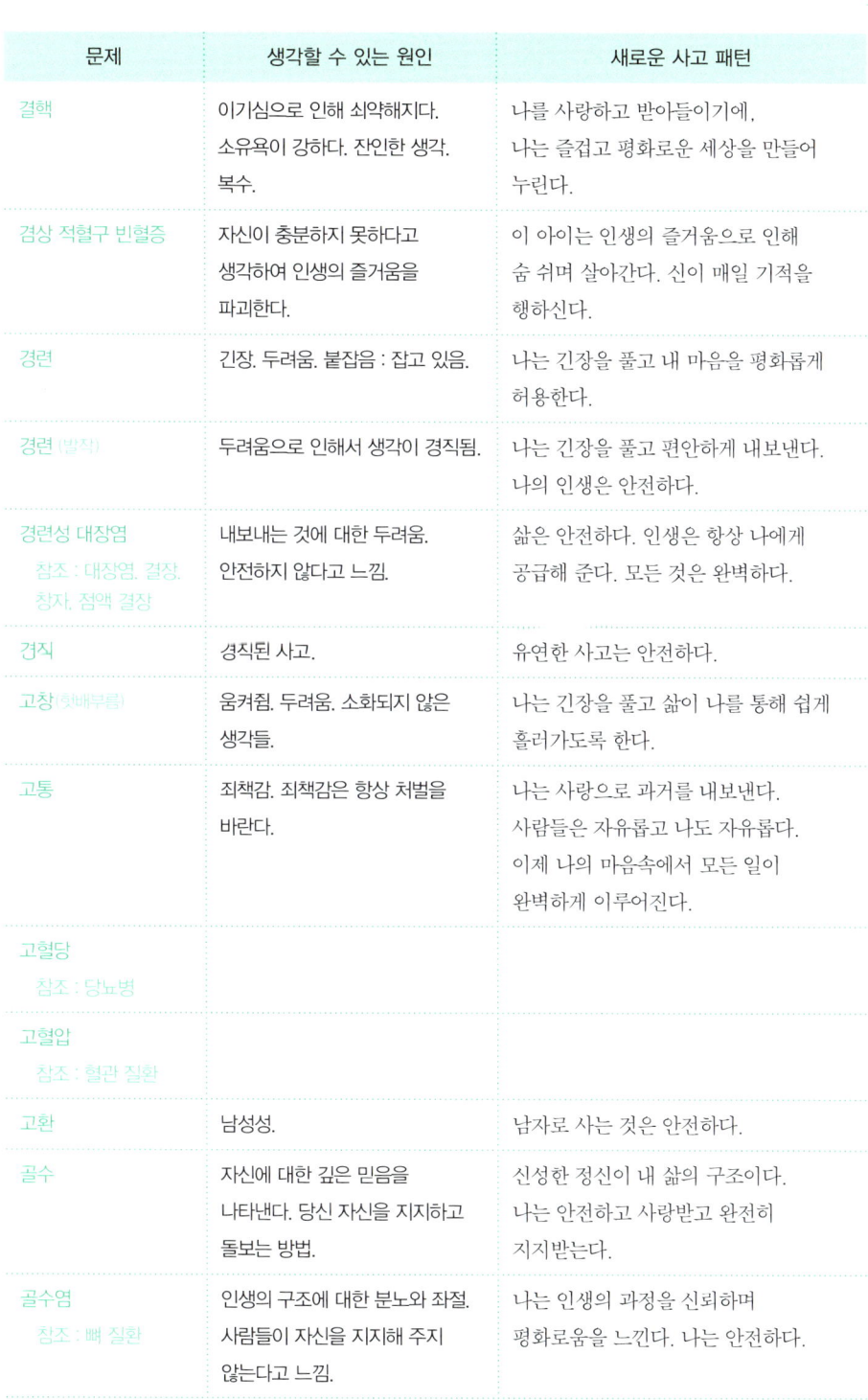

문제	생각할 수 있는 원인	새로운 사고 패턴
결핵	이기심으로 인해 쇠약해지다. 소유욕이 강하다. 잔인한 생각. 복수.	나를 사랑하고 받아들이기에, 나는 즐겁고 평화로운 세상을 만들어 누린다.
겸상 적혈구 빈혈증	자신이 충분하지 못하다고 생각하여 인생의 즐거움을 파괴한다.	이 아이는 인생의 즐거움으로 인해 숨 쉬며 살아간다. 신이 매일 기적을 행하신다.
경련	긴장. 두려움. 붙잡음 : 잡고 있음.	나는 긴장을 풀고 내 마음을 평화롭게 허용한다.
경련 (발작)	두려움으로 인해서 생각이 경직됨.	나는 긴장을 풀고 편안하게 내보낸다. 나의 인생은 안전하다.
경련성 대장염 참조 : 대장염, 결장, 창자, 점액 결장	내보내는 것에 대한 두려움. 안전하지 않다고 느낌.	삶은 안전하다. 인생은 항상 나에게 공급해 준다. 모든 것은 완벽하다.
견직	경직된 사고.	유연한 사고는 안전하다.
고창 (헛배부름)	움켜쥠. 두려움. 소화되지 않은 생각들.	나는 긴장을 풀고 삶이 나를 통해 쉽게 흘러가도록 한다.
고통	죄책감. 죄책감은 항상 처벌을 바란다.	나는 사랑으로 과거를 내보낸다. 사람들은 자유롭고 나도 자유롭다. 이제 나의 마음속에서 모든 일이 완벽하게 이루어진다.
고혈당 참조 : 당뇨병		
고혈압 참조 : 혈관 질환		
고환	남성성.	남자로 사는 것은 안전하다.
골수	자신에 대한 깊은 믿음을 나타낸다. 당신 자신을 지지하고 돌보는 방법.	신성한 정신이 내 삶의 구조이다. 나는 안전하고 사랑받고 완전히 지지받는다.
골수염 참조 : 뼈 질환	인생의 구조에 대한 분노와 좌절. 사람들이 자신을 지지해 주지 않는다고 느낌.	나는 인생의 과정을 신뢰하며 평화로움을 느낀다. 나는 안전하다.

문제	생각할 수 있는 원인	새로운 사고 패턴
골절 참조: 뼈 질환		
곰팡이 감염 참조: 칸디다균, 아구창	자신의 욕구를 부인함. 자신을 지지하지 않음.	이제 사랑과 즐거움을 담아 나를 지지한다.
공동 문제(정맥두염)	어떤 사람에 대한 짜증.	항상 나의 안팎에 평화와 조화가 가득하다. 모든 것은 완벽하다.
과잉행동장애	두려움. 압박받고 흥분된 감정.	나는 안전하다. 모든 압박은 해소된다. 나는 충분히 좋게 존재한다.
과체중	두려움, 보호의 필요. 감정으로부터의 도피. 불안감, 자기 거부, 성취감을 느끼고 싶어 함.	나는 내가 느끼는 감정에 있어서 평화를 느낀다. 현재 내가 서 있는 위치에서 안전하다. 나는 스스로에게 안전한 환경을 제공한다. 나는 나를 사랑하며 있는 모습 그대로 받아들인다.
과호흡증후군 참조: 질식, 호흡 곤란	두려움. 변화에 대한 저항. 과정을 신뢰하지 않음.	나는 우주의 어느 곳에서나 안전하다. 나는 나를 사랑하며 인생의 과정을 신뢰한다.
관상 동맥 혈전증 참조: 심장 마비	혼자라고 느끼고 무서워함. "난 충분히 좋지 못해. 나는 충분히 하지 못했어. 난 성공하지 못할 거야."	나는 나의 삶 전부에 참여한다. 우주는 완전히 나를 지지한다. 모든 것이 좋다.
관절 참조: 관절염, 팔꿈치, 무릎, 어깨	인생의 방향에 변화가 생겼다는 사실과 이동의 순조로움을 나타낸다.	나는 편안한 마음으로 변화의 흐름에 몸을 맡긴다. 신이 나의 인생을 이끌어주며, 나는 항상 나에게 주어진 최선의 길로 나아간다.
관절염 참조: 관절	사랑받지 못한다고 느낌. 비판, 적의.	나는 사랑이다. 나는 이제 나 자신을 사랑하고 인정하기를 선택한다. 나는 다른 사람들을 사랑으로 바라본다.
광견병	분노. 폭력이 해답이라는 생각.	나는 안팎으로 평화로 둘러싸여 있다.
광기(심리적 질환)	가족으로부터 달아남. 탈출, 후퇴. 인생으로부터 과격하게 격리.	머릿속으로 진정한 자아를 인식하고 신에게 부여받은 자신을 창조적으로 표현할 수 있는 능력을 인정한다.

문제	생각할 수 있는 원인	새로운 사고 패턴
구강 궤양	의견을 내세움. 닫힌 생각. 새로운 생각을 받아들이지 못함.	나는 새로운 생각을 받아들이고 잘 소화시킨다.
구강 칸디다증 참조 : 칸디다균, 입. 곰팡이 감염	잘못된 결정을 내려서 화가 남.	나는 사랑을 갖고 내 결정을 받아들이며 자유롭게 변화한다. 나는 안전하다.
구루병	감정적인 영양 결핍. 사랑과 안전감이 부족함.	나는 안전하고 우주 자체의 사랑으로 성장한다.
구취 참조 : 입 냄새	형편없는 태도, 불쾌한 가십, 더러운 생각.	나는 부드러움과 사랑으로 말한다. 나는 좋은 것만을 내뿜는다.
구토	생각에 대한 격렬한 거부. 새로운 것에 대한 두려움.	나는 안전하고 즐겁게 삶을 소화한다. 나에게는 좋은 일만 생긴다.
궤양 참조 : 가슴앓이, 소화성 궤양, 위 질환	두려움. 자신이 부족하다는 강한 믿음. 무엇이 당신을 괴롭히는가?	나는 자신을 사랑하며 받아들인다. 나는 평화롭다. 나는 차분하다. 모든 일이 잘된다.
귀	듣는 능력을 나타낸다.	나는 사랑으로 듣는다.
귀가 들리지 않음	거부, 완고함, 고립. 듣는 게 어때? "건드리지 마."	나는 신의 목소리에 귀 기울이고 내가 들을 수 있는 모든 것에 기뻐한다. 나는 모든 것을 가진 사람이다.
귀앓이 (이염 : 외이/중이/내이)	분노. 듣고 싶어 하지 않음. 너무 많은 혼란. 언쟁하는 부모.	조화가 나를 둘러싸고 있다. 나는 사랑으로 즐거운 것들과 좋은 것들을 듣는다. 나는 사랑의 중심이다.
균상종	침체된 믿음. 과거를 놓기를 거부. 과거의 법칙을 오늘에 적용.	나는 현재의 시점에서 즐겁고 자유롭게 산다.
근관 참조 : 치아	어떤 것도 더 이상 물고 늘어질 수 없다. 근관이 되는 믿음이 파괴된다.	나는 나 자신과 인생에 대한 튼튼한 기초를 세운다. 나는 자신을 즐겁게 지지해 주는 생각을 한다.
근시 참조 : 안과 질환	미래에 대한 두려움. 미래를 신뢰하지 않음.	나는 인생의 과정을 신뢰한다. 나는 안전하다.
근위축성 측삭 경화증 (루게릭 병)	자기 가치를 수용하려 하지 않음. 성공의 부정.	나는 내가 훌륭하다는 것을 안다. 내가 성공하는 것은 안전하다. 삶이 나를 사랑한다.

문제	생각할 수 있는 원인	새로운 사고 패턴
근위축증	"성장할 필요가 없다."	나는 부모님의 한계를 뛰어넘는다. 나는 내가 할 수 있는 한 다한다.
근육	새로운 경험에 대한 저항. 근육은 인생에서 움직일 수 있는 능력을 나타낸다.	인생의 경험은 마치 즐거운 춤과 같다.
기관지염 참조 : 호흡기 질병	과열된 가족 환경. 언쟁과 고함치기. 때때로 고요함.	나는 내 안과 내 주변의 평화와 조화로움을 선언한다. 모든 것이 좋다.
기면 발작	대처할 능력이 없다. 극도의 두려움. 도망가고 싶은 욕구. 이곳에 있고 싶어 하지 않음.	나는 신의 지혜를 의지하고 항상 신이 나를 보호해 준다는 사실을 믿는다. 나는 안전하다.
기생충	다른 사람에게 힘을 넘김. 다른 사람들이 알아서 하게 내버려 둠.	나는 사랑으로 나의 힘을 되찾으며 모든 간섭을 없앤다.
기절 참조 : 졸도		
기종	삶을 수용하는 것의 두려움. 살아 있는 의미가 없음.	충만하고 자유롭게 사는 것은 나의 타고난 권리이다. 나는 삶을 사랑한다. 나는 나를 사랑한다.
기침 참조 : 호흡기 질병	세상을 향해 고함치고 싶은 욕망. "나를 봐! 내 말을 들어!"	나는 가장 긍정적인 방식으로 인식하고 평가한다. 나는 사랑받는다.
꼭지가 검어진 여드름	분노의 작은 폭발.	나는 나의 생각을 가라앉히고 고요하다.
난소	창조가 일어나는 곳을 나타낸다. 창조성.	나는 창조적인 흐름 가운데 균형 잡힌 삶을 살고 있다.
낭포	오래된 고통스러운 영화를 상영함. 상처를 돌봄. 잘못된 성장.	내 마음의 영화는 내가 그렇게 만들기로 했기 때문에 아름답다. 나는 나를 사랑한다.
낭포성섬유증	자신을 위해 삶이 작용하지 않는다는 강한 믿음. "난 불쌍해."	삶은 나를 사랑하고 나는 삶을 사랑한다. 나는 이제 충만하고 자유롭게 삶을 수용하기를 선택한다.

문제	생각할 수 있는 원인	새로운 사고 패턴
노망 참조 : 알츠하이머 병	어린 시절의 안전했던 환경으로 돌아가려 함. 보살핌과 관심을 받고 싶어 함. 주위 사람들의 통제. 현실 도피.	신의 보호. 안전. 평화. 우주의 지혜가 인생의 모든 단계에 작용한다.
노환	사회적인 신념. 낡은 생각. 자기 자신이 되는 것에 대한 두려움. 현재에 대한 거부.	나는 내 나이가 몇 살이든지 간에 항상 나 자신을 사랑하고 받아들인다. 삶의 모든 순간이 완벽하다.
농루증(편도주위농양)	자신을 대변할 수 없고, 자신이 원하는 바를 요구할 수 없다는 강한 믿음.	나는 태어날 때부터 욕구를 충족할 수 있는 권리를 타고났다. 이제 사랑과 편안함으로 내가 원하는 것을 요구하겠다.
뇌	컴퓨터와 전기실을 나타낸다.	나는 내 마음을 사랑하는 조정자이다.
– 종양	잘못 계산된 믿음. 완고함. 오래된 방식을 바꾸기를 거설함.	내 마음의 컴퓨터를 새롭게 프로그램하는 것은 쉽다. 삶의 모든 것은 변화하고 나의 마음은 항상 새롭다.
뇌성 마비 참조 : 마비	사랑의 행동으로 가족이 연합할 필요.	나는 연합하고 사랑하며 평화로운 가정생활에 공헌한다. 모든 것은 좋다.
뇌졸중(뇌혈관 장애)	포기. 저항. "변화하느니 차라리 죽는 게 더 나." 삶의 거부.	인생은 변화하며, 나는 새로운 것에 쉽게 적응한다. 나는 과거와 현재 그리고 미래를 포함한 삶을 받아들인다.
뇌척수염 참조 : 엡스타인바 바이러스		
뇌하수체	통제를 담당하는 곳이다.	나의 몸과 마음은 완벽하게 균형 잡혀 있다. 나는 생각을 제어한다.
뇌혈관 질환 참조 : 뇌졸중		
누관	두려움. 버리는 과정에서의 방해.	나는 안전하다. 나는 삶의 과정에서 완전히 신뢰한다. 삶은 나를 위한 것이다.
눈	과거, 현재, 미래를 명확하게 보는 능력을 나타낸다.	나는 사랑과 기쁨으로 본다.

문제	생각할 수 있는 원인	새로운 사고 패턴
눈 질환 참조 : 다래끼	당신의 삶에서 보는 것들을 좋아하지 않음.	나는 이제 내가 바라보기 좋아하는 삶을 창조한다.
– 각막 백반(외사시)	바로 지금, 현재를 보기를 두려워함.	나는 바로 지금 나 자신을 사랑하고 인정한다.
– 근시 참조 : 근시	미래에 대한 두려움.	나는 신의 인도를 받아들이고 항상 안전하다.
– 교차 참조 : 각막염	밖에서 일어나고 있는 일을 보고 싶어 하지 않음. 엇갈린 목적.	내가 보는 것은 안전하다. 나는 평화롭다.
– 난시	'나'의 문제. 자신을 실제로 보는 것을 두려워함.	나는 이제 기꺼이 나 자신의 아름다움과 기품을 본다.
– 녹내장	냉혹하고 용서하지 않음. 오래 지속되는 상처의 압박. 그 모든 것에 의해 압도됨.	나는 사랑과 관대함으로 바라본다.
– 백내장	기쁨으로 앞을 내다볼 수 없음. 어두운 미래.	삶은 영원하고 기쁨으로 가득하다.
– 어린이	가족 안에서 일어나고 있는 일들을 보고 싶어 하지 않음.	이제 조화와 기쁨과 아름다움과 안전이 이 아이를 둘러싸고 있다.
– 원시	현재에 대한 두려움.	나는 여기에서 지금 안전하다. 나는 그것을 명확히 본다.
다래끼	분노에 찬 눈으로 삶을 바라봄. 누군가에게 화가 남.	나는 사랑과 기쁨으로 모든 사람과 모든 것을 바라본다.
다리	우리를 인생에서 앞으로 나아가게 해 준다.	인생은 나를 위한 것이다.
다리 질병	미래에 대한 두려움. 움직이기 싫어함.	나는 자신감을 갖고 기쁜 마음으로 앞으로 나아간다. '나의 미래는 아무런 문제가 없다'라고 생각한다.
다모증	덮여진 분노. 사용된 담요는 일반적으로 두려움이다. 비난하고 싶은 욕구. 종종 자신을 돌보기를 달가워하지 않는다.	나는 나 자신을 사랑하는 부모이다. 나는 사랑과 인정으로 덮여 있다. 내가 누구인지 보여 주는 것은 안전하다.

문제	생각할 수 있는 원인	새로운 사고 패턴
다발성경화증	정신적으로 굳어 있음. 마음이 굳어 있음. 강한 의지. 유연하지 못함. 두려움.	나는 사랑이 넘치는 즐거운 생각으로 사랑이 넘치는 즐거운 세계를 만들어 낸다. 나는 안전하고 자유롭다.
단순 포진(입술 포진) 참조 : 입가의 발진	다 말하지 못하고 남겨진 쓰디쓴 말.	나는 오직 사랑의 말을 생각하고 말한다. 나는 삶과 함께 평화롭다.
단순 헤르페스 참조 : 입가의 발진, 단순 포진		
단핵증(파이퍼 병, 선열)	사랑과 관심을 받지 못한 것에 대한 분노. 자신을 돌보지 않음.	나는 나를 사랑하고 아끼며 보살핀다. 나는 충분하다.
담석(담석증)	쓰라림. 굳은 생각. 비난. 자존심.	과거를 즐겁게 놓아 보낸다. 삶은 달콤하며 나 또한 그렇다.
담석증 참조 : 담석		
당뇨병 (고혈당, 진성당뇨병)	이전의 가능성에 대한 아쉬움. 조절에의 큰 필요. 깊은 슬픔. 어떤 달콤함도 남아 있지 않음.	이 순간은 기쁨으로 가득하다. 나는 이제 오늘의 달콤함을 경험하기를 선택한다.
대상 포진(수두)	다른 쪽 신발이 떨어지기를 기다림. 두려움과 긴장. 지나치게 예민함.	나는 인생의 과정을 신뢰하므로 편안하며 평화롭다. 나의 세계에서 모든 것은 완벽하다.
대장염 참조 : 결장, 소장, 점액 결장, 경련성 대장염	불안정함. 지나간 것을 버리는 것의 용이함을 나타낸다.	나는 삶의 완벽한 리듬과 흐름의 일부이다. 모든 것은 신의 올바른 질서 안에 있다.
동맥	삶의 기쁨을 유지한다.	나는 기쁨으로 가득하다. 그것은 내 심장의 모든 박동마다 나를 통과해 흐른다.
동맥경화증	저항. 긴장. 굳어진 마음의 좁아짐. 좋은 것을 보는 것을 거부.	나는 완전히 삶과 기쁨에 열려 있다. 나는 사랑으로 보기를 선택한다.
두개골	구조가 무너짐. 뼈는 인생의 구조를 나타낸다.	나는 강하고 건전하다. 나는 구조가 튼튼하다.

문제	생각할 수 있는 원인	새로운 사고 패턴
두드러기 참조 : 발진	작고 숨겨진 두려움. 사소한 것에서 시작된 큰 것.	나는 내 삶의 모든 모퉁이에 평화를 가져온다.
두통 참조 : 편두통	자기 자신을 무효로 함. 자기 비난. 두려움.	나는 나 자신을 사랑하고 인정한다. 나는 나 자신과 내가 한 것을 사랑의 눈으로 본다. 나는 안전하다.
등	삶의 지지를 표현한다.	나는 삶이 언제나 나를 지지한다는 것을 알고 있다.
등 질환		
– 아래쪽	돈을 두려워함. 재정적 지원의 부족.	나는 삶의 과정을 믿는다. 내가 필요로 하는 것은 항상 돌보아지는 것이다. 나는 안전하다.
– 중간	죄책감. 과거의 모든 일들에 사로잡힘. "귀찮게 하지 마."	나는 과거를 놓아 보낸다. 나는 마음속의 사랑을 갖고 앞으로 나아갈 수 있는 자유로운 사람이다.
– 위쪽	감정적 지지의 결핍. 사랑받지 못한다고 느낌. 사랑을 주저함.	나는 나 자신을 사랑하고 인정한다. 삶은 나를 지지하고 사랑한다.
등이 굽었다 참조 : 어깨, 척추가 뒤틀림	인생의 부담을 짊어지고 있다. 무기력하고 희망이 없다.	나는 자유롭게 우뚝 서 있다. 나는 나 자신을 사랑하고 받아들인다. 나의 인생은 날마다 더 좋아진다.
루게릭 병 참조 : 근위축성		
루푸스(홍반성 낭창)	포기. 자신을 두둔하기보다는 죽는 게 더 낫다. 분노와 처벌.	나는 자유롭고 편안한 마음으로 자신을 대변한다. 나는 힘을 갖고 있다. 나는 나 자신을 사랑하며 있는 모습 그대로 받아들인다. 나는 자유롭고 안전하다.
류머티즘	자신이 희생자라고 느낌. 사랑이 부족함. 항상 비꼼. 분노.	나는 나의 경험을 만들어 낸다. 자신과 다른 사람을 사랑하고 받아들이면서 나의 경험도 점점 나아진다.
류머티즘성 관절염	권위에 대한 뿌리 깊은 비판. 이용당하고 있다고 느낌.	나는 자신만의 권위를 갖고 있다. 나는 자신을 사랑하고 받아들인다. 인생은 멋지다.

문제	생각할 수 있는 원인	새로운 사고 패턴
림프 질환	인생의 중요한 부분에 정신을 집중해야 한다고 알리는 경고. 사랑과 기쁨.	나는 사랑과 살아 있다는 사실에 대한 기쁨에 집중한다. 나는 인생의 흐름에 몸을 맡긴다. 나는 평화롭다.
마비	두려움. 공포. 어떤 상황이나 사람으로부터 탈출. 저항.	나는 인생의 모든 부분을 누린다. 나는 모든 상황에 어울린다.
마비 참조 : 벨 마비, 대뇌 마비, 파킨슨 병	생각이 마비되었다. 옴짝달싹 할 수 없다.	나는 자유롭게 생각한다. 나는 편안한 마음으로 즐겁게, 놀라운, 경험을 체험한다.
만성 질환	변화를 거부함. 미래에 대한 불안. 안전하다고 느끼지 못함.	나는 변화하고 성장하고 싶다. 나는 이제 안전하고 새로운 미래를 창조한다.
말더듬	안전하지 않다고 느낌. 자기 표현이 부족함. 소리 지를 수 없음.	나는 자유롭게 자신을 대변할 수 있다. 나는 안전하게 자신을 표현한다. 나는 사랑을 담아서 대화한다.
말라리아	자연과 인생의 균형이 깨짐.	나의 인생은 모든 부분에서 균형이 잡혀 있다. 나는 안전하다.
매독 참조 : 성병	자신의 힘을 내버리기.	나는 본연의 모습을 되찾는다. 나는 있는 모습 그대로 나 자신을 받아들인다.
멀미 참조 : 차멀미, 뱃멀미	두려움. 제어할 수 없어서 두려움.	나는 항상 나의 생각을 제어한다. 나는 안전하다. 나는 나 자신을 사랑하며 있는 모습 그대로 받아들인다.
멍(변상 출혈)	삶의 작은 충돌. 자기 처벌.	나는 나 자신을 사랑하고 소중히 한다. 나는 나에게 친절하고 부드럽다. 모든 것이 좋다.
목 질환	문제의 다른 측면을 보려 하지 않음. 고집이 세고, 유연하지 못함.	유연하고 편안하게 나는 문제의 모든 측면을 본다. 어떤 일을 하고, 어떤 사물을 보는 데는 끝없이 많은 방법이 존재한다. 나는 안전하다.
목(결부)	유연성을 나타낸다. 뒤를 바라볼 수 있는 능력.	나의 인생은 평화롭다.
목구멍	표현의 통로. 창의력의 통로.	나는 마음을 열고 사랑의 기쁨을 노래한다.

문제	생각할 수 있는 원인	새로운 사고 패턴
목구멍 질환 참조 : 목구멍이 따가움.	자신을 대변하지 못함. 분노를 삼킴. 창의력을 억누름. 변화에 대한 거부.	시끄럽게 해도 괜찮다. 나는 자유롭고 즐겁게 자신을 표현한다. 나는 편안한 마음으로 자신을 대변한다. 나는 창의력을 표현한다. 나는 변화하고 싶다.
목구멍에 생긴 혹(히스테리성 구)	두려움. 인생의 과정을 신뢰하지 않음.	나는 안전하다. 나는 인생이 나를 위해 펼쳐질 것을 믿는다. 나는 자유롭고 기쁜 마음으로 자신을 표현한다.
목구멍이 따갑다 참조 : 후두염, 목구멍, 편도선염	화가 담긴 말을 품고 있다. 자신을 표현할 수 없다고 느낀다.	나는 모든 한계를 벗어나 자유롭게 본래의 모습을 유지한다.
몸의 오른쪽	발산하고 내버림. 남성적 에너지. 남자, 아버지.	나는 손쉽게 나의 남성적인 에너지의 균형을 잡는다.
몸의 왼쪽	수용성과 여성적인 에너지. 여성, 어머니를 나타낸다.	나의 여성적인 에너지는 완벽하게 균형 잡혀 있다.
무감각(감각 이상)	사랑과 존중심을 억제함. 정신이 마비됨.	나는 감정과 사랑을 나눈다. 나는 모든 사람에게 사랑으로 반응한다.
무감정	감정에 대한 저항. 자아의 무감각. 두려움.	느끼는 것은 안전하다. 나는 나 자신을 삶에 열어 놓는다. 나는 삶을 기꺼이 경험한다.
무릎 참조 : 관절	자존심을 나타낸다.	나는 유연하고 흐름에 잘 적응한다.
무릎 질환	고집스럽고 자존심이 셈. 굽힐 줄 모름. 두려움. 유연하지 못함. 양보를 하지 않으려 함.	용서. 이해. 공감. 나는 편안한 마음으로 몸을 굽힌다. 모든 일은 완벽하다.
무월경 참조 : 여성 질환, 월경 질환	여자이기를 원하지 않음. 자기 자신을 싫어함.	나는 나 자신에 기뻐한다. 나는 모든 순간 완벽하게 넘쳐흐르는 삶의 아름다운 표현이다.
무좀	받아들여지지 못한 좌절감. 쉽게 앞으로 나아가지 못함.	나는 나 자신을 사랑하고 인정한다. 나는 나 자신에게 앞으로 나아갈 것을 허락한다. 나아가는 것은 안전하다.

문제	생각할 수 있는 원인	새로운 사고 패턴
문둥병	인생을 감당할 수 없음. 오랫동안 자신이 부족하고 깨끗하지 않다고 생각해 옴.	나는 모든 한계를 뛰어넘는다. 신이 나를 이끌고 영감을 불어넣어 준다. 사랑은 모든 인생을 치유해 준다.
물기	공포. 모든 모욕과 무시를 허락함.	나는 나를 용서하고, 나는 이제 그리고 영원토록 나를 사랑한다.
– 동물	분노를 안으로 삭임. 처벌의 필요.	나는 자유롭다.
– 벌레	작은 것에 대한 죄책감.	나는 모든 짜증들로부터 자유롭다. 모든 것이 좋다.
물집	저항. 감정적 보호의 결핍.	나는 삶과 각각의 새로운 경험과 함께 부드럽게 흘러간다. 모든 것이 좋다.
바이러스 감염 참조 : 감염	인생에 있어서 기쁨이 별로 없다. 비꼼.	나는 사랑으로 내 인생에 기쁨이 흘러넘치게 한다. 나는 자신을 사랑한다.
반상 출혈 참조 : 멍		
발	우리 자신, 삶, 다른 사람들에 대한 우리의 이해를 나타낸다.	나의 이해는 명확하고 나는 기꺼이 시간과 함께 변화한다. 나는 안전하다.
발 질환	미래와 삶에서 앞으로 나아가지 않는 것에 대한 두려움.	나는 삶에서 기쁘고 용이하게 앞으로 나아간다.
발가락	미래의 세세한 사항을 나타낸다.	모든 일은 잘 처리된다.
발기 부전	성적인 억압, 긴장, 죄책감. 사회적 신념. 예전의 성관계에 대한 분노. 엄마를 두려워함.	이제 편안하고 기쁜 마음으로 성적 에너지가 넘쳐흐르게 하겠다.
발목	단호한 태도와 죄의식. 발목은 즐거움을 받아들이는 능력을 나타낸다.	나는 삶에서 즐거워할 만하다. 나는 제공되는 모든 즐거운 삶을 받아들인다.
발바닥 사마귀	자신의 이해의 기초에 대한 분노. 미래에 대한 좌절이 퍼짐.	나는 자신감과 편안한 마음을 갖고 앞으로 나아간다. 나는 인생의 과정을 신뢰하며 인생의 흐름에 몸을 맡긴다.
발작	가족, 자신, 인생으로부터 달아남.	나는 우주의 집에 있다. 나는 안전하며 이해 받고 있다.

문제	생각할 수 있는 원인	새로운 사고 패턴
발진 참조 : 두드러기	뒤로 미루어지는 것에 대한 짜증. 주위를 끌기 위한 유치한 방식.	나는 자신을 사랑하고 있는 모습 그대로 받아들인다. 나는 인생의 진행 과정에 있어서 평화롭다.
방광 질환(방광염)	불안. 오래된 생각을 고수함. 놓는 것의 두려움. 피로해짐.	나는 편안하고 쉽게 내 삶에서의 오래된 것들을 놓아 보내고 새로운 것들을 환영한다. 나는 안전하다.
방광염 참조 : 방광 질환		
백대하 참조 : 여성 질환, 생식기 질환	여성이 남성보다 무력하다는 생각. 섹스 파트너에 대한 분노.	내가 모든 경험을 만들어 낸다. 나는 힘이 있다. 나는 나의 여성성을 즐긴다. 나는 자유롭다.
백반	자신이 바깥에 놓여 있다고 느낌. 어느 단체에도 속하지 않는다는 느낌.	나는 인생의 중심에 있고 사랑으로 연결되어 있다.
백혈병	영감을 억누름. "다 무슨 소용이람?"	나는 과거의 제약에서 벗어나 자유로운 현재로 도약한다. 나 자신의 모습을 그대로 간직하는 것은 안전하다.
뱃멀미	두려움. 죽음에 대한 두려움. 통제력 부족.	나는 우주 안에서 완벽하게 안전하다. 나는 어느 곳에서나 평화롭다. 나는 인생을 신뢰한다.
버짐(동전 버짐)	다른 것이 피부 밑에 침투하도록 허락함. 자신이 부족하다고 느끼거나 깨끗하지 않다고 느낌.	나는 나 자신을 사랑하고 받아들인다. 어느 누구도, 어느 장소도, 그 어느 것도 나에게 영향력을 행사할 수 없다. 나는 자유롭다.
베임 참조 : 상처, 부상	당신 자신의 규칙을 따르지 않은 것에 대한 처벌.	나는 보상으로 가득한 삶을 창조한다.
벨 마비(안면신경마비) 참조 : 중풍, 마비	분노에 대한 극도의 조절. 감정을 표현하려 하지 않음.	내가 나의 감정을 표현하는 것은 안전하다. 나는 나 자신을 용서한다.

문제	생각할 수 있는 원인	새로운 사고 패턴
변비	오래된 생각들을 놓아 보내길 거부. 과거에 집착. 때때로 인색함.	내가 과거를 놓아 보냄에 따라 새롭고 신선하고 생기 있는 것들이 들어온다. 나는 삶이 나를 통과하여 흐르는 것을 허용한다.
복부 경련	두려움. 어떤 과정이 멈춘 것.	나는 삶의 과정을 신뢰한다. 나는 안전하다.
복통	정신적 짜증, 조바심, 환경에 대한 분노.	이 아이는 사랑과 사랑스런 생각에만 반응한다. 모든 것이 좋다.
부스럼 참조 : 종창	분노. 노발대발함. 끓어오르는 감정.	나는 사랑과 기쁨을 표현한다. 나는 평화롭다.
부어오름 참조 : 부종, 수종	생각에 갇힘. 고통스러운 생각으로 꽉 막혀 있음.	나의 생각은 자유롭고 편안하게 흐른다. 나는 편안한 마음으로 생각의 사이로 옮겨 다닌다.
부종 참조 : 수종, 혹	당신은 무엇을 또는 누구를 놓아 보낼 수 없는가?	나는 기꺼이 과거를 놓아 보낸다. 버리는 것은 안전하다. 나는 지금 자유롭다.
분비 기관	지위를 유지. 솔선 수범.	나는 나의 세계에서 창조적인 힘이다.
불감증	두려움. 즐거움의 부정. 성행위가 나쁜 것이라는 믿음. 무감각한 동료. 아버지에 대한 두려움.	나의 몸을 즐기는 것은 안전하다. 나는 여성인 것을 기뻐한다.
불면증	두려움. 인생의 과정을 신뢰하지 않음. 죄책감.	나는 사랑으로 하루를 정리하고 평화로운 잠으로 빠져든다. 내일 일은 내일 생각한다.
불안	인생의 흐름과 변화를 믿지 않음.	나는 나 자신을 사랑하고 인정하며 인생의 변화를 신뢰한다. 나는 안전하다.
불임	두려움과 인생의 과정에 대한 저항 또는 부모가 되고 싶어 하지 않는 욕구.	나는 인생의 과정을 신뢰한다. 나는 항상 적절한 장소에서, 적절한 때에, 적절한 일을 하고 있다. 나는 자신을 사랑하며 받아들인다.

문제	생각할 수 있는 원인	새로운 사고 패턴
불치병	외부 수단으로는 치료할 수 없음. 치료를 하기 위해서 내면을 들여다보아야 함. 갑자기 나타나서 갑자기 사라지기도 함.	매일 기적이 일어난다. 이 상황을 만들어 낸 사고방식을 없애기 위해서 내면을 들여다본다. 이제 신의 치유의 손길을 받아들인다. 나는 치유된다!
브라이트 병 참조 : 신염	바르게 일하지 못하고 충분히 좋지 않은 아이처럼 느낌. 실패. 손실.	나는 나 자신을 사랑하고 인정한다. 나는 나를 돌본다. 나는 모든 순간 완전하고 적절하다.
비뇨기 감염(방광염, 신우신염)	열받음. 보통 다른 성별의 사람이나 애인에게 화가 남. 다른 사람을 비난함.	나는 이런 상황을 만들어 낸 사고방식을 버리고 변화하고 싶다. 나는 자신을 사랑하며 받아들인다.
비만 참조 : 과체중	과민. 종종 공포를 표현하고 보호의 필요를 보인다. 공포는 숨겨진 분노와 용서에 대한 저항의 위장일 수 있다.	나는 신의 사랑에 의해 보호된다. 나는 항상 안전하고 위험하지 않다. 나는 기꺼이 성장하고 삶에 책임을 진다. 나는 다른 사람들을 용서하고 이제 내가 원하는 방식으로 내 삶을 창조한다. 나는 안전하다.
– 배	부정된 양육에 대한 분노.	나는 나 자신을 영적인 양식으로 먹이고, 나는 만족스럽고 자유롭다.
– 엉덩이	부모에 대한 완고한 분노의 덩어리.	나는 기꺼이 과거를 용서한다. 나의 부모의 한계를 넘어서는 것은 안전하다.
– 팔	부정된 사랑에 대한 분노.	내가 원하는 모든 사랑을 창조하는 것은 안전하다.
– 허벅지	덮어 둔 어린 시절의 분노. 종종 아버지에 대한 격노.	나는 나의 아버지를 사랑이 없는 어린아이로 보고 쉽게 용서한다. 우리 둘 모두는 자유롭다.
비장	집착. 무언가에 집착함.	나는 자신을 사랑하고 받아들인다. 나는 인생의 과정을 신뢰한다. 나는 안전하며 모든 것은 완벽하다.
빈혈	'맞아요, 하지만'의 태도. 기쁨의 부족. 삶에 대한 두려움. 충분히 좋다고 느끼지 않음.	내가 내 삶의 모든 영역에서 기쁨을 경험하는 것은 안전하다. 나는 삶을 사랑한다.

문제	생각할 수 있는 원인	새로운 사고 패턴
뻣뻣한 목 참조 : 목 질환	굽히려 하지 않는 고집쟁이.	다른 관점을 보는 것은 안전하다.
뼈 참조 : 골격	세계의 구조를 나타낸다.	나는 잘 구성되었고 균형적이다.
뼈 질환 참조 : 골수염, 골다공증		
– 골절	권위에 대한 반항.	나의 세계에서 나는 나의 고유한 권위를 갖고 있다. 왜냐하면 나는 내 정신 안에서 생각하는 유일한 사람이기 때문이다.
– 기형	정신적 압박과 긴장. 근육이 이완되지 못함. 정신적인 유동성의 부족.	나는 완전히 삶 안에서 숨 쉰다. 나는 편안하고 삶의 흐름과 과정을 신뢰한다.
사고(재해)	자신을 변호하지 못함. 권위에 대한 반항. 폭력을 믿음.	나는 이것을 만든 나의 패턴을 버린다. 나는 평화롭다. 나는 훌륭하다.
사랑니(매복해 있는 것)	튼튼한 기초를 세울 수 있는 정신적인 공간이 없음.	나는 마음을 열어 인생을 맞이한다. 내가 성장하고 변화할 공간은 충분하다.
사마귀	증오의 작은 표출. 자신이 못생겼다고 믿음.	나를 통해 인생의 사랑과 아름다움이 최대한으로 표현된다.
살 안쪽으로 파고드는 발톱	앞으로 나아갈 수 있는 권리에 대한 걱정과 죄책감.	스스로 인생의 항로를 정하는 것은 신이 주신 권리다. 나는 안전하고 자유롭다.
상처(베인 상처)	자신에 대한 분노, 죄책감.	이제 분노의 감정을 긍정적인 방법으로 표출한다. 나는 자신을 사랑하며 있는 모습 그대로 받아들인다.
상처(부상) 참조 : 베인 상처	자신에 대한 분노와 죄책감.	나는 나 자신을 용서하고 사랑한다.
생리전증후군	혼란스럽다. 외부 환경에 힘을 내어준다. 여성으로서 몸에 일어나는 변화를 거부한다.	이제 나의 정신과 인생에 대해 책임을 진다. 나는 강하고 활동적인 여성이다! 내 몸의 모든 부위는 완벽하게 제 기능을 다하고 있다. 나는 자신을 사랑한다.

문제	생각할 수 있는 원인	새로운 사고 패턴
생식기	남성과 여성의 본질을 나타낸다.	나 자신으로 존재하는 것은 안전하다.
– 질환	충분히 좋지 못하다는 걱정.	나는 삶에 대한 나의 표현을 즐거워한다. 나는 단지 나 자신으로 완벽하다. 나는 나 자신을 사랑하고 인정한다.
선양 증식	가족의 불화와 언쟁. 환영받지 못하고 자신이 방해가 된다고 느끼는 아이.	이 아이는 필요하고, 환영 받고, 깊이 사랑받는다.
설사	두려움. 거부. 도피.	나의 수용, 동화, 제거는 완벽한 질서에 놓여 있다. 나는 삶이 평화롭다.
성병 참조: 에이즈, 임질 포진 매독	성적 수치심. 처벌에 대한 욕구. 생식기는 더럽고 죄악에 물든 부위라는 믿음. 다른 사람을 학대함.	나는 사랑과 기쁨으로 자신의 성적 특징과 그 표현을 받아들인다. 나는 기분이 좋아지는 생각만을 받아들인다.
성장	오래된 상처들을 기름. 적의를 형성함.	나는 쉽게 용서한다. 나는 나 자신을 사랑하고 칭찬하며, 스스로에게 상을 준다.
성적인 문제	적극적인 생각의 불충분한 유통. 자기 자신을 억제.	나는 모든 신성한 생각과 나에게 필요한 활동을 갖고 있다. 나는 바로 지금 앞으로 나아간다.
소아 질병	달력과 사회 통념 그리고 잘못된 법칙들을 믿음. 그들 주변의 어른들의 유치한 행동.	이 아이는 신성하게 보호되고 사랑으로 둘러싸여 있다. 우리는 정신적인 면역력을 요구한다.
소아마비	마비가 될 만큼 질투가 남. 누군가가 하는 일을 막고 싶은 충동.	모두에게 충분한 양이 있다. 나는 사랑이 넘치는 생각으로 나의 장점과 자유를 창조한다.
소아 야뇨증(야뇨증)	부모에 대한 공포, 일반적으로 아버지.	이런 아이는 사랑, 애정, 이해를 갖고 본다. 만사형통 된다.
소화 불량	두려움, 불안. 꽉 쥐고 툴툴거림.	나는 모든 새로운 경험을 평화롭고 즐거운 마음으로 소화시킨다.

문제	생각할 수 있는 원인	새로운 사고 패턴
소화성 궤양 참조 : 가슴앓이, 복통, 위궤양	두려움. 자신이 부족하다는 생각. 긴장하여 즐거워하지 못함.	나는 자신을 사랑하고 있는 모습 그대로 받아들인다. 나는 나 자신과 함께 평화롭다. 나는 멋지다.
손	잡고 조종한다. 쥐고 파악한다. 붙잡고 보낸다. 애무. 꼬집기. 경험을 다루는 모든 방법.	나는 사랑, 기쁨, 평안으로 모든 나의 경험을 다루는 것을 선택한다.
손가락	삶의 세부적인 것을 나타낸다.	나는 삶의 사소한 일들로 평화롭다.
– 엄지	지성과 근심을 나타낸다.	나의 마음은 평화롭다.
– 검지	자아와 공포를 나타낸다.	나는 안전하다.
– 중지	분노와 성징을 나타낸다.	나는 나의 성별이 편안하다.
– 약지	연합과 슬픔을 나타낸다.	나는 평화롭게 사랑한다.
– 소지	가족과 거짓을 나타낸다.	나는 생명의 가족과 더불어 하나다.
손가락 관절염	처벌에의 욕구. 비난. 희생당했다고 느낌.	나는 사랑과 이해를 갖고 본다. 나는 사랑의 빛에 나의 모든 경험들을 내세운다.
손목	움직임을 나타냄.	나는 지혜와 사랑과 편안한 마음으로 모든 경험을 다룬다.
손톱	보호를 나타냄.	나는 손을 뻗어도 안전하다.
손톱 물어뜯기	좌절. 자신을 조금씩 먹어치움. 부모님에 대한 혐오.	나는 안전하게 성장한다. 나는 즐거운 마음으로 편안하게 내 삶을 꾸려 간다.
수두 참조 : 대상 포진		
수종 참조 : 부종, 종기	당신은 무엇을 잃는 것을 두려워하는가?	나는 기꺼이 기쁨으로 버린다.
순환	감정을 긍정적인 방식으로 느끼고 표현하는 능력을 나타낸다.	나는 나의 세계의 모든 부분에 사랑과 기쁨을 순환시키는 것에 자유롭다. 나는 삶을 사랑한다.
습진	숨을 멎게 하는 반대 및 대립. 정신적 폭발.	조화와 평화, 사랑과 기쁨이 나를 둘러싸고 있고 내 안에 깃들어 있다. 나는 안전하고 위험이 없다.

문제	생각할 수 있는 원인	새로운 사고 패턴
식욕 참조 : 식욕 감퇴		
– 과도	두려움. 보호를 필요로 함. 감정을 판단함.	나는 안전하다. 느끼는 것은 안전하다. 나의 감정은 정상적이고 받아들일 수 있는 것이다.
– 부진	두려움. 자신을 보호. 삶을 믿지 않음.	나는 나 자신을 사랑하고 인정한다. 나는 안전하다. 삶은 안전하고 즐겁다.
식욕 감퇴 참조 : 식욕(부진)	자기 부정. 극도의 두려움, 자기 증오와 거부.	나 자신으로 있는 것은 안전하다. 나는 나로 있을 때 훌륭하다. 나는 삶을 선택한다. 나는 즐거움과 자기 수용을 선택한다.
식중독	다른 사람들의 통제를 허용함. 무방비 느낌.	나는 나의 길에 오는 모든 것을 소화시킬 능력, 힘, 기술을 갖고 있다.
신경	의사소통을 나타낸다. 남의 말을 잘 받아들인다.	나는 편안하고 즐거운 마음으로 사람들과 대화한다.
신경 쇠약	자기 중심적, 대화의 통로를 막아 버림.	나는 마음을 열고 사랑이 가득한 대화를 만들어간다. 나는 안전하다. 나는 건강하다.
신경 과민	두려움, 근심, 안절부절 못함. 서두름. 인생의 과정을 신뢰하지 못함.	나는 끝이 없는 인생의 여정을 걷고 있고, 충분한 시간이 있다. 나는 마음과 대화를 나눈다. 모든 것이 완벽하다.
신경통	죄책감으로 인한 처벌. 대화를 나누는 것에 대한 근심.	나는 나를 용서한다. 나는 자신을 사랑하며 있는 모습 그대로 받아들인다. 나는 사랑으로 대화를 나눈다.
신염	실망과 실패에 대한 과민 반응.	나는 인생에서 올바른 행동만 한다. 나는 옛 생각을 버리고 새로운 생각을 받아들인다. 모든 것은 완벽하다.
신우신염 참조 : 비뇨기 감염		
신장 결석	풀리지 않은 분노의 덩어리.	나는 편안한 마음으로 모든 과거의 문제를 내려놓는다.

문제	생각할 수 있는 원인	새로운 사고 패턴
신장 질환 참조 : 애디슨 병, 쿠싱 병	패배주의. 자신을 더 이상 돌보지 않음. 불안.	나는 나를 사랑하고 인정한다. 내가 나 스스로를 돌보는 것은 안전하다.
신장병	비판, 실망, 실패. 수치스러움. 어린아이와 같은 반응.	나는 인생을 살면서 신적인 올바른 행동만 한다. 각각의 경험으로부터 좋은 일만 생긴다. 성장하는 것은 안전하다.
심근 경색 참조 : 심장 마비		
심장 참조 : 혈액	사랑과 안정감의 중심을 나타냄.	나의 심장은 사랑의 리듬에 맞춰 뛴다.
– 발작(심근경색) 참조 : 관상 동맥 혈전증	돈이나 지위 때문에 마음의 모든 기쁨을 짜내 버린다.	나는 기쁨을 내 마음의 중심에 다시 가져다 놓는다. 나는 모두에게 사랑을 표현한다.
– 질환	오래 지속되는 감정적인 문제들. 기쁨의 결핍. 마음의 굳어짐. 긴장과 스트레스가 있다는 믿음.	기쁨, 기쁨, 기쁨. 나는 사랑으로 기쁨이 나의 몸과 마음과 경험을 통과해 흐르도록 허용한다.
아관 경련 참조 : 파상풍	분노. 제어하려는 욕망. 감정을 표현하지 않으려 함.	나는 인생의 과정을 신뢰한다. 나는 편한 마음으로 내가 원하는 바를 요구한다. 인생은 나를 지지해 준다.
악관절증 참조 : 턱 질환		
안면 경련, 근육 경련	두려움. 다른 사람에게 감시당하고 있다는 느낌.	인생이 나를 받아들인다. 모든 것이 완벽하다. 나는 안전하다.
알레르기 참조 : 건초열	당신은 누구를 싫어하는가? 당신이 가진 힘을 부정한다.	세상은 안전하고 친근하다. 나는 안전하다. 나는 삶에서 평화롭다.
알츠하이머 병 참조 : 치매, 노망	세상을 있는 그대로 다루기를 거부. 희망 없음과 무력함. 분노.	언제나 내겐 삶을 경험할 새롭고 더 좋은 방법이 있다. 나는 과거를 용서하고 놓아 준다. 나는 기쁨으로 나아간다.
알코올 중독	"무슨 소용 있어?" 무가치함, 죄의식, 무능하다는 감정. 자기 거부.	나는 현재에 살고 있다. 매 순간이 새롭다. 나는 자신을 가치 있게 여긴다. 나는 나 자신을 사랑하고 인정한다.

문제	생각할 수 있는 원인	새로운 사고 패턴
암내	두려움. 자기 혐오. 다른 사람들에 대한 두려움.	나는 나 자신을 사랑하고 인정한다. 나는 안전하다.
애디슨 병 참조 : 신장 질환	심각할 정도의 감정적인 영양 결핍. 자신에 대한 분노.	나는 나의 몸, 마음, 감정을 사랑으로 보살핀다.
어깨	인생의 경험을 즐겁게 가져갈 수 있는 능력을 나타낸다. 우리의 태도가 인생을 부담으로 만든다.	나는 모든 경험을 즐겁고 사랑이 넘치게 만든다.
어지러움 참조 : 현기증		
어지럼증	두려움. 생각이나 경험에 대한 거부.	나는 안전하다. 나는 인생이 나에게 좋은 것만 가져다준다는 사실을 믿는다.
얼굴	우리가 세상에 보여 주는 것을 나타낸다.	나 자신이 되는 것은 안전하다. 나는 나 자신을 표현한다.
엉덩이	몸을 완벽한 균형으로 이끈다. 앞으로 나아가는 주요한 추진력.	엉덩이, 엉덩이 만세! 매일 기쁨이 있다. 나는 균형 잡혀 있고 자유롭다.
엉덩이 질환	중요한 결정에서 앞으로 나아가는 것에 대한 두려움. 앞으로 나아갈 것이 없음.	나는 완벽한 균형 상태에 있다. 나는 매년 쉽고 즐겁게 삶에서 앞으로 나아간다.
에이즈	방어할 수 없고 소망이 없다고 느낌. 아무도 신경 쓰지 않음. 자신은 많이 부족한 사람이라는 강한 믿음. 자아 부정. 성적인 범죄.	나는 우주의 일부분이다. 나는 중요하고 나는 삶 자체로부터 사랑받는다. 나는 힘이 있고 능력이 있다. 나는 나 자신의 모든 것을 사랑하고 감사한다.
엡스테인바 바이러스	사람의 한계를 넘어선 압박. 충분히 좋지 못한 것에의 두려움. 모든 내면의 지지가 고갈됨. 스트레스 바이러스.	나는 긴장을 늦추고 나의 가치를 인식한다. 나는 충분히 좋다. 삶은 쉽고 즐겁다.
여드름	자신을 수용하지 못함. 자신을 싫어함.	나는 삶에 있어서 신성한 존재다. 나는 바로 지금 내가 있는 곳에서 나를 사랑하고 받아들인다.

문제	생각할 수 있는 원인	새로운 사고 패턴
여드름 참조 : 꼭지가 검어진 여드름, 패립종	작은 분노의 표출.	나는 생각을 정리하고 차분한 상태다.
여성 질환 참조 : 무월경, 월경 불순, 유섬유 종양, 백대하, 월경 문제, 질염	자기 부인. 여성성 거부. 여성의 원칙 거부.	나는 내가 여성임을 기뻐한다. 나는 여성인 것을 사랑한다. 나는 나의 몸을 사랑한다.
열	분노. 불타오름.	나는 평화와 사랑의 멋지고 고요한 표현이다.
염증 참조 : 염증	두려움. 분노 폭발. 부정적인 생각.	나의 생각은 평화롭고, 차분하고, 중심이 잡혀 있다.
염증	자신이 바라보고 있는 인생의 상태에 대한 분노와 좌절.	나는 비판하는 태도를 바꾸고 싶다. 나는 자신을 사랑하며 있는 모습 그대로 받아들인다.
염증	표출되지 않고 자리잡은 분노.	나는 즐겁고 긍정적인 방식으로 나의 감정을 표현한다.
오한	움직이고 멈추면서, 정신적 위축. 은둔의 욕구. "날 혼자 내버려 둬."	나는 모든 순간 안전하고 위험이 없다. 사랑이 나를 둘러싸고 보호한다. 모든 것이 좋다.
옴	전염된 생각. 다른 것이 피부 밑에 침투하게 내버려 둠.	나는 사랑과 기쁨으로 인생을 표현한다. 나는 나다.
옻	방어할 수 없는 상태로 공격에 노출되어 있다고 느낌.	나는 강하고, 안전하다. 모든 일이 완벽하다.
외사시 참조 : 눈 질환		
외음부	연약함을 나타낸다.	연약해도 안전하다.
요도염	분노의 감정. 열 받음. 비난.	나는 즐거운 경험만을 만들어 낸다.
요실금	감정적인 소요. 수년 간 감정을 통제함.	나는 느끼고 싶다. 나의 감정을 표현하는 것은 안전하다. 나는 나를 사랑한다.

문제	생각할 수 있는 원인	새로운 사고 패턴
우울증	가져야 할 권리를 가지지 못했다고 느끼는 분노. 절망적임.	나는 이제 다른 사람들의 두려움과 한계를 뛰어넘는다. 나는 나의 삶을 창조한다.
울음	눈물은 인생의 강이고, 슬픔과 두려움뿐 아니라 기쁨으로도 흘러나온다.	나는 모든 나의 감정을 존중하며 충분히 평화롭다. 나는 나 자신을 사랑하고 인정한다.
울혈 참조 : 기관지염, 감기, 인플루엔자.		
원시 참조 : 눈병		
월경 문제	자신의 여성성에 대한 거부. 죄책감, 두려움. 생식기는 더럽고 죄악에 물들어 있다고 생각함.	나는 여성으로서의 힘을 받아들이며 몸에서 일어나는 모든 과정을 자연스러운 것으로 받아들인다. 나는 자신을 사랑하며 있는 모습 그대로 받아들인다.
월경 불순 참조 : 여성 질환, 생리 질환	자신에 대한 분노. 몸이나 여성에 대한 증오.	나는 나의 몸을 사랑한다. 나는 나 자신을 사랑한다. 나는 나의 모든 주기를 사랑한다. 모든 것이 좋다.
위	영양분을 섭취하고 생각을 소화시킨다.	나는 편안한 마음으로 인생을 소화한다.
위 질병 참조 : 위염, 가슴앓이, 소화성 궤양, 궤양	두려움. 새로운 것에 대한 두려움. 새로운 것을 받아들이지 못함.	인생은 나에게 동의한다. 나는 매일 새롭게 일어나는 모든 순간을 받아들인다. 모든 것이 완벽하다.
위막성 후두염 참조 : 기관지염		
위염 참조 : 위 질환	연장된 불확실함. 나쁜 운명의 느낌.	나는 나 자신을 사랑하고 인정한다. 나는 안전하다.
유뇨증 참조 : 야뇨증		

문제	생각할 수 있는 원인	새로운 사고 패턴
유방	돌봄과 양육을 나타낸다.	나는 완벽한 균형 안에서 양식을 받아들이고 나눈다.
유방 질환 참조 : 낭포, 혹, 쓰림(유선염)	자신을 돌보기를 거절함. 다른 모든 사람들을 언제나 우선함. 과잉 돌봄. 과잉 보호. 과잉 인내의 태도.	나는 중요하다. 나는 가치가 있다. 나는 이제 나 자신을 사랑과 기쁨으로 돌보고 양육한다. 나는 다른 사람들이 그들 자신으로 존재할 자유를 허락한다. 우리는 모두 안전하고 자유롭다.
유산(낙태, 자연유산)	두려움. 미래에 대한 두려움. "지금 말고 나중에." 타이밍이 적절하지 못함.	나는 항상 신적으로 올바른 행동만을 한다. 나는 자신을 사랑하고 있는 모습 그대로 받아들인다. 모든 것은 완벽하다.
유선염 참조 : 유방 질환		
유섬유 종양 & 낭종 참조 : 여성 질환	동료로부터의 상처를 돌봄. 여성적인 자아의 폭풍.	나는 이 경험을 끌어들이는 내 안의 방식을 놓아 보낸다. 나는 내 삶에서 오직 좋은 것만을 창조한다.
유양돌기염	분노와 좌절. 벌어지는 일에 대해서 듣고 싶어 하지 않으려 함. 어린이에게 흔함. 생각을 퍼뜨리는 것을 두려워함.	신적인 평화와 조화가 나를 감싸고 있다. 나는 평화와 사랑과 기쁨의 오아시스다. 나의 세계에선 모든 것이 완벽하다.
유행성 결막염	분노와 좌절. 보고 싶어 하지 않음.	나는 항상 옳아야 한다는 욕구를 버린다. 나는 평화롭고 자신을 사랑하며 있는 그대로 받아들인다.
유행성 감기 참조 : 인플루엔자		
이명	듣지 않으려고 거부함. 내면의 목소리를 듣지 않음. 고집이 셈.	나는 자신을 신뢰한다. 나는 사랑으로 내면의 목소리를 듣는다. 사랑이 없는 행위는 모두 내보낸다.
이질	두려움과 격렬한 분노.	나는 내 마음에 평화로움을 창조하고 나의 몸은 그것을 반영한다.
– 아메바	다른 사람들이 당신을 손아귀에 쥐려고 한다고 믿음.	나는 나의 세계에서 힘과 권위이다. 나는 평화롭다.

문제	생각할 수 있는 원인	새로운 사고 패턴
- 바칠루스	대립과 절망.	나는 삶과 에너지와 삶의 즐거움으로 가득 차 있다.
인플루엔자 참조 : 호흡기 질환	다량의 부정적인 생각에 대한 반응. 두려움. 지나치게 수치스러워 함.	나는 사람들의 생각과 객관적인 세월의 흐름에서 벗어난다. 나는 모든 혼란과 그 영향으로부터 자유롭다.
임질 참조 : 성병	나쁜 사람으로 사는 것에 대한 처벌의 필요.	나는 나의 몸을 사랑한다. 나는 나의 성징을 사랑한다. 나는 나를 사랑한다.
입	새로운 생각과 영양분을 받아들이는 장소이다.	나는 사랑으로 자신에게 영양분을 준다.
입 냄새 참조 : 구취	분노와 복수의 생각들. 뒷받침하는 경험들.	나는 과거를 사랑으로 놓아 보낸다. 나는 오직 사랑만을 말할 것을 선택한다.
입가의 발진(단순 헤르페스) 참조 : 단순 포진	분노의 말들을 곱게 하고 그것들을 표현하기를 두려워함.	나는 나 자신을 사랑하기 때문에 오직 평화로운 경험만을 창조한다. 모든 것이 좋다.
잇몸 질환	결정을 지지하는 것이 불가능. 삶에 대해 줏대가 없음.	나는 결정력 있는 사람이다. 나는 나 자신을 따르고 사랑으로 지지한다.
잇몸 출혈	삶에서 이루어지는 결정들에서의 기쁨의 결핍.	나는 옳은 행동이 항상 내 삶에 자리한다고 믿는다. 나는 평화롭다.
자궁	창의력의 보금자리를 나타낸다.	나는 내 몸속에 있는 집에 있다.
자궁내막증	불안전함, 실망, 좌절. 자기 사랑을 설탕으로 대체. 비난자.	나는 힘 있고 매력적이다. 여성으로 사는 것은 멋지다. 나는 나 자신을 사랑하고 만족한다.
자살	삶을 이분법적으로 본다. 다른 방법을 찾으려 하지 않는다.	나는 가능성의 총체 안에서 살고 있다. 항상 다른 길이 있다. 나는 안전하다.
저혈당	인생의 부담으로 인해 힘겨워함. "무슨 소용 있어?"	나는 이제 가볍고 편안하고 기쁜 마음으로 인생을 산다.
전립선	남성성을 상징한다.	나는 내가 지닌 남성성을 받아들이고 기뻐한다.

문제	생각할 수 있는 원인	새로운 사고 패턴
전립선 질환	정신적인 두려움이 남성성을 약화시킨다. 포기. 성적 억압과 죄책감. 노화에 대한 염려.	나는 자신을 사랑하며 있는 모습 그대로 사랑한다. 나는 자신의 힘을 받아들인다. 내 영혼은 영원히 젊다.
점액 결장 참조 : 대장염, 결장, 장자, 경련 대장염	낡고 혼란스러운 생각이 겹겹이 쌓여 제거되지 않고 있다. 과거의 수렁에서 벗어나지 못한다.	나는 과거를 내려놓는다. 나는 명확하게 사고한다. 나는 평화롭고 즐겁게 산다.
접질림	분노와 저항. 인생에 있어서 어떤 방향으로 나아가지 않으려 함.	인생의 과정이 나에게 최상의 것만을 안겨줄 것을 믿는다. 나는 평화롭다.
정강이	이상을 깨트림. 정강이는 삶의 수준을 나타냄.	나는 사랑과 기쁨으로 나의 높은 기준에 맞추어 산다.
정맥 이상 확장	자신이 싫어하는 상황에 서 있다. 낙담. 지나치게 일하고 기운이 빠져 버린 느낌.	나는 진실 아래 서 있고, 기쁨 속에서 살아가며 움직인다. 나는 인생을 사랑하고 자유롭게 순환한다.
정맥염	분노와 좌절. 인생의 한계와 즐거움의 결핍 때문에 다른 사람을 비난함.	이제 내 안에 즐거움이 자유롭게 흐른다. 내 인생은 평화롭다.
정신 질환 참조 : 정신 착란		
졸도(혈관 미주 신경성 실신)	두려움. 대항할 수 없음. 의식을 잃음.	나는 내 삶의 모든 것을 다룰 수 있는 힘과 능력과 지식을 갖고 있다.
종기	상처, 모욕, 원한에 대한 생각을 자극함.	나는 내 생각이 자유롭도록 허용한다. 과거는 지나갔다. 나는 평화롭다.
종양	오래된 상처와 공포를 키움. 후회하고 양심의 가책을 느낌.	나는 사랑으로 과거를 보내고 오늘 새로 주어진 날에 집중한다. 모든 일이 잘된다.
종창 참조 : 부종, 수종	꽉 막히고 고통스런 생각들	나의 생각들은 자유롭고 쉽게 흘러간다. 나는 생각들을 통해 쉽게 이동한다.
좌골신경통	위선적임. 돈과 미래에 대한 두려움.	나는 더 좋은 상태로 나아간다. 나의 장점은 모든 곳에 있으며, 나는 안전하다.

문제	생각할 수 있는 원인	새로운 사고 패턴
주름살	얼굴의 주름은 머릿속에 들어 있는 주름진 생각에서 비롯된다. 인생에 대한 분노.	나는 삶의 기쁨을 표현하며 스스로 매 순간을 완전히 즐긴다. 나는 다시 젊어진다.
죽음	삶의 영화를 떠나는 것을 나타낸다.	나는 기쁘게 경험의 새로운 단계로 나아간다. 모든 것이 좋다.
중독	자신으로부터 도망침. 두려움. 자신을 사랑할 방법을 알지 못함.	나는 이제 내가 얼마나 멋진 사람인지를 발견한다. 나는 나 자신을 사랑하고 즐거워하기를 선택한다.
직장 참조 : 항문		
진성 당뇨병 참조 : 당뇨병		
질식 참조 : 호흡 질환, 과호흡증후군	두려움. 삶의 변화를 믿지 않음. 어린 시절에 대한 강박관념.	성장해가는 것은 안전하다. 세상은 안전하다. 나는 안전하다.
질염 참조 : 여성 질환, 백대하	섹스 파트너에 대한 분노. 성적 수치심. 자신을 처벌하려 함.	다른 사람들을 통해 나 자신에 대한 사랑과 용납을 비춰볼 수 있다. 나는 나의 성적 특징에 즐거워한다.
창자 참조 : 결장	동화. 흡수. 편안한 마음으로 제거.	나는 편안한 마음으로 내가 알아야 할 것을 받아들이고 흡수하며 기쁜 마음으로 과거를 내려놓는다.
창자	쓰레기를 버림을 나타낸다.	놓아 보내는 것은 쉽다.
– 질환	오래되고 더 이상 필요하지 않은 것들을 놓아 버리는 것에 대한 두려움.	나는 자유롭고 쉽게 오래된 것들을 놓아 보내고 기쁘게 새로운 것들을 환영한다.
척수 뇌막염	염증을 일으키는 생각과 인생에 대한 격노.	나는 모든 비난을 내보내고 인생의 평화로움과 즐거움을 받아들인다.
척추	인생의 유연한 지지.	인생이 나를 지지한다.
척추 측만 참조 : 등이 굽었다, 척추가 뒤틀림		

문제	생각할 수 있는 원인	새로운 사고 패턴
척추가 뒤틀림 참조 : 등이 굽었다	인생이 지지하는 흐름에 맞출 수 없음. 두려움과 낡은 생각을 붙잡으려는 고집. 인생을 신뢰하지 않음. 고결함이 부족함. 확신을 가질 수 있는 용기가 없다.	나는 모든 두려움을 내보내고 인생의 과정을 신뢰한다. 인생은 나를 위한 것이다. 나는 사랑으로 우뚝 서 있다.
천식	숨막히는 애정. 자기 자신이 숨 쉴 수 없음. 억압을 느낌. 억제된 울음.	이제 내가 나 자신의 삶을 맡는 것은 안전하다. 나는 자유롭기를 선택한다.
– 아기와 어린이들	삶에 대한 두려움. 여기 있기를 원하지 않음.	이 아이는 안전하고 사랑받는다. 이 아이는 환영받고 소중히 길러진다.
촌충	자신이 희생자이며 깨끗하지 않다는 강한 믿음. 다른 사람들의 가식적인 태도에 속수무책으로 당함.	다른 사람들을 통해 내가 나 자신에게 갖고 있는 좋은 감정을 알 수 있다. 나는 자신을 사랑하며 있는 모습 그대로 받아들인다.
출생	삶이라는 영화에 한 단편으로의 진입을 나타냄.	이 아이는 이제 기쁘고 놀라운 새 삶을 시작한다. 모든 것이 좋다.
– 결함	숙명적. 당신은 그런 식으로 태어나도록 선택되었다. 우리는 자신의 부모와 아이들을 선택한다. 끝나지 않은 일.	모든 경험은 우리의 성장 과정에 완벽하다. 나는 내가 있는 곳에서 평화롭다.
출혈	기쁨이 소진됨. 분노. 하지만 어디서?	나는 완벽한 리듬으로 표현되고 경험되는 삶의 기쁨이다.
충수염	두려움. 삶에 대한 두려움. 좋은 것의 흐름을 막음.	나는 안전하고, 나는 편안하며 삶이 즐겁게 흘러가도록 둔다.
췌장	인생의 달콤함을 나타낸다.	나의 인생은 달콤하다.
췌장염	거절. 인생의 달콤함이 사라진 것처럼 보여서 분노하고 좌절함.	나는 자신을 사랑하고 있는 모습 그대로 사랑한다. 나는 인생의 달콤함과 즐거움을 만들어 낸다.
치골	생식기의 보호를 나타낸다.	나의 성징은 안전하다.

문제	생각할 수 있는 원인	새로운 사고 패턴
치매 참조 : 알츠하이머병, 노망	세상을 그 자체로 다루는 것을 거부. 희망 없음과 분노.	나는 나의 완벽한 자리에 있으며 나는 항상 안전하다.
치아	결심이나 결정을 나타낸다.	
치아 질환 참조 : 근관	오랫동안 우유부단하여 결정을 내리지 못함. 생각을 세부 사항으로 나누어 분석하고 결정을 내리지 못함.	나는 진실에 바탕을 두고 결정을 내리며, 나는 항상 옳은 행동만을 취한다는 사실을 알기에 안심한다.
치주염 참조 : 농루		
치질 참조 : 항문	마감 기한의 두려움. 과거의 분노. 버리는 것의 두려움. 짐을 지고 있다고 느낌.	나는 사랑과 다른 모든 것들을 버린다. 내가 하고 싶어 하는 모든 것을 위한 시간과 공간이 있다.
코	자아 인식을 나타낸다.	나는 자신의 직관력을 인식한다.
코 막힘	자신의 가치를 깨닫지 못함.	나는 자신을 사랑하며 있는 모습 그대로 받아들인다.
코골이	옛 방식을 버리지 않으려는 고집.	나는 사랑과 기쁨이 없는 모든 생각을 머릿속에서 지운다. 나는 과거에서 벗어나 새롭고 신선하고 생명이 넘치는 미래로 향한다.
코피	인식의 필요. 사람들이 자신을 인식하고 주목하지 않는다고 느낌. 사랑을 갈망함.	나는 자신을 사랑하고 있는 모습 그대로 받아들인다. 나는 내가 가치 있는 존재라고 느낀다. 나는 멋지다.
콜레스테롤(아테롬성 동맥 경화증)	기쁨의 통로를 막음. 기쁨을 받아들이기 두려워함.	나는 사람을 사랑하기로 선택한다. 나의 기쁨의 통로는 넓게 열려 있다. 그것을 받는 것은 안전하다.
콧등의 검은색 면포	분노의 작은 분출.	나는 내 생각을 가라앉히고 나는 고요하다.
콧물	도움을 요청함. 내면의 울음.	나는 자신을 사랑하며 나를 기쁘게 하는 방식으로 자신을 위로한다.

문제	생각할 수 있는 원인	새로운 사고 패턴
쿠싱병 참조 : 신장 질환	정신적 불균형. 혼잡한 생각들의 과도한 생산. 제압당했다는 느낌.	나는 사랑으로 나의 정신과 몸의 균형을 맞춘다. 나는 이제 나를 기분 좋게 만드는 생각들을 선택한다.
탈모증	두려움. 긴장. 모든 것을 조정하려 노력함. 삶의 과정을 신뢰하지 않음.	나는 안전하다. 나는 나 자신을 사랑하고 인정한다. 나는 삶을 믿는다.
탈장	단절된 관계. 긴장. 부담. 부정확하고 창조적인 표현.	나의 마음은 부드럽고 조화롭다. 나는 나 자신을 사랑하고 인정한다. 나는 나 자신으로 자유롭다.
태양 신경총	순간적인 반응. 우리의 직관력의 중심.	나는 내면의 목소리를 신뢰한다. 나는 강하고 현명하며 능력이 있다.
턱 문제(악관절증)	분노. 복수하려는 열망.	나는 이 상황을 만들어 낸 나의 사고방식을 바꾸고 싶다. 나는 자신을 사랑하며 있는 모습 그대로 받아들인다. 나는 안전하다.
통증	사랑을 갈망함. 존경에의 욕구.	나는 나 자신을 사랑하고 인정한다. 나는 사랑하고 있으며 사랑스럽다.
통풍	지배의 필요. 조바심. 분노.	나는 안전하고 위험하지 않다. 나는 나 자신과 다른 사람들과 함께 평화롭다.
트림	두려움. 너무 빠르게 삶을 들이킴.	내가 할 필요가 있는 모든 것을 위한 시간과 공간이 있다. 나는 평화롭다.
티눈	사고의 굳은 영역. 완고하게 과거의 고통을 붙잡고 있음.	나는 과거로부터 자유롭게 앞을 향해 움직인다. 나는 안전하고 자유롭다.
파상풍 참조 : 아관 경련	분노를 배출하고자 하는 욕구, 곪아서 맺힌 생각.	내 마음에서부터 사랑이 흘러 나와서 나를 정화하고 몸과 마음을 치유해 준다.
파이퍼 병 참조 : 단핵증		
파제병	더 이상 쌓아야 할 기초가 없다고 느낌. "아무도 신경 쓰지 않아."	인생이 나를 크고 영광스러운 방법으로 지지해 준다. 인생이 나를 사랑하며 나를 챙겨 준다.

문제	생각할 수 있는 원인	새로운 사고 패턴
파킨슨 병 참조 : 마비	두려움, 모든 것과 모든 사람을 통제하려는 강력한 욕구.	나는 안전하다는 사실을 알기에 편안하다. 인생은 나를 위한 것이고, 나는 인생의 과정을 신뢰한다.
팔	삶의 경험을 붙잡을 수 있는 수용력과 능력을 나타낸다.	나는 쉽고 즐겁게 나의 경험을 사랑으로 붙잡고 껴안는다.
팔꿈치 참조 : 관절	방향을 바꾸는 것과 새로운 경험을 수용하는 것을 나타낸다.	나는 쉽게 새로운 경험, 새로운 방향, 새로운 변화로 흘러간다.
패립종 참조 : 여드름	못생긴 부분을 숨김.	나는 자신이 사랑스럽고 아름다운 존재라는 사실을 받아들인다.
편도선염 참조 : 후두염, 인후염, 목구멍	두려움. 억제된 감정. 창의력을 억누름.	나의 장점이 자유롭게 드러난다. 신이 주신 생각이 나를 통해서 드러난다. 나는 평화롭다.
편두통 참조 : 두통	휘둘리는 것을 싫어함. 인생의 흐름에 저항함. 성적 두려움 (자위 행위로 인해 완화될 수 있다).	나는 인생의 흐름에 편안하게 적응하며 내가 필요로 하는 것은 편안하게 가질 수 있다. 인생은 나를 위한 것이다.
평형 부진	산만한 생각. 집중되지 않음.	나는 안전하게 나 자신에 집중하고 내 삶의 완성을 수용한다. 모든 것이 좋다.
폐	인생을 감당할 수 있는 능력.	나는 완벽하고 조화롭게 인생을 감당한다.
폐 질환 참조 : 폐렴	우울증. 비탄. 인생을 감당하는 것에 대한 두려움. 인생을 최대한으로 누릴 가치를 느끼지 못함.	나는 인생을 최대한으로 감당할 수 있는 능력이 있다. 나는 사랑의 감정으로 인생을 최대한으로 산다.
폐경 문제	더 이상 사람들이 자신을 원하지 않을 것이라는 두려움. 나이 먹는 것에 대한 두려움. 자기 거부. 자신이 부족하다고 느낌.	나는 모든 변화의 주기에 균형 잡히고 평화로운 상태를 유지한다. 나는 사랑으로 내 몸을 축복한다.
폐렴 참조 : 폐 질환	절망적임. 인생에 지침. 치유하지 않은 감정적인 상처.	나는 인생의 지혜와 숨결이 담긴 신이 주신 생각을 자유롭게 한다. 지금이 새로운 순간이다.

문제	생각할 수 있는 원인	새로운 사고 패턴
포도창	인생이 자신을 괴롭히며 고통스럽게 한다고 느낌.	나는 인생이 나에게 풍요롭게 베풀어 준 것에 감사한다. 나는 축복받았다.
포진(성기 포진) 참조: 성병	성적인 잘못이 존재한다는 큰 믿음과 처벌에의 필요. 공적인 부끄러움. 처벌하는 신의 존재를 믿음. 생식기의 거부 반응.	신에 대한 나의 개념은 나를 지지한다. 나는 정상이고 자연스럽다. 나는 나의 성별과 나의 몸을 기뻐한다. 나는 멋지다.
폭식증	절망적인 공포. 극도로 흥분하여 채우고 자기 증오로 토해 냄.	나는 사랑받고 돌봐지고 삶 자체에 의해 지지받는다. 내가 살아 있는 것은 안전하다.
피로	저항, 지루함. 사람이 하는 사랑의 결핍.	나는 삶에 대해 열광적이고 에너지와 열정으로 가득하다.
피부	우리 개개인의 특성을 보호. 감각 기관.	나는 자신에 대해 안전함을 느낀다.
피부 경화증	인생으로부터 자신을 보호함. 자신을 돌볼 수 있는 능력을 신뢰하지 않음.	내가 안전하다는 사실을 알기에 편안하다. 나는 나 자신과 인생을 신뢰한다.
피부병	걱정, 두려움. 오랫동안 묻혀 있던 찌꺼기. 나는 위협당하고 있다.	나는 사랑과 즐거움과 평화가 담긴 생각으로 자신을 보호한다. 과거는 이미 잊혀졌고, 나는 과거를 용서했다. 나는 지금 이 순간 자유롭다.
항문 참조: 치질	놓는 지점. 쓰레기 처리장.	나는 쉽고 편안하게 내 삶에서 더 이상 필요하지 않은 것들을 놓아 보낼 수 있다.
– 가려움(항문 소양증)	과거에 대한 죄책감. 후회.	나는 사랑으로 나 자신을 용서한다. 나는 자유롭다.
– 누관	쓰레기의 불완전한 버림. 과거의 쓰레기를 붙들고 있음.	내가 과거를 완전히 놓아 버리는 것은 사랑으로 하는 것이다. 나는 자유롭다. 나는 사랑이다.
– 종기	놓고 싶지 않은 관계에서의 분노.	놓아 보내는 것이 안전하다. 오직 더 이상 내가 필요로 하지 않는 것들만이 나를 떠난다.

문제	생각할 수 있는 원인	새로운 사고 패턴
– 출혈 참조 : 항문 직장 출혈		
– 통증	죄책감. 처벌에의 열망. 충분히 좋다고 느끼지 못함.	과거는 지나갔다. 나는 현재에서 나 자신을 사랑하고 인정하기를 선택한다.
항문 가려움증 참조 : 항문		
항문 직장 출혈(혈변)	분노와 좌절.	나는 삶의 변화를 믿는다. 언제나 바르고 좋은 행동은 삶에 참여하는 것이다.
허리 디스크	인생이 자신을 지지하지 않는다고 느낌. 결단력이 없음.	인생은 나의 모든 생각을 지지한다. 그러므로 나는 자신을 사랑하고 받아들이며 모든 것이 완벽하다.
허약	정신적인 휴식이 필요.	머리가 즐겁게 쉴 수 있게 해 준다.
헌팅턴 병	다른 사람들을 변화시킬 수 없는 것에 대한 분개. 절망.	나는 모든 것이 우주에 조정되도록 놓아둔다. 나는 나 자신과 삶에 대해 평화롭다.
헛배부름 참조 : 고창		
혀	삶의 기쁨을 맛볼 수 있는 능력을 나타낸다.	인생이 풍성하게 베풀어 주는 것을 즐겁게 누린다.
현기증(어지러움)	들뜨고 산만한 생각. 보는 것을 거부함.	나는 깊이 집중하고 있고 삶에서 평화롭다. 나는 살아 있으며, 즐거운 것은 안전하다.
혈변 참조 : 항문 직장 출혈		
혈압		
– 낮음(저혈압)	어릴 시절의 사랑의 결핍. 패배주의. "무슨 소용 있어? 어쨌든 소용없어."	나는 이제 항상 즐거운 현재를 살기로 선택한다. 나의 삶은 즐거움이다.

문제	생각할 수 있는 원인	새로운 사고 패턴
— 높음 (고혈압)	풀리지 않고 오래 지속되는 감정적인 문제.	나는 기쁘게 과거를 놓아 보낸다. 나는 평화롭다.
혈액	자유롭게 흐르며, 몸의 기쁨을 표현한다.	나는 표현하고 경험되는 삶의 기쁨이다.
혈액 질환 참조 : 백혈병	즐거움의 결핍. 생각의 순환의 결핍.	즐겁고 새로운 생각들이 내 안에서 자유롭게 순환한다.
— 빈혈 증세 참조 : 빈혈		
— 혈액 응고	기쁨의 흐름이 폐쇄.	나는 내 안의 새로운 삶을 깨운다. 나는 흐른다.
호지킨 병	비난과 충분히 좋지 못하다는 큰 두려움. 혈액이 그 자신을 지탱할 어떤 물질도 남기지 않을 때까지 자신의 자아를 증명하기 위한 흥분된 경주. 수용을 위한 경주에서 삶의 즐거움은 잊혀진다.	나는 나 자신으로 있는 것이 완벽하게 행복하다. 나는 나 자신으로서 충분히 좋다. 나는 나 자신을 사랑하고 인정한다. 나는 표현하고 경험하는 기쁨이다.
호흡	삶을 수용할 능력을 나타낸다.	나는 삶을 사랑한다. 사는 것은 안전하다.
호흡 질환 참조 : 질식, 과호흡증후군	완전히 삶을 수용하는 것에 대한 두려움이나 거부. 자리를 차지하거나 심지어 존재하는 권리를 느끼지 못함.	충만하고 자유롭게 사는 것은 나의 타고난 권리이다. 나는 사랑받을 가치가 있다. 나는 이제 충만하게 삶을 살 것을 선택한다.
호흡기 질환 참조 : 기관지염, 감기, 기침, 인플루엔자	인생을 최대한으로 누리는 것에 대한 두려움.	나는 안전하다. 나는 내 인생을 사랑한다.
혹 (작은 혹)	일에 있어서 분노하고 좌절하고 상처받은 자아.	나는 미루는 습관을 버리고 성공을 향해 나아간다.
혼수상태	두려움. 무언가로부터 혹은 누군가로부터 도망침.	우리는 당신을 안전과 사랑으로 둘러싸고 있다. 우리는 당신이 치료받을 공간을 만든다. 당신은 사랑받는다.

문제	생각할 수 있는 원인	새로운 사고 패턴
황달	내부와 외부의 편견. 균형 잡히지 않은 시각.	나는 자신을 포함한 모든 사람들에게 관용과 동정과 사랑을 베푼다.
회장염(크론즈병 부분적인 장렴)	두려움. 걱정. 자신이 부족하다는 느낌.	나는 자신을 사랑하며 있는 모습 그대로 받아들인다. 나는 최선을 다한다. 나는 멋지고 평화롭다.
회저	정신의 병적 상태. 악독한 생각과 즐거움의 섞임.	나는 이제 조화로운 생각을 선택하고 기쁨이 자유롭게 나를 통해 흘러가도록 한다.
후두염	너무 화가 나서 말로 표현하지 못함. 자신의 의견을 표출하기 두려워함. 권위에 대한 분노.	나는 원하는 것을 당당하게 요구한다. 나 자신의 생각과 감정을 표현하는 것은 안전하다. 나는 평화롭다.
후비루	내면의 울음. 어린아이처럼 눈물을 흘림. 희생자.	나는 나의 세계를 창조할 수 있는 힘이 있다는 사실을 인정하고 받아들인다. 나는 이제 내 인생을 즐긴다.
흉선	면역 체계의 뇌하수체. 인생이 자신을 공격했다고 느낀다. 사람들이 나를 마음대로 쥐고 흔들려고 한다.	나의 사랑이 넘치는 생각이 면역 체계를 튼튼하게 해 준다. 나의 안팎은 모두 안전하다. 나는 사랑을 담아서 내면의 목소리를 듣는다.
흰머리	스트레스. 압박과 긴장의 믿음.	나는 내 삶의 모든 영역에서 평화롭고 편안하다. 나는 강하고 능력 있다.
히스테리성 구 참조: 목구멍에 생긴 혹		

내가 살아가는 끝없는 삶의 한가운데에서,

모든 것은 완벽하고, 온전하며, 완전하다.

나는 항상 건강하다.

나는 이제 내 안에 있는 정신적인 패턴 중에서

병을 일으킬 만한 것들을 떠나보낸다.

나는 자신을 사랑하며 있는 모습 그대로 받아들인다.

나는 내 몸을 사랑하며 있는 모습 그대로 받아들인다.

나는 몸을 위해서 영양분이 되는 음식을 먹고 마신다.

나는 재미있는 방식으로 운동을 한다.

내 몸은 훌륭하고 놀라운 기계와 같아서

나는 내 몸을 보며 자부심을 느낀다.

나는 넘쳐나는 에너지를 사랑한다.

나의 세상에서는 모든 일이 순조롭다.

❖ **새로운 사고방식(자기 긍정)** ❖

얼굴(여드름)	나는 자신을 사랑하며 현재의 모습 그대로를 받아들인다. 나는 멋지다.
뇌	인생은 항상 변한다. 나도 매 순간 성장한다.
공동	나는 내 인생의 주체다. 어느 누구도 내 허락 없이는 나에게 영향력을 행사할 수 없다. 평화와 조화. 나는 달력을 믿지 않는다.
눈	나는 자유롭다. 인생은 영원하고 기쁨으로 가득 차 있기 때문에 나는 앞을 내다본다. 나는 사랑이 담긴 눈으로 본다. 아무도 나를 해치지 못한다.
목구멍	나는 자신의 욕구를 당당하게 표현할 수 있다. 나는 항상 사랑을 담아서 말한다.
폐	삶의 생기가 내 몸 안에서 자유롭게 흘러넘친다.
- 기관지염	평화. 아무도 나의 신경을 거스르지 않는다.
- 천식	나는 내 인생을 책임질 자유가 있다.
심장	기쁨, 사랑, 평화. 나는 기쁜 마음으로 인생을 받아들인다.
간	더 이상 필요 없는 것들은 모두 버린다. 이제 나의 의식은 깨끗해졌고, 나는 새롭고 생기 넘치는 생각을 한다.

대장	나는 자유롭다 ; 나는 과거를 흘러 보낸다. 삶의 기운이 내 안에 넘친다.
— 치질	나는 모든 부담감에서 벗어난다. 나는 즐거움이 넘치는 현재에 살고 있다.
생식기(발기부전)	힘. 나는 편안하고 즐거움이 넘치는 마음으로 성적 에너지가 최대한으로 작용하도록 허락한다. 내가 성적인 존재라는 사실을 받아들인다. 아무런 죄책감도 처벌도 없다.
무릎	용서, 관용, 공감. 나는 주저하지 않고 앞으로 나아간다.
피부	나는 긍정적인 면에서 시선을 끈다. 나는 안전하다. 아무도 나의 개성을 억누르려 하지 않는다. 나는 평화롭다. 이 세상은 안전하고 우호적이다. 나는 분노의 감정을 버린다. 내가 필요로 하는 것은 항상 가진다. 나는 아무런 죄책감 없이 나를 좋은 사람으로 인정한다. 나는 인생의 모든 사소한 일에 대해 평화로움을 느낀다.
등	인생은 나를 지지해 준다. 나는 우주를 신뢰한다. 나는 자유롭게 사랑하고, 신뢰한다.
— 등 아래쪽	나는 우주를 신뢰한다. 나는 용기 있고 독립적인 사람이다.
머리	평화, 사랑, 기쁨, 편안함. 나는 긴장을 풀고 인생의 흐름에 몸을 맡긴다. 삶의 생기가 내 안에 넘쳐 흐른다.

귀	나는 신의 목소리를 듣는다. 나는 삶의 즐거움을 귀로 듣는다. 나는 인생의 일부이다. 나는 사랑으로 듣는다.
입	나는 결단력 있는 사람이다. 나는 모든 일을 확실히 해낸다. 나는 새로운 생각을 기꺼이 받아들인다.
목	나는 유연한 사람이다. 나는 다른 사람의 의견을 잘 받아들인다.
어깨(활액낭염)	나는 건전한 방식으로 화를 표출한다. 사랑은 부정적인 감정을 배출하고 몸과 마음을 가라앉힌다. 인생은 즐겁고 자유롭다. 나는 좋은 것만 받아들인다.
손	나는 사랑과 편안한 마음으로 모든 생각을 다룬다.
손가락	나는 인생의 지혜가 모든 일을 알아서 처리해 줄 것을 알기에 긴장하지 않는다.
위	나는 새로운 생각에 쉽게 적응한다. 인생은 나를 지지해 주며, 아무것도 나를 괴롭히지 않는다. 나는 차분하다.
신장	나는 어디에서나 선한 것만을 추구한다. 항상 옳은 일만 한다. 나는 성취감을 느낀다.
방광	나는 낡은 것을 버리고 새로운 것을 받아들인다.
골반 — 질염	사랑은 절대 사라지지 않는다. 다만 사랑의 형태와 찾아오는 통로가 변할 뿐이다.

– 월경	나는 주기적으로 일어나는 신체 변화 가운데에서 균형을 잡고 있다. 나는 사랑으로 내 몸을 축복한다. 나의 모든 신체 부분은 아름답다.
엉덩이	나는 인생의 힘이 나를 지지하는 것을 알기에 기쁜 마음으로 앞을 향해 나아간다. 나는 안전하다.
– 관절염	사랑, 용서. 나는 다른 사람들의 모습 그대로를 받아들이며 스스로 자유롭다.
분비 기관	나는 완전히 균형 잡혀 있다. 나의 몸은 정상이다. 나는 내 삶을 사랑하며 자유롭게 순환한다.
발	나는 진실을 바탕으로 하여 서 있다. 나는 기쁜 마음으로 앞으로 나아간다. 나는 영적인 이해력을 지니고 있다.

새로운 사고방식(자기긍정)이 당신의 몸을 치유하고 편안하게 해 줄 것이다.

4부 결론

"때로는 인생에 닥친
　엄청난 고난이
　축복으로 바뀌기도 한다."

제 16 장
나의 이야기

"우리는 모두 하나다."

"당신의 어린 시절에 대해서 간략하게 말씀해 주시겠어요?"

이 질문은 내가 그동안 많은 고객에게 했던 것이다. 어린 시절의 이야기를 구구절절이 듣고 싶어서가 아니라 상대가 어떤 패턴을 갖고 있는지 알기 위해서다. 만약 그들이 현재의 문제 때문에 나를 찾아왔다면, 사실 그 문제는 오래 전에 그들의 패턴에 의해서 만들어진 것이다.

나의 부모는 내가 태어난 지 18개월 되었을 때 이혼했다. 내가 기억하기로는 이혼 당시의 상황은 그다지 나쁘지 않았던 것 같다. 하지만 내가 기억하는 끔찍한 사건은 바로 어머니가 입주 가정부로 일하러 가면서 나를 다른 곳에 맡겼던 일이다. 사람들의 말에 따르면 나는 3주 내내 쉬지 않고 울어댔다고 한다. 나를 돌보던 사람들은 결국 두 손 두 발을 다 들고 어머니에게 연락해서 나를 데려가라고 했다. 결국 어머니는 나를 데려가야 했고, 다른 일을 찾아야만 했다. 지금 와서 당시 어머니가 남편 없이 혼자 아기를 키우신 것을 돌이켜 보면 감탄할 수밖에 없다. 그러나 그 당시에 내가 신경 썼던 문제는 부모님이 이혼하기 전에 받던 사랑과 관심을 더 이상 받지 못한다는 사실 뿐이었다.

나는 어머니가 새아버지를 사랑해서 결혼했는지, 아니면 우리에게 집이 필요해서 결혼했는지를 정확히 알지 못한다. 그러나 어머니의 재혼은 성공적이지 못했다. 새아버지는 유럽에서 독일식 교육을 받으며 자란 사람으로, 자신이 양육 받은 그대로 가족에게 폭력을 휘둘렀다. 어머니가 여동생을 임신했을 때 1930년대의 경제 대공황이 찾아왔다. 우리 가족은 폭력이 난무하는 집에 갇혀서 옴짝달싹 하지 못했다. 당시 나는 다섯 살이었다.

이야기를 덧붙이자면, 이웃에 살던 술주정뱅이 노인이 나를 강간한 것이 그때쯤이지 싶다. 의사가 내 몸 구석구석을 검사하던 기억이 아직도 뇌리에 생생하게 남아 있다. 나는 증인으로 법정에 참석했는데 모든 사람들의 관심이 나에게 쏠렸다. 노인은 15년형을 선고받았다. 사람들이 나에게 계속해서 "네 잘못이야."라고 말했기 때문에 나는 오랫동안 동안 혹시라도 그 남자가 감옥에서 풀려나와 보복을 하지 않을까 하는 두려움에 떨었다.

나는 어린 시절의 대부분을 극심한 노동에 시달리면서도 육체적·성적 학대를 견디며 지내야 했다. 나의 자아상은 계속 낮아졌고, 나에게 좋은 일이라고는 생기지 않는 것처럼 보였다. 나는 이 느낌을 바깥 세계를 향해 표출하기 시작했다.

초등학교 4학년 때, 나의 삶이 어땠는지를 보여 주는 전형적인 사건이 하나 있다. 하루는 학교에서 파티가 있었는데, 케이크가 여러 개 있었다. 나를 제외하고는 모두 중산층 가정에서 안락한 삶을 누리는 아이들이었다. 나는 초라한 옷을 입고 있었고, 목이 높이 올라오는 검정색 구두를 신고 있었으며, 우스꽝스러운 바가지 머리에다 생마늘 냄새를 풍겼다. '세균이 침범하지 않게 하기 위해서' 날마다 생마늘을 먹어야만 했기 때문이다. 우리 가족은 케이크를 먹어 본 적이 없었다. 케이크를 살 형편이 되지 않았기 때문이다. 이웃집 할머니가 나에게 용돈으로 매주 10센트를 주었고, 생일과 크리스마스에는 1달러를 주었다. 10센트는 우리 가족의 생활비로 쓰였고, 2달러는 한해 동안 입을 싸구려 속옷을 사는 데 쓰였다.

어쨌든 이날 학교에서 파티가 있었고, 케이크도 넉넉했다. 선생님이 케이크를 자르자 아이들이 2, 3조각씩 집어갔다. 집에서 매일 케이크를 먹는 아이들이 말이다 선생님이 나에게 다가왔을 때는(물론 내가 제일 마지막이었다) 케이크가 한 조각도 남아 있지 않았다. 단 한 조각도.

이제는 케이크를 먹지 못한 이유가 바로 '이미 굳어져 버린 생각' 때문이라는 사실을 명확히 알고 있다. 내가 가치 없는 존재라서 어느 것도 가질 수 없다는 생각이 나를 맨 끝에 서게 했기 때문에 결국 케이크를 받지 못한 것이다. 그것이 내가 가진 생각의 방식이었다. 다른 사람들은 내가 가진 생각을 그대로 보여 주는 거울에 불과했던 것이다.

열다섯 살 때, 나는 더 이상 성적 학대를 견딜 수가 없어서 집과 학교를 떠났다. 식당에서 웨이트리스로 일했는데 집에서 했던 힘든 일에 비하면 훨씬 쉽게 느껴졌다.

사랑과 애정에 목말라 있고 자아상이 낮았던 나는 친절하게 대해 주는 사람들에게 몸을 쉽게 허락했고, 열여섯 살 생일이 지난 직후에 딸을 낳았다. 혼자서 아기를 키우는 게 불가능하다고 생각했던 나는 아기를 돌봐 줄 좋은 가정을 찾아냈다. 아기를 낳기 전 4개월 동안, 오랫동안 아기를 바라던 불임 부부의 집에서 같이 살았다. 아기를 낳기 위해 병원에 갔을 때부터 아기의 이름에는 그 부부의 성이 붙게 되었다.

이런 상황에서 나는 모성애를 전혀 경험할 수 없었고, 상실감과 죄책감 그리고 수치스러움만 커져 갔다. 가능한 한 빨리 수치스러운 감정을 극복해야 했다. 나는 딸아이의 발가락이 다른 아기들보다 훨씬 컸다는 사실만 기억한다. 발가락이 큰 것이 나와 똑같이 닮았다. 만일 우리가 만난다면, 발가락을 보고 내 딸이라는 사실을 알 수 있을 것이다. 아기를 낳은 지 닷새째 되던 날 나는 부부의 집을 떠났다.

나는 즉시 집으로 돌아가서 여전히 새아버지에게 학대를 당하고 있는 어머니에게 말했다. "어머니, 더 이상 이렇게 살 필요 없어요. 여기서 같이 나가요." 어머니는 열 살짜리 여동생을 남겨둔 채 나와 함께 집을 떠났다. 새아버지는 여동생을 끔찍이 예뻐했기 때문에 여동생을 남기고 가는 것이 더 나을 것 같았다.

어머니가 자그마한 호텔에 청소부로 취직하고, 자유롭게 편히 쉴 수 있는 아파트로 이사하도록 도와드린 다음에야 나는 내 임무를 다 했다는 생각이 들었다. 나는 친구와 함께 한 달만 머물 생각으로 시카고로 떠났다가 30년이 넘도록 눌러 살았다.

어린 시절에 경험했던 폭력과 자신이 가치 없는 존재라는 생각이 결합되어서 나는 계속 나를 함부로 대하고 심지어 나를 때리기도 하는 나쁜 남자들을 인생에 끌어들였다. 나는 남은 인생을 남자들을 원망하며 지낼 수도 있고, 계속 나쁜 남자들을 사귀면서 지낼 수도 있었다. 그러나 차츰 직장에서 일이 잘 풀리면서 자긍심이 점차 높아졌고, 나를 함부로 대하던 남자들이 인생에서 사라지기 시작했다. 학대당하는 것을 당연하게 여기던 나의 낡은 사고방식이 변하자 그들은 더 이상 내 곁에 있을 수 없어서 떠난 것이다. 그 남자들에게 아무런 잘못이 없다는 뜻은 아니다. 다만, 부정적으로 생각하는 '나의 패턴'이 없었다면, 그 남자들이 나에게 접근하지도 않았을 것이라는 뜻이다. 이제, 여자를 학대하는 남자는 나에게 아무런 관심도 갖지 않는다. 나의 패턴이 더 이상 그런 남자들을 끌어당기지 않기 때문이다.

시카고에서 여러 해 동안 잡일을 하다가 뉴욕으로 건너간 뒤 운 좋게도 패션모델이 되었다. 그러나 유명 디자이너의 패션쇼 모델이 되어서도 나의 자존감은 여전히 낮았다. 오히려 모델 일을 하면서 자신의 단점을 더 많이 알게 되었다. 나는 내가 아름답다는 생각을 전혀 하지 못했다. 나는 꽤 오랫동안 패션모델로 활동했다. 그러다가 멋지고 교양 있는 영국인을 만나서 결혼했다. 우리는 세계를 여행하면서 각국의 왕족도 만나고 백악관에서 대통령과 저녁 식사를 하기도 했다. 멋진 남편을 둔 패션모델이었지만, 나의 자존감은 여전히 낮았다. 그러다 몇 년이 지나서 나는 내면을 다루는 훈련을 하기 시작했다.

결혼한 지 14년이 지난 어느 날, 남편이 다른 여자와 살고 싶다고 했다. 좋은 일이 계속 일어날 수 있다고 겨우 믿기 시작한 나는 심하게 좌절 했지만 시간이 지나면서 삶은 계속된다는 사실을 깨달았다. 나는 인생에 변화가 일어나는 것을 느꼈다. 어느 봄날, 숫자로 점을 보는 사람이 가을에 인생을 변화시킬 만한 어떤 일이 생길 거라고 말해 주었다.

그 일은 너무도 사소한 일이어서 몇 개월이 지나서야 비로소 알아차릴 수 있었다. 정말 우연히, 어느 날 뉴욕 시에서 열린 종교 과학 교회 모임에 참가했다. 처음 듣는 이야기가 많았지만, 내 안의 목소리가 나에게 '집중하고 들어.'라는 명령을 내렸고, 나는 그 명령에 따랐다. 일요 예배에도 참석했고, 매주 있는 수업에도 참가했다. 더 이상 패션계는 나의 관심사가 아니었다. 허리 치수가 늘어날까 봐 걱정하고, 눈썹 모양에나 신경 쓰면서 몇 년이나 버틸 수 있었겠는가? 고등학교를 중퇴하고 공부라고는 해 본 적이 없는 나는 갑자기 지식 탐구에 대한 열정이 불타올라서 영성과 치유에 관해서 미친 듯이 공부하기 시작했다.

종교 과학 교회는 나에게 새로운 집이 되었다. 교회에 가는 것 말고는 일상생활에 별로 커다란 변화가 없었지만, 새롭게 시작한 공부에 대부분의 시간을 보냈다. 3년 동안 공부하고 난 뒤 교회에서 상담가로 활동할 수 있는 자격시험이 있다는 사실을 알게 되었다. 나는 시험을 통과했고, 교회 상담가로 일을 시작하게 되었다. 벌써 오래 전 일이다.

이 모든 일은 작은 시작에 불과했다. 교회 상담가로 활동하면서 나는 초월 명상가가 되었다. 그해에 내가 일하던 교회에서는 성직자 훈련 과정이 없어서 6개월 과정으로 아이오와 주의 페어필드에 있는 MIU(Maharishis' International University) 대학교에 다니기로 결심했다.

그곳은 나에게 완벽한 장소였다. 입학한 첫해, 매주 월요일 아침마다 우리는 새로운 과목을 배웠다. 이때 배운 과목은 말로만 듣던 생물, 화학, 상대성 이론 등이었다. 토요일마다 시험이 있었고, 일요일은 쉬었다. 그리고 다시 월요일이 되면 새로운 과목을 배우기 시작했다.

뉴욕 시 곳곳에 널려 있던 유흥가가 이곳에는 전혀 없었다. 그래서 저녁을 먹고 나면 모두들 방으로 돌아가 공부를 했다. 나는 학생 중에서 가장 나이가 많았지만, 학창 시절을 만끽했다. 흡연과 음주, 마약은 철저히 금지되었고, 하루에 네 번씩 명상을 했다. 학교를 떠나서 공항에 들어섰을 때, 나는 담배 연기 때문에 질식할 뻔했다.

뉴욕으로 돌아와서 나는 그 전의 삶을 계속 이어갔다. 곧 교회에서 성직자 훈련 과정을 받기 시작했다. 나는 교회 일에 적극적이었고, 사회봉사 활동도 열심히 했다. 오후 모임에서 연설을 하고, 상담 받으러 온 사람들을 만났다. 곧 하루 종일 상담하는 일이 직업이 되었다. 상담을 하면서 떠오른 영감을 정리한 책이 《당신의 몸을 치유하라》인데, 처음에는 단순히 영적 발병 이유를 적은 목록이었다. 머지않아 나는 전국을 돌아다니며 강의를 하게 되었고, 대학 강단에도 서게 되었다.

그러던 어느 날 나는 암 진단을 받았다. 다섯 살 때 강간당하고 힘든 어린 시절을 보낸 내가 생식기 주위에 암이 생긴 것은 어찌 보면 당연한 결과였다.

암 선고를 받은 다른 환자와 마찬가지로 나는 완전히 공포에 질렸다. 그러나 상담가로 활동하면서 정신적인 치유가 병을 낫게 하는 데 효과가 있다는 사실을 잘 알고 있었기 때문에, 이 기회에 정신적인 치유의 놀라운 효과를 내가 증명해 보일 수도 있겠다는 생각을 했다. 결국 나는 정신적인 패턴에 관한 책을 썼고, 암의 원인이 오랫동안 억눌러 온 분노가 온몸을 잠식해 버렸기 때문이라는 사실을 알게 되었다. 나는 어린 시절의 '그 사람들'에 대한 분노를 풀지 않고 버티고 있었다. 이제 나에게 주어진 시간은 얼마 없었고, 할 일은 많았다.

'치료 불가'라는 단어는 많은 사람을 겁먹게 한다. 그러나 나는 이 단어가 외부 요인으로는 치료할 수 없으므로 내부에서 치료법을 찾아야만 한다는 뜻이라고 생각한다. 만약 내가 암을 제거하기 위해서 수술을 하고도 여전히 암의 원인이 된 정신 유형을 바꾸지 않는다면 자꾸 암이 재발해서 의사들이 내 몸을 완전히 조각 내어야 했을 것이다. 나는 절대로 그런 일이 벌어지게 하고 싶지 않았다.

만약 내가 암세포를 제거하는 수술도 하고, 그 원인이 된 정신적인 유형도 없앤다면 다시는 암이 재발하지 않을 것이다. 만약 암을 비롯하여 병이 재발한다면 그 이유는 의사가 완전히 '제거'하지 않아서가 아니라 환자가 정신적으로 변화하지 않았기 때문이다. 그래서 환자는 계속 같은 병에 걸리는 것이다. 다만 발병하는 신체의 부위만 달라질 뿐이다.

또한 나는 우리가 암을 일으키는 정신적인 유형만 깨끗이 없앤다면 수술을 하지 않고도 암에서 벗어날 수 있다고 생각한다. 내가 수술 받을 돈이 없다고 했을 때 의사들은 마지못해서 3개월의 말미를 주었다.

나는 곧바로 스스로 몸을 치유하기 시작했다. 치유 과정에 도움이 될 만한 방법을 찾기 위해 온갖 책을 탐독하며 연구하기 시작했다.

여러 식료품 가게를 돌며 암과 관련된 책을 모조리 샀고, 도서관에 가서 암에 관련된 책을 더 찾아서 읽었다. 발 마사지와 장세척을 하면서 암을 치료하는 데 도움이 될 것이라고 생각했다. 운이 좋게도 나는 도움이 되는 사람을 많이 만날 수 있었다. 발 반사법에 관한 책을 읽은 후 발 반사법 치료사를 찾고 싶은 마음이 간절해졌다. 어느 날, 나는 강의를 듣게 되었는데, 앞줄에 앉던 평소와 달리 그날은 왠지 뒤에 앉고 싶었다. 그래서 뒤에 앉았는데 어떤 남자가 들어와 옆자리에 앉았다. 알고 보니 그 남자가 바로 발 반사법 치료사였다. 그는 두 달 동안 일주일에 세 번씩 우리 집에 찾아와서 치료를 해 주었고, 그것은 정말 큰 도움이 되었다.

나는 전보다 훨씬 많이 자신을 사랑해야 한다는 사실을 알았다. 어린 시절에 사랑을 받지 못했고, 자신감을 가지도록 가르쳐 준 사람도 없었기에 나는 '그들'의 방식대로 계속해서 자신을 비난했으며, 자기 비난은 자연스러운 일이 되었다.

교회에서 상담을 하면서 나는 자신을 사랑하고 있는 모습 그대로 받아들이는 것이 중요하다는 사실을 깨닫게 되었다. 그러나 정작 나 자신을 사랑하는 일은 계속 뒤로 미루었다. 항상 오늘까지만 먹고 내일부터는 다이어트를 하겠다고 결심하는 것처럼 말이다. 그러나 이제 암에 걸렸으니 더 이상 미룰 수가 없었다. 처음에는 거울 앞에 서서 "루이스, 나는 너를 사랑해. 나는 정말로 너를 사랑해."라고 말하는 것이 너무나 어려웠다. 그러나 계속할수록 삶에 변화가 생기는 것이 느껴졌다. 예전에는 항상 자신을 비하하던 내가, 거울 앞에서 하는 훈련 덕분인지 더 이상 나 자신을 깎아내리지 않게 되었다. 진전이 생긴 것이다.

나는 어린 시절부터 품어 왔던 분노의 감정을 깨끗이 정리해야 했다. 더 이상 다른 사람을 비난하지 말아야 했다.

내가 어렸을 때 정신적으로, 신체적으로, 성적으로 심한 학대를 받은 것은 사실이다. 그러나 그것은 모두 오래 전 일이므로, 현재 내가 자신을 학대하는 것에 대한 변명거리가 되지 못한다. 암세포가 내 몸을 갉아먹는 이유는 스스로를 용서하지 않았기 때문이다. 나에게 일어난 사건 자체를 볼 것이 아니라, 어떤 종류의 경험 때문에 어린아이를 학대하는 어른이 되는지를 이해할 때가 되었던 것이다.

나는 뛰어난 심리치료사의 도움을 받아서 그동안 눌러 왔던 어린 시절에 대한 분노를 모두 표출했다. 베개를 때리고 큰 소리로 고함을 지르면서 말이다. 그렇게 하자 몸과 마음이 깨끗해지는 듯했다. 그리고 나서 부모님이 들려주었던 당신들의 어린 시절에 대한 이야기를 정리해 보았다. 그들의 인생을 큰 그림으로 보기 시작했다. 어른의 관점으로, 더 넓어진 이해력으로 바라보자 그들의 고통에 연민이 느껴지기 시작했다. 그리고 원망이 조금씩 사라지기 시작했다.

그 밖에도 나는 몸의 독소를 제거하고 정화하는 데 도움을 줄 수 있는 좋은 영양사를 찾기 시작했다. 그동안 인스턴트식품을 즐겨 먹었는데, 그러한 음식은 몸에 축적되어 독소를 만들어 낸다는 사실을 배웠다. 해로운 생각도 마찬가지다. 머릿속에 축적되어 독소가 가득한 상황을 만들어 낸다. 나는 엄청난 양의 녹색 채소를 주로 먹는 엄격한 식단을 따르기 시작했다. 첫 달에는 일주일에 세 번씩 장세척을 받았다.

나는 수술을 받지 않았다. 몸과 마음을 정화하기 시작한 지 6개월 만에 의사들에게서 더 이상 암의 징후가 보이지 않는다는 말을 들었다. 나는 의사들이 말하기 전에 이미 이 결과를 알고 있었다. 경험을 통해서 나는 우리가 사고하고 행동하는 패턴을 바꾸려고 마음만 먹으면 병은 얼마든지 치료할 수 있다는 사실을 알게 되었다.

때로는 인생에 닥친 엄청난 고난이 축복으로 바뀌기도 한다. 나는 경험을 통해 이 사실을 배웠고, 이전과는 다른 패턴으로 인생을 바라보게 되었다. 나에게 정말 중요한 것이 무엇인지를 생각하기 시작했고, 마침내 나무를 찾아보기 힘들고 날씨가 좋지 않은 뉴욕을 떠나기로 결심했다. 고객 중 몇은 "당신이 떠나면 내가 죽을지도 몰라요." 하고 매달렸지만, 나는 일 년에 두 번씩 그들의 상태를 확인하러 뉴욕에 올 것이고 언제든지 전화 통화를 할 수 있다고 설득했다. 마침내 나는 뉴욕에서의 사업을 접고 로스앤젤레스를 변화의 시작점으로 삼기로 결심한 뒤 유유히 캘리포니아로 떠났다.

나는 캘리포니아에서 태어났지만 어머니와 여동생을 빼고는 이곳에 아는 사람이 거의 없었다. 두 사람은 시내 중심가에서 한 시간 정도 떨어져 있는 교외에 살고 있었다. 우리 가족은 한 번도 가깝게 지낸 적이 없었지만, 어머니가 몇 년 전부터 앞이 보이지 않았고, 아무도 나에게 그 사실을 알리려 하지 않았다는 사실을 알고는 적잖이 놀랐다. 여동생은 너무 '바빠서' 나를 만나러 올 수 없다고 했고, 나는 별로 신경 쓰지 않았다. 대신 새로운 인생을 시작하는 일에 집중했다.

나의 작은 책《당신의 몸을 치유하라》는 나에게 많은 길을 터 주었다. 나는 뉴에이지 모임에 빠짐없이 참가해서 나 자신을 소개하고, 적절한 때를 봐서 내가 쓴 책을 내밀었다. 처음 6개월 동안은 바닷가에 자주 갔다. 바빠지면 해변을 한가하게 거닐 수 있는 기회가 줄어들 거라는 사실을 잘 알고 있었기 때문이다. 점차 상담 고객이 늘어났고, 여기저기에 강연자로 참석할 기회도 생겼다. 모든 일이 척척 진행되어 로스앤젤레스가 나를 환영하는 것처럼 보였다. 몇 년이 채 지나지 않아서 나는 마음에 쏙 드는 집으로 이사를 갈 수 있게 되었다.

로스앤젤레스에서 시작한 나의 새로운 삶의 방식은 의식적인 측면에서 보면 어린 시절로부터의 크나큰 도약이었다. 모든 일은 순조롭게 진행되었다. 얼마나 순식간에 인생이 완전히 바뀌어 버리는지 놀랄 지경이었다.

어느 날 밤, 여동생에게서 전화가 왔다. 2년 만에 받은 전화였다. 그녀는 이제 90세가 된, 눈 멀고 귀도 먼 어머니가 넘어져서 허리를 다치셨다고 했다. 한순간에 어머니는 강하고 독립적인 여성에서 고통스러워하는 무기력한 어린아이로 변해 버렸다.

어머니의 허리가 부러지면서 내 여동생을 둘러싸고 있던 비밀의 벽도 부서졌다. 마침내 우리 세 사람은 대화를 하기 시작했다. 나는 여동생도 어머니와 마찬가지로 허리가 좋지 않다는 사실을 발견했다. 그녀는 앉아 있거나 걸을 때조차 고통스러울 정도로 허리가 아팠다. 그녀는 아프다는 사실을 누구에게도 말하지 않았으며, 거식증에 걸려 있었다. 하지만 그녀의 남편은 그녀가 아프다는 사실조차 모르고 있었다.

병원에서 한 달간 입원 치료를 받자 어머니는 퇴원할 수 있을 정도로 몸이 회복되었다. 하지만 혼자서 지낼 수 있을 정도는 아니어서 나와 함께 살게 되었다.

인생의 진행 과정에 대한 신뢰가 있었지만, 이 상황을 어떻게 처리해야 할지 몰라서 신에게 기도했다. "좋아요. 제가 어머니를 돌보겠어요. 하지만 하나님께서 도와주셔야 해요. 특히 재정적으로 말이에요!"

어머니와 나 둘 다 서로에게 적응해야 했다. 어머니는 토요일에 우리 집에 도착했고, 그 다음주 금요일에 나는 나홀간 샌프란시스코로 출장을 떠나게 되었다. 어머니를 집에 혼자 둘 수 없었지만, 출장을 포기할 수도 없었다. 그래서 이렇게 기도했다. "하나님, 이 문제를 해결해 주세요. 출장을 가기 전에 어머니를 돌봐 줄 사람을 구해야 해요."

목요일에 딱 맞는 사람이 '나타나', 우리와 같이 살면서 어머니와 나를 도와주기로 했다. 나의 기본적인 믿음 가운데 하나가 또다시 증명된 것이다. "내가 알아야 할 사실은 다 눈 앞에 펼쳐져 있으며, 내가 필요로 하는 모든 것은 신이 정해 주신 순서에 따라 내게로 온다."

나는 또 하나의 교훈을 얻었다. 어린 시절의 쓰레기를 깨끗이 처리할 수 있는 기회가 온 것이다. 어머니는 내가 어린아이였을 때 나를 보호해 주지 못했다. 그러나 나는 지금 어머니를 보살펴 드릴 수 있다. 어머니와 여동생의 관계도 새로운 국면을 맞게 되었다.

여동생에게 필요한 도움의 손길을 내미는 것은 정말이지 하나의 도전이었다. 내가 수십 년 전에 어머니를 구출하고 난 뒤 새아버지가 여동생에게 화풀이를 해댔기에 성격이 삐뚤어져 있었던 것이다.

나는 동생이 아버지에게 맞아서 생긴 몸의 상처가 공포와 긴장감,

그리고 자신을 도와줄 사람은 아무도 없다는 생각과 결합되어서 엄청난 상처를 그녀에게 안겨주었다는 사실을 알게 되었다. 이제 그녀를 구출하려는 게 아니라 단지 그녀의 인생이 바른 방향으로 향해 갈 수 있도록 선택할 수 있는 기회를 주고 싶었다.

시작은 쉽지 않았다. 그리고 지금도 여전히 그녀를 돕기 위한 과정이 진행 중이다. 우리는 다양한 치유의 과정을 밟고 있으며, 여동생은 내가 제공한 안전한 환경에서 더딘 진전을 보이고 있다.

어머니*는 여동생과는 달리 빠른 진전을 보이고 있다. 어머니는 하루에 네 차례나 운동을 하며, 몸이 튼튼하고 유연해졌다. 내가 보청기를 해 드리자, 소리를 듣게 된 어머니는 삶의 흥미를 되찾았다. 어머니의 종교관에는 위배되지만, 백내장 수술도 받게 했다. 곧 어머니는 다시 눈으로 세상을 바라볼 수 있게 되었으며, 이를 지켜보는 우리는 매우 기뻤다. 어머니는 다시 책을 읽게 되었다며 무척이나 행복해 하셨다.

어머니와 나는 이제 시간을 내어 서로 앉아서 이야기를 나누기 시작했다. 예전에는 한 번도 해 본 적이 없는 일이었다. 대화를 통해서 서로를 새롭게 이해하게 되었다. 이제 우리는 함께 울고 웃으며 서로를 껴안게 되었다. 때때로 어머니는 내 과거의 상처를 끄집어내시는데, 그럴 때면 나는 아직도 버려야 할 것이 더 있다는 사실을 알게 된다.

✤ ✤ ✤

---

* 어머니는 몇 년 전 평화롭게 세상을 떠나셨다. 나는 어머니가 그립고, 여전히 어머니를 사랑한다. 우리는 함께 할 수 있는 일을 모두 다 이루었으며, 이제 우리 두 사람은 자유롭다.

후기

내가 처음 이 책《있는 그대로의 나를 사랑하라 – 치유》를 쓰기 시작한 지 20년이 훨씬 지났다는 사실이 정말 놀랍다. 그동안 이 책은 35개국이 넘는 나라의 언어로 번역되었고, 전 세계적으로 5천만 권이 넘게 팔렸다.

내가 처음 이 책을 쓰기 시작했을 때 가졌던 바람은 내 강의를 듣는 학생들뿐만 아니라 가능한 많은 사람들이 이 책을 읽고 더 나은 인생을 살게 되는 것이었다. 우주가 어떤 방식으로 이 바람을 이루어 줄 것인지, 얼마나 많은 사람들이 이 책을 읽고 도움을 받게 될지 전혀 알 수 없었다. 그러나 책이 출판되자마자 인생이 이렇게 말하는 것 같았다. "이 책은 전 세계적으로 널리 퍼져야만 해."

이 책이 성공한 이유는 내가 사람들에게 죄책감 없이 자신을 사랑하는 법과 변화하는 법을 알려 주는 능력이 있기 때문이라고 생각한다. 또 전달하는 메시지가 간결한 것도 많은 다양한 문화권에서 이 책이 성공을 거둔 이유라고 생각한다.

로스앤젤레스에서 열린 책 박람회에서(Book Expo America 2003) 네팔의 카트만두에서 서점을 운영하는 한 남자를 만났는데, 그는 나를 베스트셀러 작가라고 치켜세웠다. 나는 책상에 놓아 둔 그의 명함을 볼 때마다 세계 곳곳의 사람들과 나 사이의 놀라운 연결 고리를 떠올린다. 요즘에는 매달 전 세계의 사람들이 엄청나게 많은 이메일을 보낸다. 이 중에는 젊은이들로부터 오는 편지가 매우 많은데, 20년 전 내 책을 처음 읽은 독자들과 마찬가지로 치유에 관한 나의 메시지를 받고 반응하는 사람들이다.

6년 반 동안 정말 많은 일이 일어났다. 나는 에이즈 환자와 작업을 하기 시작했다. 6명의 남자와 우리 집 응접실에서 저녁에 모여서 이야기를 나누는 것으로 시작했는데, 몇 년이 지나서 800명이 넘는 사람들이 매주 모임을 가지게 되었다. 우리는 이 모임을 밤 소풍이라고 불렀다. 이 모임을 통해서 나도 많이 성장했다. 마음이 끊임없이 자라는 것을 느꼈다. 나는 평생 이때의 경험을 기억할 것이다. 밤 소풍 모임은 내가 몇 년 전 이사를 가면서 그만둔 뒤에도 아직까지 웨스트 헐리우드에서 열리고 있다.

내가 이 책을 쓴 얼마 뒤에, 밤 소풍 모임의 사람 몇 명이 나와 함께 오프라 쇼에 출연해서 에이즈에 대한 긍정적인 메시지를 전했다. 같은 주에, 나는 버니 시겔 박사(Dr. Bernie Siegel)와 함께 〈도나휴 쇼〉에도 출연했다. 《있는 그대로의 나를 사랑하라 – 치유》는 베스트셀러 목록에 13주 동안이나 올라 있었다. 나는 인생이 나를 여러 방향으로 움직이는 사실에 감탄할 뿐이었다. 당시에 나는 일주일 내내 하루에 10

시간씩 일했다.

　인생은 주기가 있다. 어떤 일을 할 때가 오고, 다음에는 다른 일로 옮겨 갈 때가 온다.

　지난 10년 간, 나는 정원에 퇴비를 주면서 땅을 가꾸고 내가 먹을 것들을 기르면서 즐거움을 느꼈다. 몇 달 뒤에 나는 테라스가 딸린 아파트로 이사를 간다. 지금과 같은 정원을 가꿀 수는 없겠지만, 계속 흙을 만질 것이다.

　나는 오랫동안 그림을 그리고 싶었다. 그간 취미 삼아 그림을 그려 보기도 하고, 강의를 듣기도 했다. 몇 년 전에 훌륭한 미술 선생님을 만나서 그분의 유일한 제자가 되었다. 놀랍게도 그녀의 이름은 내 이름과 무척 비슷했다. 그녀의 이름은 린 헤이즈(Lynn Hays)였다. 린은 내가 생각했던 이상으로 나의 능력을 끌고 갔다. 그녀는 나에게 작은 것은 그리지 못하게 했다. 요즘에 나는 커다란 캔버스에 유화를 그리면서 성취감을 느낀다.

　나는 20년 간 여러 동물을 구조해 왔다. 나는 동물에게 "내가 너희가 겪은 일에 대해서 어떻게 해 줄 수는 없단다. 하지만 앞으로 너희가 사랑이 넘치는 삶을 살면서 남은 인생을 즐기게 될 거라고 약속할 수는 있단다."라고 말한다. 구조된 동물은 모두 예상 수명을 넘겨서 잘 살고 있다. 나는 이제 전 세계를 더 자유롭게 돌아다니기 위해서 더 이상의 동물을 키우지 않기로 했다.

　예전에는 나와 같은 유형의 일을 하는 사람들을 찾기 어려웠고, 따라서 나는 끊임없이 가르쳐서 모든 곳에 좋은 상담가가 있게 해야 한다고 느꼈다. 그러나 지금은 좋은 상담가가 얼마든지 있어서 나는 더 이상 모든 사람들을 도와주어야 한다는 부담감을 느끼지 않는다. 나는

20권이 넘는 책을 썼고, 오디오 테이프와 비디오 테이프도 제작했다. 나는 50개가 넘는 뉴에이지 신문에 〈루이스에게 물어보세요〉와 〈루이스에게〉라는 상담 칼럼을 쓴다. (내가 두 달에 한 번 펴내는 회보도 있다.) 공부할 수 있는 자료는 넘쳐난다. 나는 이제 연설을 거의 하지 않는다. 요즘에는 주로 대중 앞에 나서지 않고 신인 작가들이나 재능 있는 상담 교사를 지도한다.

헤이 하우스에서 나를 위해 일하는 사람들은 정말 대단하다. 레이드 프레이시, 사장님, 부사장인 론 틸링개스트는 정말이지 나에게 너무나 소중한 존재다. 나의 개인 비서인 쉘리 엔더슨도 마찬가지다. 나는 사설·예술·홍보·고객 관리·마케팅·판매·회계·물류·관리를 담당하는 모든 사람들을 사랑한다. 이들 모두가 헤이 하우스 가족이며 우리 성공의 주역들이다. 나는 우리의 사업이 전 세계로 계속해서 이름을 날릴 것이라고 확신한다. 우리가 만지는 것은 모두 번창할 것이다.

이 책을 처음 인쇄할 때, 나는 헤이 하우스를 세웠고, 그 덕분에 나의 책을 인쇄할 수 있었다. 이 책에 담긴 생각이 워낙 급진적이라서 다른 출판사에서는 이 책을 출판할 수 없을 것 같았다. 당시만 해도 서점에는 '자기 계발'을 주제로 한 책이 전혀 없었다. 오늘날에는 《뉴욕 타임즈》에 실리는 베스트셀러 도서 목록의 절반 이상이 자기 계발에 관한 책이다. 사람들의 의식이 얼마나 바뀌었는지! 우리 모두가 삶의 질을 높일 수 있는 능력이 있다는 메시지를 퍼뜨리는 데 내가 앞장섰다는 사실이 정말 기분 좋다.

헤이 하우스는 그 뒤 성장을 거듭해서 자기 계발과 몸/마음/정신 분야에서 세계에서 가장 큰 출판사의 대열에 끼게 되었다. 이제 우리는 호주의 시드니와 영국의 런던, 남아프리카 공화국의 요하네스버그, 캐나다의 밴쿠버, 홍콩에도 사무실을 갖고 있다. 모두 내가 꿈꾸던 것 이상이다. 처음에 내가 원한 것은 오직 직접 만날 수 없는 사람들을 돕고 싶다는 것이었다. 나는 헤이 하우스의 성장은 모두 우주의 지휘에 따른 것이라고 믿는다. 우리는 항상 사람들이 자신을 발전시킬 수 있는 데 도움이 되는 책만을 출판한다. 나는 사람의 인생을 바꾸는 데 도움이 되는 글을 쓸 수 있는 작가들을 돕는 일이 좋다!

한 점성술사가 나에게 이렇게 말한 적이 있다. 내 탄생 별자리에 따르면, 나는 일 대 일로 많은 사람을 돕는 운명을 타고났다고 한다. 물론 77년 전에는 녹음기가 발명되지도 않았을 때이므로, 내가 일 대 일로 많은 사람을 도울 수 있다는 말은 신빙성이 없어 보였을 것이다. 그러나 놀라운 기술 발전으로 인해서 지금은 내 목소리가 녹음된 테이프나 CD를 수천 명의 사람들이 매일 밤 침대 머리맡에서 들을 수 있게 되었다. 누구나 자기 전에 내 목소리를 들을 수 있는 것이다!

따라서 내가 만난 적이 없는 사람들도 마치 나에 대해서 잘 알고 있는 것처럼 느낀다. 내가 하는 일의 최대 장점은 어디를 가나 사람들이 따뜻하게 맞아 준다는 것이다. 사람들은 나를 마치 어려울 때 자신을 도와주는 오랜 친구처럼 느낀다.

나이에 관계없이 우리는 항상 쓰레기를 버리고 장애물을 부술 수 있다. 내가 최근에 경험한 것을 알려 주겠다.

작년에 나는 76세가 되었고, 그동안 두려움 때문에 한 번도 하지 못했던 일을 해 보기로 결심했다. 나는 사교댄스를 배우기 시작했다. 어릴 때부터 춤이 배우고 싶었지만 용기가 없었다. 여러 해 동안 나는

"다음 생애에는 춤을 출 거야. 지금은 배우기에 너무 늦었어."라고 말했다. 부정적인 말들을 되뇐 것이다.

그러다가 지난 가을 어느 날, 춤 교습소를 지나다가 다음과 같은 광고를 보았다. "한 번에 한 걸음씩 춤추는 법을 가르쳐 드립니다." 그 광고를 보고 나는 이렇게 생각했다. '한 번에 한 걸음씩이면 나도 할 수 있을지 몰라. 그리고 아직 살 날이 많이 남았어. 다음 생애라니 무슨 소리를 하고 있는 거야?' 그래서 나에게 인생의 새로운 장이 열렸다.

처음 두 달 간은 지옥과도 같았다. 수요일마다 있는 강습 시간이 두려웠지만 버텨야 한다는 사실을 잘 알고 있었다. 첫 교습 때는 숨을 제대로 쉬지도 못했다. 내 안에 남아 있는 작은 쓰레기 부스러기가 조금씩 모습을 드러내기 시작했다. 당황, 모욕감, 수치스러움이 내 몸속을 떠다녔다. 이것을 고칠 수 있는 긍정적인 확신의 말들을 찾을 수도 없었다.

그러자 선생님 중 한 명이 이렇게 말했다. "루이스, 눈에 두려움이 가득하네요. 왜 두려워하는 거죠?" 그때는 즉시 대답하지 못했다. 그러나 그날 이후 열심히 생각해 보니, 나의 일부가 만약 내가 춤을 '틀리면' 누군가가 얼굴을 때릴 것이라고 믿고 있다는 사실을 알게 되었다. 그것이 나의 두려움의 원인이었다. 77세가 되어서도 내 안에 있는 작은 꼬마는 여전히 누군가가 자신을 때릴까 봐 두려워하고 있는 것이다!

다음 교습에서 내가 이렇게 말하자 선생님은 눈물을 글썽거렸다. 그때가 나에게는 전환점이었다. 모든 감정이 사라지면서 발동작에 집중할 수 있었다. 이제 춤을 배우기 시작한 지 일 년이 다 되어 간다. 나는 일주일에 세 번 개인 교습을 받고, 네 번 단체 교습을 받는다. 이제 춤을 배우는 것이 정말 재미있다. 그러니 여러분, 내가 할 수 있으면 여러분도 할 수 있다. 새로운 것을 배우기에 너무 늦은 때는 절대로 없다.

나이가 들수록 건강이 더욱 중요해진다. 나는 간단하게 먹는다. 단백질과 채소, 과일을 먹는다. 예전에는 채식만 했지만 요즘에는 그러지 않는다. 여전히 채소를 많이 먹되, 밀가루·유제품·설탕·옥수수·감귤·콩·카페인은 거의 먹지 않는다. 예전보다 운동을 더 많이 한다. 75세 때 요가를 배우기 시작했고 요즘에는 일주일에 세 번씩 요가를 한다. 요즘은 어릴 때보다 더 유연하다. 게다가 필라테스도 하고, 일주일에 세 번은 한 시간씩 걷는다. 이렇게 하면 몸이 최상의 상태를 유지한다.

나의 다음 20년이 어떻게 펼쳐질지 어떻게 알겠는가? 내 나름대로 생각이 있지만 인생은 나보다 더 많이 알고 있다. 다음에 내가 가르치고 싶은 주제는 어떻게 하면 즐거운 마음으로 죽을 수 있을까 하는 것이다. 우리는 죽음에 관해서 부정적인 생각을 많이 갖고 있다. 그러나 죽음은 단지 인생의 자연스러운 과정일 뿐이다. 사람은 모두 태어나고 죽는다. 왜 우리는 죽음을 두려워하는가? 우리는 출생을 두려워하지는 않는다. 지금 내가 가진 생각은 우리가 즐겁게 사는 법을 배운다면 즐겁게 죽는 법도 자동적으로 배우게 되리라는 것이다. 이 주제를 좀 더 연구해 본 뒤에 여러분과 함께 내가 알게 된 사실을 나누고 싶다. 모든 것은 완벽하다. 인생은 즐거운 것이다.

루이스 L. 헤이

내가 살아가는 끝없는 삶의 가운데에서,

모든 것은 완벽하고, 온전하며, 완선하다.

나를 포함한 우리 모두는 인생의 풍요로움과

성취감을 우리에게 의미 있는 방식으로 경험한다.

나는 이제 사랑의 눈으로 과거를 돌아보며

과거의 경험으로부터 교훈을 얻는다.

과거에 벌어진 일을 놓고 옳다, 그르다, 좋다, 나쁘다라고 말할 수는 없다.

과거는 이미 지나간 일이다.

매 순간의 경험이 있을 뿐이다.

과거에서 현재로 나를 이끌어 준

나는 나를 사랑한다.

나는 우리가 영적으로 동일한 존재라는 사실을 알기에

나의 존재와 경험을 모든 사람들과 나누고 싶다.

나의 세상에서는 모든 일이 순조롭다.

나의 내면 깊숙한 곳에는 마르지 않는 사랑의 우물이 있다.
이제 이 사랑이 밖으로 넘쳐흐른다.
사랑이 나의 몸과 마음, 머리와 의식, 나의 존재를 채우고
밖으로 뻗어나가 더욱더 강력해져서 나에게로 돌아온다.
사랑을 베풀수록, 더 많은 사랑을 베풀어야 한다.
사랑은 끊임없다.
사랑을 베풀면 행복해진다.
내면의 기쁨이 사랑으로 표출된다. 나는 나를 사랑한다.
그러므로 나는 내 몸을 아끼고 사랑한다.
사랑으로 영양분을 먹이고
사랑으로 가꾸고 옷을 입힌다. 그리고 몸은 사랑으로,
건강과 활기로 나에게 보답한다.
나는 나를 사랑한다. 그러므로 나 자신을 위해 편안하고
나의 필요를 채워 주며, 즐거운 집을 마련한다.
집을 찾는 모든 사람이 느낄 수 있게
사랑의 온기로 온 방을 채운다.

나는 나를 사랑한다. 그래서 나의 창조적인 재능과 능력을
활용할 수 있는, 내가 즐기는 일을 한다.
내가 사랑하고 나를 사랑하는 사람과 함께, 그들을 위해
일하면서 충분한 수입도 얻는다.
나는 나를 사랑한다. 따라서 나는 모든 사람을 사랑으로 대한다.
내기 다른 사람에게 베풀면 더 많이 나에게 돌아오리라는 것을
알기 때문이다.
내 주위에는 사랑을 베풀 줄 아는 사람만 있다.
나와 가깝게 지내는 사람은 나를 비춰 주는 거울이기 때문이다.
나는 나를 사랑한다. 그러므로 나는 과거의 모든 경험을 용서하고
스스로 자유로워진다.
나는 나를 사랑한다. 따라서 나는 현재에 충실하고
매 순간 최선을 다하며
나의 미래가 밝고 즐거움이 가득하고 안전하다는 것을 안다.
나는 우주가 사랑하는 어린아이이고,
우주는 나를 언제까지나 사랑으로 보살필 것이기 때문이다.
나의 세상에서는 모든 일이 순조롭다.

나는 오랫동안 다음과 같이 믿었다.

"내가 알아야 할 것은 모두 내 앞에 드러나 있다."

"내가 필요로 하는 모든 것은 나에게 온다."

"나의 세상에서는 모든 일이 순조롭다."

새로운 지식은 없다. 모두 이전부터 존재했으며 지식에는 끝이 없다. 나는 지혜와 지식을 모아서 치료의 과정에 도움이 되게 하는 것이 즐겁다. 나에게 상담을 받은 고객들, 같은 분야의 일을 하고 있는 친구들, 선생님들, 나를 통해 흐르는 끝이 없는 신의 지혜, 그리고 내가 알고 있는 것을 가르쳐 준 모든 사람들에게 이 책을 바친다.

Louise L. Hay